OS SIGNOS E O AMOR

Carolyne Faulkner

Os Signos e o Amor

Um Manual Cósmico Interativo Para Encontrar Um Amor Duradouro

Tradução

Marcelo Brandão Cipolla

Editora
Pensamento
SÃO PAULO

Título do original: *The Signs in Love*

1ª edição 2025.

Ilustrações de Adrian McCrickard, Carolyne Faulkner e Danielle Johnston for D/A London

Editor: Adilson Silva Ramachandra
Gerente editorial: Roseli de S. Ferraz
Gerente de produção editorial: Indiara Faria Kayo
Preparação de originais: Júlia Rodrigues
Editoração eletrônica: Join Bureau
Revisão: Bárbara Parente

Dados Internacionais de Catalogação na Publicação (CIP)
(Câmara Brasileira do Livro, SP, Brasil)

Faulkner, Carolyne
Os signos e o amor: um manual cósmico interativo para encontrar um amor duradouro / Carolyne Faulkner; tradução Marcelo Brandão Cipolla. – 1. ed. – São Paulo: Editora Pensamento, 2025.

Título original: The signs in love.
ISBN 978-85-315-2457-8

1. Amor 2. Astrologia 3. Desenvolvimento pessoal 4. Esoterismo 5. Relacionamento interpessoal I. Título.

25-292659.0 CDD-133.52

Índices para catálogo sistemático:

1. Signos do Zodíaco: Astrologia 133.52
Eliete Marques da Silva – Bibliotecária – CRB-8/9380

Direitos de tradução para o Brasil adquiridos com exclusividade pela
EDITORA PENSAMENTO-CULTRIX LTDA., que se reserva a
propriedade literária desta tradução.
Rua Dr. Mário Vicente, 368 – 04270-000 – São Paulo – SP – Fone: (11) 2066-9000
http://www.editorapensamento.com.br
E-mail: atendimento@editorapensamento.com.br
Foi feito o depósito legal.

"Os amantes não se encontram somente no final:
estão um no outro desde o começo."

— *Rumi*

SUMÁRIO

PARTE 2: Combinações de Signos

INTRODUÇÃO

"O amor não possui nem deseja ser possuído;
Pois o amor é suficiente para o amor."
— Kahlil Gibran, *O Profeta*

Dois estranhos podem se apaixonar no momento em que seus olhos se encontram — porque não é a primeira vez que suas *almas* se encontram. Esses encontros inesquecíveis raramente são por acaso. O amor verdadeiro abrange vidas, não anos ou décadas, e está além do nosso conceito de tempo linear. Compreender isso é libertador.

Este pequeno livro é resultado da minha própria busca por significado entre os destroços de uma das experiências coletivas mais estranhas e imprevisíveis dos tempos modernos. Após várias conversas com pessoas muito mais sábias do que eu, concluí que nosso mundo precisa de mais amor, e a única solução é *ser* amor. Isso significa começar onde estamos e conduzir todas as nossas ações tendo a bondade e a compaixão como motores silenciosos. Escrever este livro me ajudou a ressuscitar meu próprio coração e sinceramente espero que também beneficie você. Houve tanta escuridão, mas também vamos nos lembrar da luz e de como é estimulante quando unimos forças e amamos uns aos outros.

Se você está lendo isso, provavelmente só quer saber de suas compatibilidades românticas — e encontrará essas informações em abundância nas páginas seguintes. Mas, antes, avalie sua própria capacidade de elevar a consciência, sabendo que o que você decidir fazer hoje, outros milhões de pessoas podem fazer amanhã, e cada pensamento que você tem e decisão que toma têm um impacto. Temos um potencial infinito e podemos fazer a diferença apenas sendo mais conscientes, momento a momento, de como é incrível quando respondemos com cuidado a tudo e a todos ao nosso redor. Para alcançar a verdadeira felicidade e a sensação duradoura de contentamento, é hora de colocarmos nossas próprias necessidades em segundo plano e pensar no efeito que temos sobre os outros, para melhor e para pior.

Isto nunca foi tão verdadeiro: se tudo de que precisamos é amor, a resposta é ser amor — incondicionalmente.

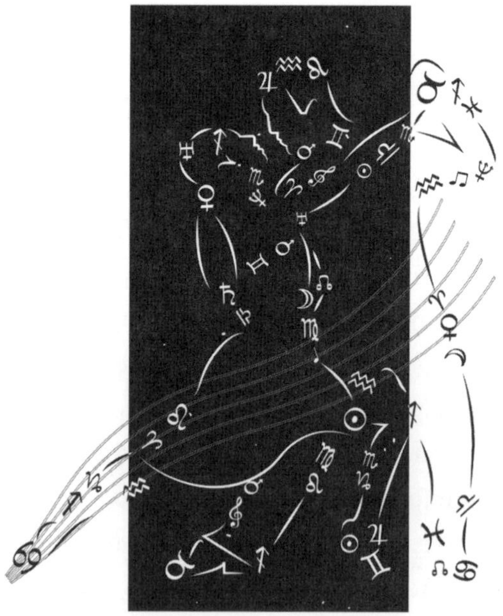

Os Signos e o Amor revela como, por que e em grande parte o que tende a acontecer quando os signos se combinam e começam essa dança eletrizante conhecida como se apaixonar. Quer vocês sigam o ritmo de uma rumba, lento e sensual como os signos de água; se esquivem um do outro com um tango brincalhão, como o ar; ou fluam com o sobe e desce de uma valsa perfeitamente cronometrada, como os signos de terra; tudo isso diz respeito àquela atração inicial e ao potencial de cada união — e, é claro, a seus obstáculos. Este livro é escrito em camadas para que você possa escolher até onde ir nas páginas e, de fato, dentro de si mesmo. Quando você destaca as lições mais intensas de seus relacionamentos do passado e do presente, aprofunda as uniões que já tem, atrai e fortalece aquelas que deseja e dissolve a dor de mágoas passadas que apenas o impedem de dançar livremente com sua alma gêmea.

Como astróloga profissional, muitas vezes me perguntam: "Qual signo combinaria melhor comigo?". Sempre explico que: (a) as pessoas são mais complexas do que o zodíaco; (b) os signos interagem de maneiras diferentes com base em como os elementos (Ar, Fogo, Água, Terra) estão equilibrados dentro de cada pessoa e como os elementos se combinam entre o casal e (c) não existem signos totalmente incompatíveis com outros. Algumas combinações são mais difíceis do que outras, mas você só precisa trabalhar um pouco mais para entender essas forças e os obstáculos. Todo relacionamento que temos, tanto pessoal quanto profissional, requer compromisso e uma (re)negociação sutil mas constante, para que possa vingar. Meu método, Astrologia Dinâmica™, oferece uma estrutura testada e comprovada, mas flexível, em vez de um mapa prescritivo e definitivo. Neste livro, compartilho o que digo aos meus clientes sobre o amor, os signos, a compatibilidade e como se proteger contra apegos não saudáveis, o que o prepara melhor para a montanha-russa de incertezas que vem quando você ama outra pessoa.

Muito do que escrevi faz parte de uma prática de vida para mim também. Estou aprendendo, junto com você, como a vida cotidiana pode ser diferente quando o amor é a primeira coisa que levamos em conta antes de agirmos ou reagirmos. Somente então conseguimos desarmar a raiva, a negatividade e o medo e, em vez disso, agir com base em um ponto de bondade amorosa. A menos que você seja abençoado com a paciência de um santo (e não sou santa!), é muito fácil ficar irritado com as pessoas. Quando você consegue conquistar pessoas difíceis ou negativas e transformar o encontro em algo bonito, é incrivelmente gratificante.

Este livro foi criado para acionar momentos de iluminação, reconhecendo em você padrões prejudiciais e dando-lhe o apoio necessário para alterar sua atitude em relação a todos os seus relacionamentos. Para atrair e manter um parceiro de vida adequado ou uma alma gêmea, você primeiro precisa estar no ponto certo consigo mesmo. Somente então será capaz de reconhecê-lo e transcender aquele amor apaixonado e muitas vezes passageiro, chegando a algo incrível e duradouro. Quando você aceita a dança do amor e todo o seu potencial caótico, sua vida cotidiana se torna mais uma poesia em movimento e menos uma reencenação de uma tragédia shakespeariana. Compreender seus próprios padrões na vida e no amor — o que flui bem e também o que não flui tão bem — desbloqueia o potencial para se alinhar de verdade com o outro e, em seguida, construir algo monumental.

Por que algumas uniões estão destinadas a durar para sempre e outras apenas por um tempo? Todos nós sabemos que as primeiras exigem compaixão, comunicação e níveis iguais de compromisso. Além disso, é a sua própria alma que lhe dá as respostas, e sua tranquila voz interior é difícil de ouvir acima do barulho de uma vida agitada e de uma mente que não cala. Quando aprendemos a nos refugiar na quietude — ou, melhor ainda, no silêncio — podemos discernir a polaridade entre fantasia e realidade. A realidade não é áspera; a realidade é bela, porque leva a resultados tangíveis que duram muito além de uma vida.

Na busca por respostas, percebi que o amor é a única emoção que tem a capacidade de realmente fazer a humanidade evoluir. Portanto, saiba disto, querido leitor: adotar qualquer uma das práticas e reflexões destas páginas o ajudará não apenas em sua busca pela(s) relação(ões) certa(s), ou para manter aquela(s) que por ventura você já tenha, mas também a se tornar uma pessoa mais gentil, ponderada e atenciosa em geral, dando uma contribuição benéfica à sociedade. Comece de onde está e aja momento a momento, dia a dia. Se começar aumentando suas próprias vibrações ternas e sinceras, se tornará mais amoroso como ser humano. Basta uma luz para iluminar a escuridão; que você seja essa luz em tudo o que faz.

◇◇◇◇◇◇◇◇◇◇◇◇◇◇◇

Seja o que for que você ache ou o que já tenha ouvido sobre astrologia, considere talvez que *há* uma força vinculativa que faz que certos signos se sintam fascinados uns pelos outros e mantenham, com sucesso, seu compromisso por muitas vidas. Não há dúvida de que certas uniões geram resultados e reações diferentes entre duas pessoas, para o bem e para o mal. Alguns dizem que o amor está escrito nas estrelas, escondido nos segredos do nosso karma ou que é uma conexão de almas de vidas passadas que desafia a lógica — ou talvez seja uma reação química entre duas pessoas, do tipo que faz faíscas estalarem e a racionalidade sair pela janela. Aqui está o que eu penso: assim como toda matéria no universo, somos feitos de poeira estelar, então não está além das possibilidades analisar o amor e a compatibilidade com base na astrologia combinada, ou sinastria. Algumas uniões são explosivas e destrutivas, como estrelas de nêutrons formadas por meio do colapso de estrelas gigantes. A partir desse caos, nascem novas estrelas. Se certas estrelas e signos em combinação têm uma reação química característica, eles também oferecem a oportunidade de renascer — e, a partir daí, uma nova história começa.

Você pode determinar o tipo de conexão que tem ou talvez seja propenso a atrair. Mais importante ainda, pode trabalhar para curar mágoas passadas e quebrar hábitos prejudiciais com autoconsciência ao abraçar o presente. Talvez então possa evitar passar sempre de novo pelo mesmo processo desagradável que as estrelas de nêutrons.

Somos cativados por contos de amor à primeira vista e somos inspirados por histórias de pessoas cujo amor atravessa os mares tempestuosos da vida. A maioria das pessoas ainda mantém a esperança de que um dia irá interromper o ciclo interminável de relacionamentos inadequados ou superar mágoas e perdas passadas, finalmente encontrar aquela pessoa e viver felizes para sempre. Sim, esse raio de certeza acontece e é real. Nem sempre é indicativo de um amor *verdadeiro* na medida em que se diferencia de um desejo transitório — um é sólido e o outro se desintegra no momento em que é necessário qualquer trabalho. No entanto, cada relacionamento (o bom, o mau e o feio!) oferece uma oportunidade incomparável de crescimento pessoal. Honestidade absoluta e comprometimento são exigidos das duas pessoas para formar uma parceria forte o suficiente para resistir a todas as tempestades. O mundo está cheio de românticos otimistas, o que significa que nossas percepções de amor e lógica raramente se combinam. É aí que este livro pode oferecer *insights* valiosos e dicas práticas para superar os mal-entendidos que surgem entre pessoas que aparentemente vêm de universos diferentes.

O Que é o Amor?

Quando descobri que o sânscrito possui 96 palavras para designar o amor e o inglês apenas uma, presumi que isso ocorre porque no Ocidente temos uma atitude mais liberal e consumista em relação ao amor. Nos vendem uma fantasia glamorosa de como nossos relacionamentos deveriam ser e com muita frequência os descartamos se pensamos que já não nos servem, se passaram da "data de validade" ou se buscamos uma "novidade" em outro lugar no momento em que precisamos enfrentar nossos próprios comportamentos um pouco inapropriados. Felizmente, nossos hábitos de descarte estão começando a diminuir, o que está impactando positivamente nossa atitude coletiva em relação à intimidade, já que estamos muito mais inclinados a tentar resolver os problemas ou a consertar o que está quebrado.

Nosso mundo é mantido em sincronia pela bondade amorosa. Ela nos une, pois dá liga à humanidade e ao mesmo tempo estabiliza e agita nosso mundo com sua magia. Eu sempre uso a frase "Pense com o coração", indicando que, se você abrir os olhos para ver e usar o coração para sentir, descobrirá que o amor está em todos os lugares, com a capacidade de transformar quase qualquer coisa, ou qualquer pessoa, em luz. Quando amamos e nos sentimos amados, nosso coração se abre como flores que se banham no brilho quente do sol. Claro, há aqueles que fecharam o coração ou se tornaram pouco amáveis ou avarentos com seu afeto por uma razão ou outra. Essas pessoas muitas vezes temem ser exploradas ou, com teimosia, se recusam a aliviar as queimaduras de traições, dores ou decepções passadas. Felizmente, não é tão difícil abrir um coração fechado; você só precisa perseverar com paciência e amor incondicional.

Você talvez queira ler este livro com um caderno e um lápis nas mãos para fazer anotações sobre suas descobertas, para contemplação posterior. Essas reflexões podem levar a revelações perspicazes e transformações poderosas. Ao longo do livro, você encontrará exercícios rotulados como "Notas Amorosas". Eles são uma oportunidade para você interagir com seus pensamentos e memórias. Conforme você muda e cresce, suas notas também mudarão. Tente não pensar demais; apenas comece a escrever.

Notas Amorosas

Para começar, experimente fazer o seguinte:

- Feche os olhos e respire de forma lenta e restauradora três vezes. Observe a calma que envolve você e leve isso consigo para seu dia a dia. Inspire e segure a respiração enquanto visualiza o amor e a luz preenchendo todo o seu corpo. A expiração é mais importante: ao liberar o ar, imagine a luz e o amor o envolvendo e talvez a outra pessoa também.
- Agora repita o exercício, enviando amor para seus amigos e sua família.
- Agora tente com todo o seu bairro e, se estiver se sentindo magnânimo, com o mundo inteiro.
- Como você se sente quando faz isso?
- Anote seus sentimentos após cada exercício. Manter um diário é bastante eficaz e fazer anotações ajudará você a se lembrar deste método simples ao longo de seu dia a dia.

Antes de começarmos esta jornada juntos, pergunte a si mesmo honestamente se você está pronto para se enfrentar e levar sua percepção do amor a um novo patamar. Faço esta pergunta porque algumas pessoas estão muito apegadas ao passado, o que as leva a desperdiçar oportunidades preciosas no presente. *Podemos* mudar o mundo ao nos livrar da culpa, perdoar as mágoas e abrir nossos corações, começando em nosso cotidiano e tendo mais consciência de como operamos. Só então poderemos liderar pelo exemplo.

Primeiro, vamos começar com você, seus relacionamentos amorosos até o momento e aqueles que você deseja atrair.

Vamos falar sobre amor.

Notas Amorosas

Você percebe o amor como um negócio arriscado?

- Reflita que, sem algum nível de risco, não pode haver grande ganho. O risco só será negativo se você estiver apegado ao resultado ou não quiser passar vergonha, o que não é algo que seu coração está falando de forma alguma.
- Anote momentos em que você estava com muito medo de passar vergonha para ser amoroso.
- Quando você se depara com raiva ou com uma grosseria, qual é seu comportamento padrão? Como você costuma responder?
- Agora, pense num caso específico e experimente o seguinte exercício: tente respirar fundo e voltar para o momento mais recente de raiva que você consiga se lembrar, e envie amor para aquela situação, pessoa ou negatividade. Se foi você mesmo que sentiu a raiva, explore seus gatilhos e anote-os.
- Quando você se depara com um vizinho, motorista ou colega irritado, como você acha que responde?
- Agora, lembre-se de um caso em que você foi paciente e gentil.

- Agora, pense em um caso em que você não reagiu bem.
- Reflita sobre os dois resultados e observe como você se sentiu depois de cada um.

Ao lidar com alguém que não é exatamente amável, sempre tente fazer uma pausa primeiro e desenvolver empatia pela pessoa. Não temos ideia do que está acontecendo com ela; então, tente imaginar o sofrimento dela antes de reagir. Em seguida, siga a regra de três (Rd3).

A Regra de Três

Em qualquer situação desconfortável ou negativa, tente responder com paciência e gentileza. Eu sei que é difícil. Muitas vezes, descubro que são necessárias três tentativas para superar a raiva ou a grosseria alimentada pelo medo — a nossa ou a de outra pessoa. Mas funciona. Então, não desista; tente novamente se precisar e depois mais uma vez. Você pode direcionar o amor e a empatia para si mesmo ou para a outra pessoa — ou para os dois ao mesmo tempo.

Aqui está como fazer. Em uma situação em que a temperatura está aumentando, reserve um momento para envolver seu coração com amor e, então, em sua mente, envie energia amorosa para a outra pessoa. Combater fogo com fogo resultará em uma derrota; então, rompa esse padrão com a Rd3 (regra de três). Com paciência, essa magia faz maravilhas, mas cuidado com seu próprio apego a resultados rápidos ou a algum tipo de reconhecimento. Eu também nem sempre consigo fazer acontecer. Mas quando consigo, danço por dentro e me banho nos raios de sol do amor.

Digamos que seu parceiro esteja sendo ríspido com você. Em vez de reagir defensivamente, tente responder com cautela três vezes — a Rd3:

1. Não reaja nem leve nada para o lado pessoal. Em vez disso, respire algumas vezes, contando a respiração, a inspiração e a expiração,

para se ancorar e, em silêncio, envie amor e bondade para a outra pessoa.

2. Desenvolva empatia pela pessoa, coloque-se no lugar dela e tente entender por que ela está se comportando dessa maneira.
3. Pergunte com gentileza três vezes se ela realmente quer dizer ou fazer o que está falando ou fazendo, e apenas dê ouvidos ao que ela responder na terceira vez.

Notas Amorosas

- Anote momentos em que você aplicou a regra de três.
- E os resultados?
- Mesmo se parecer que você falhou, como se sentiu ao tentar?
- Se você se sentiu bem, é sua mente superior falando. Se você se sentiu vulnerável, é seu ego. Você estava apegado à recompensa. Perdoe-se e esforce-se mais da próxima vez.

PARTE 1

Os Vínculos e as Atrações

Durante os muitos anos em que trabalhei como *coach* de desempenho e astróloga, muitas vezes fui obrigada a desmistificar alguns mitos e crenças rígidas e inoportunas a respeito da compatibilidade astrológica — sobretudo a ideia errônea de que certos signos não combinam e podem não ter a compatibilidade necessária para que um relacionamento funcione. Não quero dizer que não haja certa verdade nas dificuldades relatadas entre determinados signos, mas isso é apenas parte de um quadro muito mais amplo. E a questão não é somente combinar os signos solares; é preciso conhecer o mapa astral de ambos os indivíduos para descobrir algumas, ou todas, interações entre os signos e os planetas. Isso nem sempre é complicado, mas minha missão de vida tem sido a de simplificar ainda mais esse processo. Se desenharmos os mapas e procurarmos as combinações entre signos iguais ou opostos — e não estamos falando somente dos signos solares —, já teremos muito com que trabalhar. Se estiver disposto a fazer isso, anote as combinações de signos que encontrar e faça algumas pesquisas sobre esses signos e símbolos. Meu manual está disponível no *site* dynamicastrology.com.

Volto a dizer: *não existe incompatibilidade entre signos*. Algumas combinações são mais difíceis do que outras, mas sempre haverá, na combinação entre os dois mapas completos, um vínculo que despertou desde o começo a atração. Uniões como essas nos incentivam a crescer em relação à alma, examinando nossas ações e reações com sinceridade e mantendo o coração aberto, que é o talismã mais eficaz de todos.

Todos os problemas que enfrentamos na vida ocorrem em função de nossos apegos — nossas expectativas, as expectativas de outras pessoas, o que achamos que deveríamos fazer, qual a aparência que achamos que os relacionamentos deveriam ter, o que os outros pensam de nós e por aí afora — é extenuante! Uma atitude rígida a respeito das combinações astrológicas "certas" ou "erradas" é apenas mais um apego que temos de deixar para trás. É uma coisa genérica demais, e nenhum ser humano é tão simples quanto um signo.

Notas Amorosas

- Como outras pessoas o percebem?
- Quem você pensa que é?
- Vocês dois combinam?
- Agora pense: em que medida essas percepções são reais? O que elas significam para você? Você dança conforme a música ou age somente para atender às expectativas dos outros?
- O que atrai em outra pessoa? Seja honesto — isso é apenas entre você e sua alma.
- Qual o fator inicial que o faz decidir se unir a outra pessoa?
- Em última análise, o que o faz querer permanecer no relacionamento ou romper os laços?
- O que você acha que os outros veem de atraente em você?

- Em que medida isso é baseado no ego ou em interesses materiais?
- Em que medida esses traços que você notou vêm de sua alma ou mente superior?

Apaixonados pelo romance

Quem entre nós nunca sentiu um amor arrebatador, com todas as suas chamas ardentes e avassaladoras nos consumindo? Às vezes sabemos o momento em que seremos queimados, mas então já é tarde demais. Até os momentos difíceis do amor, suas agonias e angústias, são excelentes professores e inspiraram algumas das mais belas formas de arte no mundo. A dor, quando ressignificada, muitas vezes gera beleza. E muitos de nós acabamos ficando dependentes desses picos de adrenalina.

Adoramos ouvir histórias e fábulas sobre o amor. A astrologia do amor vai muito além do signo solar, mas ele é um bom lugar para começar. Depois disso, para um entendimento mais holístico, recomendo que você conheça seus astros, calculando primeiro seu próprio mapa astral e depois o da pessoa por quem tem um interesse romântico.

O mapa, ou carta, natal é um mapa das posições de certas estrelas e planetas na hora em que uma pessoa nasceu. A técnica usada para combinar dois mapas e determinar a compatibilidade de um relacionamento se chama sinastria. Embora a sinastria ofereça muitas dicas e *insights* e seja interessantíssima, nada é fixo ou permanente. *Nós* somos os senhores do nosso destino, e o modo como nos relacionamos com os outros também depende de nós. Somente quem conhece a si mesmo pode ver o que está por trás da máscara protetora de outra pessoa — pode vê-la *verdadeiramente* — e deixar que ela, por sua vez, também o veja e o ame. Esse é o único caminho para uma união autêntica e duradoura.

Notas Amorosas

- Faça uma lista de alguns relacionamentos românticos, platônicos ou profissionais que passaram pelo seguinte processo: o relacionamento *começou* e estava tudo bem — período conhecido como "lua de mel" —, mas depois caiu uma *tempestade* e vocês discutiram ou discordaram de alguma coisa.
- Quantas dessas tempestades desintegraram ou destruíram os relacionamentos?
- Se foram mais de três, procure motivos comuns a todas. Você consegue encontrar um denominador comum?
- Por que a tempestade destruiu a união?
- Esqueça a ideia de encontrar um culpado e se pergunte: qual foi o seu papel, tanto no período inicial quanto no final?
- Alguma dessas uniões conseguiu superar esses obstáculos, de modo que vocês *realmente* chegaram a ficar juntos e formar um casal, constituir amizade, ou as duas coisas?
- Procure identificar o que, nessa pessoa, fez você se esforçar mais para manter a união.
- Qual era a sua situação ou em que ponto você estava da sua própria jornada?

É essencial abrir mão de todo sentimento de impotência. Tenha plena confiança no conhecimento de que a pessoa que você *pode* se tornar é tudo o que importa. Esta vida é apenas uma gota no oceano, por isso a sua "idade" não tem importância alguma. Todo e qualquer progresso que você fizer em matéria de autoconhecimento lhe servirá para o resto da vida e para as muitas vidas que virão depois.

Vínculos + Atrações

Todos nós temos um pouquinho de cada signo em nosso mapa astral, e é por isso que toda sinastria revelará uma combinação que dará origem a uma interação. Pode ser uma combinação de fogo — entusiasmada, dinâmica e apaixonada. Pode ser de água — emocional e transformadora — ou de signos de ar, que são cerebrais e inebriantes. Pode ser ainda uma combinação de terra — revigorante e estabilizadora para as duas pessoas. Mas alguns vínculos são mais potentes que os outros.

Os vínculos entre signos solares dão brilho à nossa vida e à nossa união, mas o Sol em nosso mapa também simboliza o ego, que precisamos enfrentar e transformar para podermos sentir o gosto do amor verdadeiro. Por isso, se vocês têm uma combinação de signos solares, pense bastante nesse aspecto. Como vocês interagem? Há algum nível de pretensão ou exibicionismo? Vocês procuram impressionar um ao outro de maneira doentia?

Os vínculos entre Vênus e Marte — se não houver outros pontos relevantes em comum — podem significar uma união fracassada depois que a química acabar e que a resolução dos problemas não conseguir ser encontrada na cama.

Os vínculos entre Saturnos fazem que vocês trabalhem para firmar seu compromisso. São eles que mantêm a união nos períodos conturbados. Quando Saturno é combinado com qualquer outro planeta, pode dar a impressão de restrição, frieza e austeridade — ou simplesmente de tédio.

A Lua e os nodos lunares Norte e Sul, em qualquer combinação, indicam que as duas pessoas se reencontraram nesta vida para retificar erros cometidos em vidas passadas e reparar desequilíbrios kármicos. O nodo Norte fala do destino nesta vida, e, o nodo Sul indica o que já passou. Ambos podem ter uma nota de predestinação, o que significa que podem nos arrastar de volta a hábitos que nos prejudicam e a padrões de comportamento dos quais já tínhamos conseguido nos livrar.

Os vínculos da Lua resultam em relacionamentos emotivos, que envolvem o casal completamente. Se, no entanto, uma das partes do casal, ou os dois, tiver pouca maturidade emocional, essas uniões podem ser explosivas e destrutivas, infestadas de sofrimentos e mal-entendidos. Às vezes uma pessoa se torna defensiva e insegura ou assume o papel do genitor que a outra pessoa não teve durante a infância. Não há equilíbrio nisso e tampouco colabora para a atração sexual.

Caso ainda não esteja claro, os mapas são indicadores úteis, mas não são 100% definitivos. A compatibilidade depende de o quanto os parceiros já estão crescidos, de seu nível de maturidade emocional e de sua alma. Em alguns casos, os problemas que se evidenciam numa sinastria já foram dissipados em uniões anteriores, então não se manifestam mais. De novo, tudo depende da autoconsciência e da maturidade emocional. Todas as uniões — não somente as amorosas — precisam passar pelo mesmo processo antes de se solidificarem: início, passagem de tempestades e, depois, com os limites já estabelecidos de maneira mais clara, funcionamento de modo mais respeitoso e com uma consideração maior.

Boa parte dos casais bem-sucedidos que conheço não estabeleceram vínculo por causa dos signos solares, mas por algum outro signo ou planeta — quer sejam signos opostos, signos lunares, Saturno com Saturno e outros casos. As combinações astrológicas vão muito além de signos idênticos ou signos opostos. No decorrer de anos de estudo e experiência, descobri que as combinações entre signos idênticos são poderosas e podem ser muito harmoniosas. Os signos opostos podem levar em si o mesmo poder e o mesmo potencial de transformação que as "quadraturas" (ver p. 285) e, é claro, outras oposições, embora as quadraturas e oposições sejam, em geral, os aspectos menos confortáveis!

É compreensível que você esteja se sentindo perdido no meio desses termos técnicos, mas continue lendo. Este livro lhe apresentará cada um dos signos, lhe mostrará como se conectam e explicará como funcionam, tanto para o bem quanto para o mal, para ajudar você a se tornar um parceiro mais estável e receptivo. Não se trata somente de encontrar a pessoa certa; você também tem de dar duro para *ser* essa pessoa. O resto virá naturalmente.

Os Opostos se Atraem

OS SIGNOS OPOSTOS:

Áries–Libra
Touro–Escorpião
Gêmeos–Sagitário
Câncer–Capricórnio
Leão–Aquário
Virgem–Peixes

Os opostos de fato se atraem e estão aprendendo lições comparáveis; em específico, como superar feridas semelhantes causadas pelas diferenças de perspectiva. Eles também estão aprendendo a transcender as tendências de comportamento que não servem a eles e muito menos a outros. Vale a pena ler não somente acerca de seu próprio signo, mas também do signo oposto, se você quiser reconhecer seu próprio comportamento e os hábitos que sempre aparecem quando você está em busca e encontra uma paixão ou está apaixonado.

Como isso funciona

Você pode usar este livro para ler a respeito de como seu signo solar se combina com os outros signos do zodíaco, ou, se conhece seu mapa astral e o mapa astral de seu parceiro, amigo ou interesse romântico, verá que as informações aqui contidas se aplicam a qualquer planeta que se ligue com seu Sol ou com seus outros signos. Lembre-se de que nem tudo se resume à combinação dos signos solares; o signo solar de seu parceiro pode combinar com seu ascendente, ou seu signo de Vênus pode combinar com o de Marte do parceiro, e assim por diante.

Vá à página 75 para ler acerca das relações entre cada signo com os outros e aprender como eles se relacionam com qualquer planeta correspondente que você tenha no mapa. Cada combinação amorosa tem um lado luz e um lado sombra — chamo isso de "dar certo" e "dar errado" ou de "fluir bem" e "não fluir tão bem". Nenhuma das duas categorias é rígida, e o simples fato de algo ter dado errado ou de não ter fluído tão bem em determinado momento não significa que não possa ser transformado no futuro. Para isso, no entanto, é preciso trabalho, introspecção e sinceridade.

A via expressa para combinar os planetas

Se você já tem tanto o seu mapa astral quanto o da outra pessoa, esta seção lhe explicará como procurar signos que combinam e como funciona essa relação. Se ainda não tem os mapas de vocês, faça-os em dynamicastrology.com ou em outro *site* desse tipo. Não é preciso saber a hora exata do nascimento para verificar os planetas principais, mas, se você dispuser de informações mais detalhadas, melhor. Então, procure nas seções a seguir uma tradução do potencial de vocês como casal. Essa via expressa mostra o modo mais *provável* que essa combinação tende a se manifestar. Lembre-se de que não se trata de algo rígido. A vida não é fixa nem predeterminada e, se eu dissesse o contrário, estaria menosprezando você e suas escolhas, o que me traria mau karma e diminuiria sua sabedoria. Ao contrário, vamos tentar traduzir a astrologia para que ela seja uma ferramenta de reflexão que aumente nosso poder.

O Sol: "Amor de Inspiração"

O Sol ☉

A fortuna e o amor favorecem os audazes.
— Ovídio

Um vínculo com seu signo solar geralmente indica uma união poderosa e resulta num amor mútuo pela vida e num gosto pela diversão, que gera alegria e expande o coração. Esse vínculo tem o poder de trazer à tona o melhor de vocês dois e de ajudar vocês a se tornarem, consequentemente, mais fortes.

("Fadado a dar certo") Fluindo bem: vocês se tornam mais confiantes, se sentem felizes e contentes, estimulam o amor, levam alegria aonde quer que vão e brilham com o fulgor do sol — tanto individualmente quanto como casal.

("Fadado a dar errado") Fluindo mal: é o chamado "complexo de Ícaro"— o Sol pode nos queimar, pois infla nosso ego dentro de uma união egoísta, baseada na superficialidade. Essa combinação pode expandir o ego de um dos membros do casal ou dos dois de maneira inútil, como, por exemplo, preocupando-se mais com a aparência do relacionamento do que com a realidade dele, ou com o que eles podem ganhar com o relacionamento em vez de com o que eles podem contribuir.

Notas Amorosas

- Faça um esforço para ver seu parceiro e ser grato por ele enquanto indivíduo, não como uma simples extensão de você. Se você está vivendo os aspectos desagradáveis dessa união, enfoque as características atraentes do parceiro. Reveja qual a sua motivação para estar nesse relacionamento e o que o atraiu a princípio.
- Por que vocês estão juntos ou por que querem ficar juntos?
- O que o atraiu foi o amor pela outra pessoa? O que você ama ou amava nela?
- Procure se concentrar nos aspectos genuínos que você ama, isso tende a aumentá-los. O que o parceiro acrescentava ou acrescenta à sua vida, e você à dele?
- Se os vínculos solares de vocês estão fluindo bem, continuem brilhando.

A Lua

A Lua é uma cuidadora intuitiva do zodíaco, que evoca a bondade incondicional. Um vínculo com a sua Lua muitas vezes resulta em uma união emotiva e reconfortante, um amor íntimo e sentimental. Também indica que provavelmente vocês dois têm um vínculo recente que remonta a uma vida passada.

Fluindo bem: suas necessidades internas são atendidas e você se sente visto e ouvido. Esta união estimula a segurança emocional e aumenta a inteligência emocional, oferecendo a vocês dois segurança para serem generosos e se sentirem apoiados e queridos, o que resulta numa parceria equilibrada em que as partes são sensíveis às necessidades do outro.

Fluindo mal: os vínculos lunares indicam hipersensibilidade e defensividade, que produzem comportamento mesquinho, maldade, mal-entendidos e caos quando um dos dois, ou ambos, reage de forma exagerada e vê todas as palavras e atos do parceiro como ataques ou sinais de desprezo. Um parceiro pode tentar controlar o outro, silenciando-o com ataques repentinos de raiva.

Notas Amorosas

- Procure sentir o que seu parceiro está sentindo e compreenda que a união de vocês é emocional e de uma vida passada. Diante de características prejudiciais do parceiro, tenha paciência. Talvez ele não seja tão maduro quanto você. Por isso, procure ajuda profissional, ou incentive-o a procurá-la, na forma de terapia ou para lidar com a raiva.

- Você tende a reagir de forma exagerada? Se sim, examine quais são os gatilhos e procure ajuda.
- Você oferece ajuda ao parceiro pensando em receber algo em troca? Se sim, sua ajuda não é genuína, pois a bondade genuína é incondicional. Se não, você é o máximo! Ensine o parceiro pelo exemplo.
- Se os vínculos lunares estiverem fluindo bem, sigam em frente com toda a curiosidade emocional e desejo por crescimento que vocês têm.

Mercúrio: "Amor Cerebral"

Mercúrio ☿

Um vínculo com o seu Mercúrio resulta numa curiosidade mútua pela vida e em grande sede de conhecimento, o que indica interesses e filosofias em comum e um eletrizante encontro de mentes (a menos que os Mercúrios estejam em oposição, nesse caso vocês provavelmente vão aprender sem necessariamente concordar ou pensar de maneira semelhante). Vocês dois são mestres na arte da comunicação, que envolve ouvir e intuir.

Fluindo bem: vocês gostam do conhecimento e da inteligência um do outro e provavelmente são capazes de debater por horas a fio. Os aspectos de Mercúrio podem resultar num vínculo quase telepático (sobretudo em signos de ar), e cada parte parece conhecer como funciona a mente do outro. O Mercúrio com raciocínio rápido se recusa a admitir o tédio, o que muitas vezes resulta num senso de humor semelhante, que mantém a união viva mesmo em períodos difíceis.

Fluindo mal: esta combinação pode parecer, às vezes, negativa e superficial; uma das partes, ou as duas, tende a ser ignorante, fofoqueira ou a ter más companhias. Uma ou as duas partes podem usar seu talento com as palavras para desanimar o outro ou feri-lo com piadas agressivas e uma precisão mordaz. Quando não fluem, os vínculos de Mercúrio podem facilitar a infidelidade, o engano e um relacionamento baseado na mentira, mesmo quando dura a vida inteira.

Notas Amorosas

- Você não pode mudar a outra pessoa, mas pode mudar o modo como você mesmo reage, é e pensa. Vá além dos relacionamentos superficiais e busque um parceiro inteligente, que alimente sua sabedoria. Seja gentil consigo mesmo e com o parceiro e saiba que os vínculos de Mercúrio muitas vezes ocorrem para ajudar você a encarar sua própria sombra e trabalhar sua mente.
- Você, ou seu parceiro, tende a contar mentiras em relação às suas vidas e do relacionamento em particular? Exageram as coisas ou escondem informações? Caso isso ocorra, procure saber por quê.
- Você gosta tanto de ouvir quanto de falar? Se sim, Mercúrio está funcionando bem, pois esse planeta adora aprender.
- Você é fiel a si mesmo? Aos outros? Caso não seja, examine por que e prometa atuar com compaixão e verdade.
- Se os vínculos de Mercúrio estão fluindo bem, continuem sendo quem vocês são — dois sabichões.

Vênus: "Amor de Aspiração"

Vênus ♀

Um vínculo com Vênus muitas vezes resulta numa conexão instantânea, em geral relacionada com a beleza de um dos parceiros (digo *em geral* porque a atração física instantânea geralmente pertence ao domínio de Marte). A influência do planeta do amor pode lhe dar a sensação de ter encontrado alguém que vai atender a suas aspirações românticas. Vocês inspiram um ao outro a alcançar todo o seu potencial e apoiam as metas um do outro. Os vínculos de Vênus podem ajudar você a trabalhar para se tornar uma pessoa e um parceiro melhor, bem como curar feridas de relacionamentos e amores anteriores.

Interesses comuns por arte, arquitetura e literatura são passatempos regidos por Vênus que muitas vezes encontram expressão aqui. O mesmo acontece pelo gosto por conhecer gente nova, receber convidados, ter uma vida social ativa, espaços bonitos e animais.

Fluindo bem: você gosta dos benefícios de estar numa parceria ou união. Esse gostinho do amor tem o poder de se regenerar caso venha, em algum momento, a perder seu brilho. Vocês dois desejam manter vivo o amor e trabalham para conservá-lo. Dependendo do signo em que está Vênus, vocês também podem ter uma sensação maravilhosa de harmonia e destino.

Fluindo mal: o relacionamento pode parecer um caso amoroso rápido que se esgota no mesmo momento em que um vê o outro como algo menos que um deus ou deusa. Se você puser seu relacionamento num pedestal, a união morrerá assim que a imagem da perfeição esmaecer.

Notas Amorosas

- Procure introduzir realidade, equilíbrio e harmonia na união sem deixar de ser fiel às suas necessidades, para que as duas partes tenham consciência das expectativas do outro. Suas almas devem ser tão atraentes e atraídas quanto vocês são pela aparência exterior um do outro.

- Qual era ou é o fator de atração?
- Ela é baseada primariamente no aspecto físico?
- Você tem altas expectativas em relação a si mesmo?
- Quais são elas?
- O que espera de um parceiro ou o que espera que ele seja?
- Se os vínculos com Vênus estão fluindo bem, continuem como estão, inspirando a todos nós com sua bela alma.

Marte: "Amor Físico"

Marte ♂

Um vínculo com o signo em que está o seu Marte muitas vezes resulta numa atração física forte e instantânea, o que incentiva as duas pessoas a explorarem melhor essa união. Nasce daí um entusiasmo apaixonado, além de um aumento da energia e do impulso da realização. Essa atração sexual ardente pode se tornar violenta caso a paixão se esgote ou não se encontre uma válvula de escape positiva, como projetos instigantes em comum ou a prática de fazer exercícios juntos.

Fluindo bem: vocês têm uma capacidade incrível de executar projetos e lidar com questões que podem ter sido problemáticas em uniões passadas, além de possuírem uma harmonia sexual sincronizada. No entanto, se quiserem que o relacionamento vá além da atração básica, precisam de tempo para se conhecerem melhor em vez de cederem à natureza animal e pensarem somente no sexo.

Fluindo mal: não é sem motivo que Marte é conhecido como o deus da guerra, sobretudo dentro de casa. Suas qualidades sombrias são a raiva, a arrogância e o orgulho, que podem acarretar uma união explosiva e, às vezes, até caracterizada por abusos, em que um dos parceiros corrói a confiança do outro. Pode acontecer de os dois ignorarem os limites do outro e irem longe demais quando o sangue lhes sobe, fazendo que um dos dois, ou ambos, se esqueça(m) do que inicialmente apreciava(m) em seu namorado ou sua namorada.

Notas Amorosas

- Essa união o satisfaz? Como?
- Você ou seu parceiro tende a ficar com raiva?
- Se sim, procure determinar as razões.
- A atração entre vocês é meramente física?
- Se essa união vai além do físico, o que mais vocês querem dela?
- Querem construir algo mais duradouro?
- Liste as características de que você gosta na outra pessoa.
- Se os vínculos de Marte estiverem fluindo bem, siga em frente, guerreiro.

Júpiter: "Amor Altruísta"

Júpiter ♃

O vínculo de Júpiter é um dos mais versáteis que podem ocorrer entre dois indivíduos, talvez porque tenha o potencial de extrair o melhor das duas pessoas, para que possam oferecer apoio e encorajamento altruístas ao longo do caminho pedregoso da vida. Júpiter expande qualquer coisa com que tem contato, para o bem ou para o mal, então também pode magnetizar a consciência social ou o ego mundano de um de vocês ou dos dois.

Fluindo bem: vocês se apoiam e sentem que estão crescendo, com cada vez mais confiança e compartilhamento de crenças. Quando divergem em um tema qualquer, conseguem expandir a sabedoria e o conhecimento ou abrir a mente um do outro.

Fluindo mal: você pode se tornar extravagante, encorajando o outro a exagerar na busca de seus objetivos, o que pode levar ao excesso de diversão ou até a situações perigosas, ressaltando as características mais prejudiciais do outro. Isso pode também desencadear arrogância e crenças ou comportamentos hipócritas ou ignorantes.

Notas Amorosas

- Ser uma fonte de encorajamento ou inspiração é uma sensação maravilhosa. Mantenha isso em mente e note quando seu ego começa a se expandir, para que possa controlá-lo.
- Você se lembra de alguma união que o encorajou positivamente?
- Se tiver tempo, verifique seus mapas para encontrar alguma combinação que envolva Júpiter.
- Se não tiver tempo para verificar os mapas por completo em busca de outras combinações, procure ver de que modo esta união estimula a sua autoconfiança ou o faz sentir que tem apoio.
- Você já esteve numa união que fez que seu ego (ou seja, o orgulho, a ignorância e a raiva) crescesse?
- Se os vínculos de Júpiter estão fluindo bem, continue como está, ó ser iluminado!

Saturno ♄

Um vínculo com seu signo de Saturno indica um relacionamento em que vocês dois estão dispostos a se comprometer e a trabalhar pela união. Saturno é uma cola que une as duas pessoas em torno de uma sensação de segurança e responsabilidade uma pela outra. Um de vocês, ou os dois, vai(vão) amadurecer, aprender e crescer.

Fluindo bem: vocês apreciam a sensação de segurança que vem do compromisso mútuo. O respeito significa muito para vocês dois, e, se puder ser conservado, o relacionamento tem potencial para durar.

Fluindo mal: pode ser como sair de casa para fugir de um pai rígido e restritivo somente para repetir a mesma dinâmica com a primeira pessoa por quem você se apaixonar. A cola pode deixar você com a sensação de que está travado.

Notas Amorosas

- Se esforce muito para dar ao parceiro liberdade para crescer. Se tiver assumido ou aceitado um papel de pai ou mãe em vez de namorado ou esposo, trabalhe para reintroduzir o romance na união. Tenha compaixão e encare a relação com mais leveza.
- Você ou sua cara-metade tende a levar tudo muito a sério logo de cara?
- Você se sente reprimido em seus relacionamentos? Caso se sinta, por que acha que isso ocorre?
- Faça de tudo para evitar a culpa que possa bloquear o seu progresso. Escreva alguns exemplos de relacionamentos que, na sua opinião, têm vínculos de Saturno.

- O que você ama em si mesmo quando se compromete com alguém?
- Se os vínculos de Saturno estão fluindo bem, continue como está, rei/rainha/monarca não cisgênero!

Urano: "Amor Rebelde"

Urano ♅

Um vínculo com Urano costuma resultar num relacionamento eletrizante, que desperta diferentes aspectos nas duas pessoas. Com Urano em Escorpião, por exemplo, vocês terão ideias novas quando o assunto estiver relacionado com poder ou conflitos de poder e sexualidade; com Urano em Aquário, prestarão atenção na humanidade, na emergência climática e em causas mais importantes. Pense num rebelde *com* causa.

Fluindo bem: sua mente é aberta à mudança e à revolução produtiva. É claro que essa revolução pode estar somente no modo como você vê a si mesmo e ao mundo, ou vocês podem se unir a uma equipe e serem ativistas em prol de uma causa maior. Esse vínculo é imprevisível; por isso, é improvável que o relacionamento tenha momentos de tédio ou passe a sensação de estabilidade. Ele estimula tanto a compaixão de vocês um pelo outro quanto sentimentos de empatia pela humanidade em geral.

Fluindo mal: esta combinação pode ter efeitos destrutivos, resultando em caos, revelações chocantes e relacionamentos incômodos nas áreas da vida associadas ao signo em que Urano está. Urano quer iluminar você e o fará à força se você o ignorar. Isso pode levar a anos e anos de empolgação, mas pode levá-lo também a jogar a toalha e procurar algo mais estável.

Notas Amorosas

- Esses vínculos têm potencial para mudar sua vida, mas quase nunca são cômodos. Podem ajudá-lo a ver o mundo por uma lente diferente, o que é absolutamente necessário para o crescimento da alma.
- Seja grato à pessoa que está despertando você para a perspectiva dela, sobretudo se, antes disso, você estava fixado em sua visão de si mesmo e do mundo.
- Essa união abre seu coração e sua mente? Evoca a compaixão?
- Como?
- Você gostaria de fazer algo a mais pela humanidade e pelo planeta? Se assim for, comece pequeno e tente antes de tudo ser mais compassivo consigo mesmo. Depois, estenda essa compaixão aos outros.
- Se os vínculos de Urano estiverem fluindo bem, vá em frente, corajoso!

Netuno: "Amor Idealista"

Netuno ♆

Um vínculo com o signo onde você tem Netuno costuma desencadear aqueles romances de contos de fadas que se leem nos livros ou se veem nos filmes. É um relacionamento sensível, compassivo e cheio de carinho. Esse amor o inspira; parece que foi escrito nas estrelas. Melhor ainda, tem potencial para durar a vida inteira. (Pense no filme *Diário de uma Paixão*.)

Fluindo bem: o relacionamento de vocês transpira suavidade, bondade e compreensão. É um encontro de almas criativas, com talento artístico ou um amor mútuo pelo processo, que sintoniza vocês dois e resulta numa vida mais criativa e espiritual.

Fluindo mal: esse amor, que às vezes é idealista, significa que nenhum dos dois é capaz de ver os defeitos ou as imperfeições do outro, mesmo quando tais defeitos ou imperfeições podem fazer muito mal. Ou talvez seja uma tendência a escapar daquilo que ambos veem como uma realidade agressiva, o que induz uma codependência insalubre que gira em torno do abuso de álcool ou drogas.

Notas Amorosas

- Você já teve um amor que parecia predestinado?
- Se sim, qual foi o fator de atração?
- O que a criatividade significa para você?
- Você já amou outra alma criativa com exceção da sua?
- Descreva esse relacionamento.
- Você é espiritual? O que isso significa para você?
- Seu parceiro é espiritual? Descreva por que é ou por que não é.
- Se os vínculos de Netuno estão fluindo bem, continue inspirando artistas e poetas com seu belo amor.

Plutão: "Amor Intenso"

Plutão ♀

Um vínculo com seu signo de Plutão garante uma transformação total. As associações plutonianas são poderosas e mudam a vida; e a química sexual é, muitas vezes, alucinante.

Fluindo bem: este vínculo pode ter um efeito libertador, mas raramente é calmo. Sentimentos intensos e dores enterradas de uniões passadas tendem a ser ativados, para que vocês dois possam mudar para melhor — desde que respondam com sinceridade, não de maneira defensiva.

Fluindo mal: se você não se sente bem com a intensidade desse crescimento, a parceria pode ser destrutiva ou até envolver abusos. Caso vocês não se controlem, a tendência é que ocorram muitas brigas pela supremacia.

Notas Amorosas

- Esta união requer paciência e persistência. Se as duas pessoas estiverem dispostas a trabalhar nesse sentido, poderão receber recompensas incríveis.
- Verifique a motivação por trás das suas palavras e ações a todo momento, sobretudo em períodos de brigas e discussões, e incentive o parceiro, com gentileza, a fazer o mesmo.
- Você leva em conta os sentimentos da outra pessoa quando se expressa?
- Você gosta dessa intensidade? Se sim, pergunte-se por quê.
- Se está tendo de enfrentar um comportamento manipulador, reveja por que você atrai esse tipo de coisa ou a pratica. É hora de pôr um ponto-final nisso.
- Se os vínculos de Plutão estiverem fluindo bem, continue como está, ó poderoso.

Quíron: "Amor Curativo"

Quíron ⚷

Um vínculo com o signo onde está o seu Quíron muitas vezes resulta numa união de cura, que ajuda um dos parceiros ou ambos a crescer emocional e espiritualmente. Não é à toa que Quíron é conhecido como o professor e o curador, porque esses dois aspectos desempenham funções cruciais aqui.

Fluindo bem: este vínculo tem o potencial de deixar para trás as feridas do passado com uma sensação de segurança e de confiança que se forma rapidamente. É muito provável que suas próprias habilidades para curar e ensinar apareçam.

Fluindo mal: se você não tomar cuidado, feridas antigas serão reabertas, a insegurança se instalará e um de vocês, ou ambos, verá uma diminuição da autoestima.

Notas Amorosas

- Você acha que está emocionalmente curado das feridas do passado?
- Se não estiver, pergunte-se por quanto tempo deixará que essa dor o controle.
- É hora de se libertar. Como você pode fazer isso? Qual o próximo passo que você pode dar hoje mesmo?
- Seu parceiro ou interesse romântico tem feridas semelhantes?
- Isso o atrai? Que benefício há nisso?
- Faça agora mesmo a promessa de não reagir a pessoas e situações novas com base em feridas antigas.

- Como você se sente em relação a isso?
- Continue tentando. Em pouco tempo, novos hábitos se formarão.
- Se os vínculos de Quíron estiverem fluindo bem, continue como está, ó curador!

Nodo Norte da Lua: "Amor Destinado"

Nodo Norte ☊

Um vínculo com o signo onde está seu Nodo Norte muitas vezes dá a sensação de que você já viveu isso antes; tudo parece obedecer a um destino e uma sina. Talvez até signifique que vocês ajudam um ao outro a crescer a nível da alma e a progredir rumo à iluminação.

Fluindo bem: a paixão claramente existe, assim como a disposição de criar um relacionamento forte e de compromisso. Também é provável que vocês trabalhem por um objetivo ou aspiração semelhante, quer sejam amigos, colegas ou namorados.

Fluindo mal: um de vocês, ou os dois, pode sentir que o outro lhe "deve" algo, ou não se esforça para manter o relacionamento, na expectativa de que o outro sempre estará lá, independentemente do que aconteça.

Notas Amorosas

- Você sente que encontrou sua alma gêmea e talvez isso seja verdade, mas é importante que vocês ajudem um ao outro a crescer com amor e a manter limites saudáveis.

- Os dois sentem que a união de vocês é uma união de almas gêmeas?
- O que isso significa para você?
- Sente que vocês dois consideram a presença do parceiro como algo certo, pelo qual não é preciso trabalhar? Ou sente que o outro está tirando vantagem?
- Se sim, pare, pois a vida é frágil e breve e não temos tempo para isso. Invistam em si mesmos e invistam no relacionamento.
- Se os vínculos do Nodo Norte estão indo bem, continuem como estão, almas gêmeas!

Nodo Sul da Lua: "Associações de vidas passadas"

Nodo Sul ☋

Um vínculo com o seu Nodo Sul dá a sensação de que você conhece aquela pessoa desde sempre. Esse vínculo indica (segundo o signo) onde você estava numa vida anterior, ou até no começo desta vida, na medida em que revela os traços de caráter e os interesses do passado.

Fluindo bem: o conforto imediato que vocês sentem na presença um do outro dá a impressão de que você já conhece seu parceiro há anos, ainda que tenham se conhecido há pouco tempo. Você pode trabalhar com ele uma questão kármica anterior ou uma situação semelhante, isso o ajudará a ver o quanto você evoluiu. A outra pessoa pode atuar como um espelho do passado.

Fluindo mal: talvez você se veja afundando em velhos hábitos e revisitando o passado, o que só será bom se os hábitos do passado foram bons. Pode ser que o vínculo que vocês tiveram numa vida passada não tenha sido frutífero. Por isso, aproveite para conhecer o parceiro *nesta* encarnação.

Notas Amorosas

- A pessoa pode ter sido enviada pelos astros para ajudar você a crescer ou a ver o quanto já cresceu e conquistou. Ou você pode ser o professor que ajudará o outro a deixar para trás hábitos prejudiciais e a amar a si mesmo.
- Quando vocês se conheceram, você sentiu que já conhecia aquela pessoa?
- Ele o lembra de hábitos passados bons ou ruins?
- Se pergunte se a união de vocês é saudável. Seja sincero.
- Se não for, fale com a outra pessoa sem culpá-la e expresse seu medo de destruir o progresso que você já fez.
- Se os vínculos do Nodo Sul estão indo bem, vocês cresceram com base nos erros do passado. Então, continuem aprendendo e progredindo!

Os Domínios do Amor

Nesta seção, falo das diferentes categorias do amor, ou os domínios do amor, mas trato principalmente de como cada um dos doze signos funciona dentro de cada domínio e de sua compatibilidade com os outros signos. Primeiro, você deve aprender tudo dos domínios do amor e descobrir qual deles é o que mais se comunica com você. Depois, deve descobrir como combinar os signos com seu próprio mapa ou o de seu amigo/amor/interesse romântico (por isso, não deixe de encontrar os signos do ascendente, da Lua, de Vênus e de Marte). Também dou dicas que podem ajudá-lo a transformar um amor intenso em um amor duradouro — ou *alcançar o nirvana*, como costumo dizer —, que é o vínculo entre almas gêmeas que transcende uma vida e continua na próxima.

Quer você pretenda analisar sua união atual ou esteja entrando em um novo relacionamento, vale a pena definir o domínio dentro do qual vocês estão operando. Alguns começam com o fogo da paixão, que pode resultar numa combustão total ou se transformar num amor aterrado e duradouro. Alguns começam com um amor afetuoso ou compassivo, que pode se tornar ardente. O modo como o relacionamento começa não determina onde ele vai terminar, mas reconhecer os domínios do amor é crucial e permitirá que você controle seu próprio comportamento, verifique seu progresso e faça ajustes quando necessário.

Amor Apaixonado

Envolve os Signos de Fogo: Áries, Leão e Sagitário

Há muitos estilos diferentes de amor, mas aquele que mais provoca a perda total da nossa sanidade é o amor apaixonado, feroz e furioso, também conhecido como erótico, nome que vem de Eros, deus grego da paixão e da fertilidade.

O amor apaixonado cria um desejo sem igual e aquele tipo de euforia que as pessoas querem alcançar quando usam drogas ou fazem atividade física. Quando o amor é baseado na luxúria, no desejo sexual, nos excessos ou na obsessão, o que começa como um redemoinho pode se tornar um tsunâmi. Inevitavelmente também causa um baixo astral devastador quando uma das partes, ou as duas, assume um comportamento desequilibrado ou alimenta expectativas irreais.

Os relacionamentos românticos muitas vezes começam desse modo e, quando são vistos com clareza, tratados com um olho no futuro e respeitados e nutridos por igual pelas duas partes, podem resultar em um amor duradouro.

Notas Amorosas

- Procure ver as coisas de um ponto de vista diferente: se este amor for o modo compassivo pelo qual outra alma quer lhe ensinar algo a respeito de você mesmo?
- Pense num período em que você sentiu ou testemunhou um amor apaixonado. A maioria de nós se lembra de uma experiência que se destaca das outras.
- Como ele começou? Era puramente físico ou estético?
- Ele acabou logo? Nesse caso, por que isso aconteceu?
- Como você se sente quando pensa nele agora?

Amor Duradouro

Envolve os Signos de Terra: Touro, Virgem e Capricórnio

Não há uma fórmula mágica que produza um amor duradouro. Para isso, é preciso trabalho duro, baseado na realidade, no pragmatismo e, como não poderia deixar de ser, no amor. O amor apaixonado dura alguns anos no máximo, mas o que o substitui é muito superior. Isso não significa que a paixão tenha de morrer; ela simplesmente se metamorfoseia em algo muito mais estável. As duas partes devem ser sinceras e honestas o suficiente para crescer e ambos têm de enfrentar as próprias questões para que o entendimento, os acordos e o diálogo franco sejam possíveis.

Há muito tempo somos alimentados com mitos românticos, e creio que seu sonho romântico está por aí esperando você, se é isso mesmo que você quer. Mas o problema é que cada um de nós tem seu próprio reino do coração e da mente, que precisa de estabilidade e de respeito. Precisamos ajudar uns aos outros, mas os reinos nunca se tornam *um só*.

Esperar que outra pessoa o complete indica que você não é íntegro como está. Essa ferida inevitavelmente atrairá outra pessoa ferida.

Ninguém pode lhe dar o que seu coração e sua alma estão dispostos a lhe dar —, na verdade, eles foram feitos para isso. Para atrair a pessoa certa, é preciso que antes de tudo você seja essa pessoa. A boa notícia é que você pode conservar seu próprio poder e mesmo assim se entregar a um amor verdadeiro.

O amor duradouro é alcançado quando as duas partes se sentem em paz. Essa é a felicidade verdadeira, que não se confunde com a busca do prazer, o qual muitas vezes provoca entusiasmo, mas raramente é tranquilo.

Notas Amorosas

- O que o amor duradouro significa para você?
- Quais você imagina serem os benefícios do amor duradouro?
- Note quantas vezes você usa os pronomes *eu*, *me* e *meu* em suas respostas e quantas vezes você levou em conta seu parceiro atual ou seu potencial parceiro.
- Que qualidades você tem e exige de seu parceiro?
- Quais ingredientes você acredita que fariam o relacionamento vingar?
- Quais desses ingredientes você quer possuir? Liste-os.
- Quais deles lhe parecem difíceis e quais você pode dizer que já tem ou já pratica?
- A segurança e o *status* são prioridades para você?
- Marque esta página para que você possa consultá-la quando discutirmos as soluções para problemas comuns no amor.

Amor Desapegado

Envolve os Signos de Ar: Gêmeos, Libra e Aquário

O desapego é uma forma de amor que nós, meros mortais, achamos difícil de captar, sendo *captar* uma palavra importante. Nos atemos a nossas noções preconcebidas de como uma união deve ser, ou será, baseados nas expectativas de o que outra pessoa poderia trazer a mais para nossa vida. Isso em geral tem pouquíssimo a ver com a realidade, e os signos de ar tratam a realidade como uma mercadoria. Quando uma pessoa ama de um ponto de vista desapegado, isso pode enfurecer certos signos, ao passo que para outros será uma libertação. É raro que essas pessoas percam a cabeça no amor (com exceção dos librianos, que muitas vezes são apaixonados pelo próprio conceito de amor — e é difícil pôr os conceitos em prática).

Os que praticam o desapego nos encorajam a rever nosso entendimento básico do amor e o que ele significa para nós. Ele não deve ser confundido com nenhum tipo de comportamento manipulativo ou controlador e não envolve jogos mentais. Ao contrário, é uma das formas mais nobres de amor que uma pessoa pode oferecer a outra. Não é baseado na ideia primária de que "eu amo o que você pode fazer por mim" ou "eu amo o modo como você faz que eu me sinta". É mais parecido com "vou amar você sem amarras" (o que não significa "sem respeito"). Começa com amizade e respeito e raramente termina nesta vida.

O amor desapegado também é a forma mais incompreendida de amor, o que leva muitos relacionamentos a terminarem sem necessidade. Quando pensamos no desapego, supomos erroneamente que ele significa "indiferença", mas as duas coisas não são a mesma de jeito nenhum. Talvez sintamos que a pessoa não nos ama o suficiente para manifestar apego ou afirmar sua posse, mas a verdade é muitas vezes o contrário; o desapego pode ser a maior forma de respeito. Os signos de ar que trabalham dentro do seu fluxo são os menos possessivos de todos. Valorizam a independência e a liberdade, o que não significa que sejam infiéis; significa apenas que não gostam de se sentir presos pelo conceito que outra pessoa tem de como eles devem ser ou de que aspecto a união deve ter quando observada pelos outros.

Ficamos admirados ao ver pessoas de signos de ar fazendo amizade com os maridos ou as esposas de seus ex-cônjuges e passando férias felizes com os ex-namorados. Para eles, isso tem total sentido, e tudo no jeito de amar deles tem de fazer sentido. Pessoas de signos de ar acreditam que, quando você ama alguém, o ama para sempre, e essa amizade dura vidas. Os signos de ar, quando "dão certo", deixam o parceiro ser quem é e o deixam crescer até se transformar em quem quer ser, sem lhe fazer exigências. Quando isso funciona bem, é incrível.

Algumas das pessoas de outros signos têm dificuldades com essa forma de afeto e percebem o namorado ou marido/esposa como uma pessoa fria; quando não têm maturidade ou são inseguros, eles tentarão manipular a pessoa do signo de ar com manifestações de ciúme e outras emoções prejudiciais (que geralmente fazem que o parceiro considere a possibilidade de jogar tudo para o alto e ir embora). Não há muito sentido em querer fazer esses jogos mentais, pois o elemento ar rege a mente — seria como uma criança tentando ganhar de um campeão de xadrez ao usar os movimentos que aprendeu na escola primária.

Notas Amorosas

- Você já sentiu um amor desapegado? Caso tenha sentido, seu entendimento mudou um pouco depois de ler isso?
- Você já ofereceu um amor desapegado a alguém?
- Como suas expectativas correspondem ao relacionamento em que você está ou àqueles em que já esteve?
- Pense na diferença entre desapego e indiferença.

Amor de Cuidado

Envolve os Signos de Água: Câncer, Escorpião e Peixes

O amor é uma das nossas necessidades básicas e são nossos pais que nos proporcionam nossa primeira experiência de amor, tanto para o bem quanto para o mal.

Todos nós ganhamos vida no útero de nossa mãe, no qual — nos meses e anos seguintes que saímos de lá — certamente vivenciamos algum nível de amor de cuidado, caso contrário não teríamos sobrevivido por tempo suficiente para ler estas linhas. Algumas culturas orientais ensinam que o bebê elimina toda a negatividade da mãe durante o processo de parto como forma de gratidão por o ter gerado e abrigado. Os antigos textos sagrados dizem que jamais seremos capazes de pagar a dívida kármica que temos para com nossos pais, de modo que, independentemente de qual seja agora a nossa relação com eles, temos de nos desapegar de todas as emoções pesadas e demonstrar-lhes respeito. O conhecimento de como deve ser esse respeito desapegado nos habilita a formar relacionamentos equilibrados. As questões que temos com a Mãe impactam negativamente os relacionamentos que temos com as mulheres (e com nós mesmas, se somos mulheres), e o mesmo se pode dizer das questões que temos com o Pai. Temos de trabalhar essas questões de forma honesta e depois liberá-las.

Quando meus clientes estão embarcando numa nova jornada amorosa, encorajo-os primeiro a curar suas próprias feridas. Sugiro que observem a relação que têm com os pais e a relação que a outra pessoa tem com os pais dela, bem como sua atitude em relação a eles. Essa foi a sua primeira experiência de amor.

A chave é nos desapegarmos das expectativas irreais e das feridas do passado, para nos libertarmos da prisão do passado e podermos aproveitar o presente e planejar um futuro melhor. A vida é curta demais para deixarmos que as decepções do passado arruínem o presente. Se ficarmos o tempo todo olhando para trás, deixaremos passar em branco as muitas experiências mágicas que a vida nos oferece a todo momento.

Notas Amorosas

- Como é a relação com sua mãe?
- Pense em como isso impacta sua relação com outras mulheres e, se você for mulher, como isso impacta suas expectativas e sua opinião em relação a si mesma.
- Faça o mesmo para a relação com seu pai.
- Essas são nossas primeiras experiências de amor que servem de fundamento para todo o resto. Você tem alguma situação não resolvida com seus pais, algo que você precise perdoar, aceitar e deixar para trás?
- Se sim, escreva-lhes uma carta e queime-a (com segurança), libertando-se de todos os ressentimentos.
- O perdão é a chave para nos libertarmos do passado e vivermos um presente gratificante e um futuro cheio de amor.

O amor é uma energia universal, mas precisamos ir além das nossas ideias preconcebidas acerca das perdas e dos ganhos que ele pode nos proporcionar. Precisamos nutrir tanto o nosso coração quanto o das outras pessoas, o que nos ajuda a curar a humanidade — o "nós" coletivo precisa disso, pois conseguimos nos meter numa tremenda confusão em razão da nossa falta de amor por nós mesmos e pela Mãe Terra. A pessoa que é amada brilha e partilha esse brilho com os outros. O amor que nasce do coração é libertador. Quando você dá total liberdade a seu parceiro e ele lhe oferece o mesmo, nenhum de vocês sentirá a necessidade de restringir ou controlar o outro.

Muitas tradições admitem que um coração partido pode matar uma pessoa. (Aqui no Ocidente, por outro lado, o diagnóstico costuma ser o de depressão, e muitas vezes remédios são prescritos para entorpecer a dor.) Nos deixamos vencer pelo coração partido quando nos apegamos demais às nossas expectativas, o que cria a tendência de nos agarrarmos à percepção do que pensávamos que tínhamos ou poderíamos ter tido. O amor verdadeiro liberta, não restringe; e precisamos nos dar espaço para que possamos evoluir.

Temos, portanto, uma escolha: podemos nos curar e aprender mediante o exame do nosso próprio comportamento, sem culpar nem julgar, ou podemos fechar o coração e prometer nunca mais amar.

Notas Amorosas

- Se o seu coração se partiu, quanto disso foi em razão de seu apego (ou seja, suas expectativas acerca do que *deveria* ou *poderia* acontecer, em vez do que realmente aconteceu)?
- Suas expectativas eram baseadas na realidade?
- Você viu ou sentiu os sinais de alerta? Se sim, quais foram?
- O que você aprendeu? E qual parte de responsabilidade você aceita?
- Como você poderia lidar de modo diferente com essas situações no futuro?
- Comece agora, deixando de procurar culpados e perdoando aqueles que você acha que o magoaram.

Amor-próprio

Regido pelo Sol

O amor-próprio deve ser praticado todos os dias. Ele nos habilita a reafirmar e estabelecer limites com gentileza, os quais nos levam a relacionamentos saudáveis. O amor-próprio é a prática que nos permite confiar em nós mesmos e em nossas decisões, o que significa que vivemos bem e vamos atrás de nossos interesses e objetivos com confiança e sem egoísmo. Também nos dá espaço para desenvolvermos compaixão por nós mesmos, que se transfere então para nossos relacionamentos, aliás, para tudo o que fazemos.

O amor-próprio é muitas vezes confundido com egocentrismo, vaidade e altruísmo, mas essas coisas são diferentes dele. O amor-próprio não tem nada a ver com comprar roupas novas, encontrar o melhor filtro para a *selfie* ou receber uma massagem. Consiste em confiar na sua sabedoria inata.

É mais fácil falar do que fazer, mas o esforço vale a pena. A falta de amor-próprio pode levar a relacionamentos desequilibrados e contrários à intimidade e ao vínculo; pode levar também à carência e à insegurança, ou ao desespero para receber o afeto do outro. Em geral, esse tipo de bagagem é pesada demais para ser carregada a longo prazo. Quando você se ama, esse respeito por si mesmo desempenha um papel crucial na determinação de como e de quem você ama: você evita dar seu coração, o órgão que o mantém vivo, a uma pessoa incapaz de cuidar dele.

Quando compreendemos que o nascimento, a vida e a morte são um processo e que o modo como vivemos o presente depende da nossa escolha, podemos deixar o passado para trás e abraçar uma nova realidade. *Isso* é amor-próprio, o ingrediente principal da felicidade, haja o que houver, e o caminho superior que nos leva à libertação.

Amor Compassivo (Altruísta)

Regido por Netuno

O amor altruísta nunca busca a própria vantagem; trabalha para criar um ambiente de cuidado, atenção e respeito, em vez de buscar ganhos pessoais por meio do relacionamento. Esse relacionamento estável pode se desenvolver e se transformar numa união apaixonada entre almas gêmeas que transcende uma única existência.

O amor compassivo é desapegado (não indiferente) e põe em primeiro plano o bem-estar e a felicidade da outra pessoa. Muitas vezes o sentimos diante de desconhecidos envolvidos em problemas ou de pessoas que estão sofrendo. Como vimos todos os dias durante a pandemia do coronavírus, médicos e enfermeiros arriscaram ou até entregaram a vida sem sequer conhecer os pacientes e sem esperar nada em troca, e continuam fazendo a mesma coisa toda vez que vão trabalhar. Esse é um amor altruísta ou compassivo.

Abrindo o Coração

Demonstramos amor de diferentes maneiras. Os signos e o mapa astral desempenham um papel de destaque na descoberta de como podemos dominar a arte de amar — e o amor é, sim, uma arte. Todas as formas de arte exigem disciplina interna e um compromisso com o processo. Além disso, a arte e o amor caminham de mãos dadas. Quando colocamos todo o nosso coração em algo, podemos ficar vulneráveis. Nenhuma outra emoção inspirou tantas obras de expressão criativa, e é por isso que músicos, poetas e outros artistas muitas vezes encaram seu trabalho de modo emocional — se dedicam por completo à sua arte. O amor exige o mesmo tipo de devoção e autodisciplina.

O amor costuma ser apresentado como uma mercadoria — um produto ou um ativo a ser comercializado, comprado, vendido e descartado quando já não atende às nossas necessidades. Mas comprar esse tipo de "amor" não é o caminho para a libertação. Ao contrário, ele tranca nossa mente e aprisiona nosso coração. O amor não é barato. Não está à venda numa prateleira. Quando compreendemos o valor do verdadeiro amor e o reconhecemos quando ele é ofertado, caminhamos na direção certa, rumo à abertura radical, não ficamos com medo de expressar nossas necessidades ou de comunicar nossos verdadeiros sentimentos.

Alguns dizem que a abertura excessiva nos torna vulneráveis e fracos. É verdade que a abertura vem da alma e que não devemos desnudá-la cedo demais, pelo menos não antes de sabermos com quem e com o que estamos lidando. Mas, se esperarmos até conhecer alguém e nutrirmos o relacionamento com paciência e compreensão, o ato de nos deixarmos ser visto é uma bela forma de vulnerabilidade. Se alguém nos rejeitar por nos revelarmos, devemos agradecer-lhe e seguir adiante até encontrarmos nossa verdadeira alma gêmea. Pode ser difícil descobrir pela intuição o momento correto de nos abrirmos. Para isso, temos de confiar em nosso instinto. Muitos de nós nos *desligamos da terra* e estamos fora de sincronia com ela, no entanto, isso nos deixa inseguros, destrói nosso equilíbrio com a nossa verdadeira natureza e sufoca a sabedoria e a confiança internas necessárias para tomarmos decisões inteligentes. Quando não estamos seguros dentro de nós ou de nossos relacionamentos, nos agarramos à noção de que são os outros que vão nos completar. Somente nosso vínculo conosco mesmo, com a terra e com o universo nos dará essa integridade, nesta vida e na próxima.

No amor, a entrega é necessária. Isso significa que nos abrimos e ficamos vulneráveis, deixando cair nossa máscara. No fim das contas, saiba que você é um filho ou uma filha do universo, irmão ou irmã das estrelas e da lua. Esta vida é impermanente e é uma de muitas. Por isso, relaxe, seja quem você é, entre tranquilo num relacionamento e tente ter fé no sussurro suave de sua alma.

O tipo de amor que sentimos também depende da relação que temos com as outras pessoas. Amamos nossos pais e nossa família de um jeito que, em geral, entra na categoria do amor afetuoso, regido pela Lua.

O amor incondicional, que também é influenciado pelo cuidado da Lua e pela responsabilidade de Saturno, é algo que, em geral, experimentamos pela primeira vez com nossa família, sobretudo com nossos filhos. No entanto, o budismo diz que cada pessoa na Terra foi nossa mãe em algum momento das muitas vidas que já tivemos. Por isso, devemos tentar espalhar esse amor a todos os seres sencientes.

O verdadeiro objetivo é trabalhar nossa capacidade de amar sem expectativas. Qualquer outra coisa nos trará sofrimento. Quando queremos somente o melhor para alguém, mesmo que signifique que essa pessoa irá nos deixar para trás, e mesmo que doa, estamos trabalhando com a vibração elevada do amor incondicional.

Como os Signos Amam

Se você ainda não conhece seu mapa astral, leia a seguir os textos dos elementos e anote os traços de cada um que correspondem fortemente às suas próprias características. Pode apostar que, numa interpretação completa do seu mapa, os traços que você anotou terão lugar de destaque.

Os Signos de Fogo

Áries, Leão, Sagitário

Os signos de fogo estão aprendendo a respeito de fidelidade e perseverança. Eles amam de maneira abrasadora, como a do amor apaixonado. Não são muito cuidadosos e se jogam de cabeça em qualquer relacionamento, tudo isso em busca de entusiasmo e estímulo. Se você estiver envolvido com alguém do signo de fogo, será difícil parar para respirar ou mesmo imaginar como era sua vida antes de essa pessoa aparecer. Muitas vezes, mesmo sem ter consciência disso, elas esperam fidelidade e devoção, mas não têm a menor ideia de como praticar essas coisas.

Quando chega a maturidade — e ela certamente chegará em algum momento desta vida ou da próxima —, elas desenvolvem uma atitude mais estável sem perder aquela chama que aquece as duas partes do relacionamento.

Fluindo mal: os signos de fogo podem desenvolver uma dependência em relação à caça e ao drama do amor estrondoso, e podem se tornar egoístas naquilo que desejam. Quando sentem que ganharam, perdem o interesse. Ficam tão envolvidos com a busca de satisfazer as próprias necessidades que, nesse processo, atropelam o parceiro. Se não tiverem um elemento Terra ou Água forte no mapa, ou não aprenderem a entender que o relacionamento precisa de cuidado e atenção, correm o risco de não conquistar um amor duradouro.

Fluindo bem: quando trabalham no fluxo, os signos de fogo são incríveis. Amam com intensidade e, quando recebem em troca o mesmo tipo de amor, tornam o parceiro o centro de seu universo, de modo que tudo e todos passam a girar em torno dele. São entusiasmados e imprevisíveis, o que pode trazer alegria em um mundo que muitas vezes é monótono. Quando decidem construir um relacionamento bem-sucedido, trabalham duro para fazê-lo, criando faíscas quando sentem que precisam reacender a paixão. Essa energia e esse fogo fazem que o parceiro se sinta vivo de um modo que outros signos não conseguem fazer.

Os Signos de Terra

Touro, Virgem, Capricórnio

Os signos de terra estão aprendendo a impermanência e a espiritualidade. Precisam equilibrar sua tendência natural de buscar *status* e poder acima de tudo. Muitos buscam segurança num mundo em que, na verdade, ela não existe. A impermanência é uma realidade difícil de compreender, mas, quando percebem que a felicidade e a paz são mais importantes que o dinheiro e o lucro, pessoas desses signos constituem relacionamentos estáveis e mágicos. Além disso, levam os relacionamentos tão a sério quanto levam todas as outras coisas, e muitas vezes são parceiros maravilhosos. Antes de firmar compromisso, os nativos dos signos de terra, quando fluem bem, levam tempo para analisar os prós e contras e raramente pulam de cabeça em algo. É fácil saber que eles tomaram todos os cuidados porque quando dizem que estão dentro, é para durar. Quando por fim fazem uma promessa, fazem todo o possível para manter a palavra.

Fluindo mal: muitas vezes movidos por propósitos materiais, os nativos dos signos de terra fazem juízos severos sobre pessoas e situações e podem se esquecer da alegria que o amor muitas vezes traz. Na verdade, lá no fundo, talvez pensem que a alegria é um pouco frívola. Se alguém atende a suas expectativas em relação a como deve ser um casamento ou relacionamento, eles se comprometem, mas esse jeito de entender o amor é unidimensional. Quando eles analisam todos os fatores da situação, seu namorado já o considera ausente, exigente ou simplesmente difícil e, muitas vezes, já o deixou — talvez trocando-o por um signo de fogo, que traz consigo a paixão, ou de ar, que é capaz de transformar a espontaneidade numa forma de arte.

Fluindo bem: um signo de terra pragmático e estável transmite segurança à pessoa amada, que sabe que deixou seu coração em boas mãos.

Os nativos dos signos de terra apreciam os pequenos gestos e apoiam de bom grado as ideias ou os projetos mais malucos do parceiro. Um alerta: qualquer flerte com um amigo deles os deixará frios e azedos; então nem sequer pense em fazer isso. A imagem pública deles e o respeito das outras pessoas são importantíssimos, por isso, saber disso o manterá a salvo por muito tempo.

Os que trabalham fortemente com a terra que têm no mapa muitas vezes gostam de estar com pessoas que tenham qualidades opostas, mas a moral e a integridade dessas pessoas têm de combinar com as deles para que a combinação dê certo.

Os Signos de Ar

Gêmeos, Libra, Aquário

Os signos de ar em geral acreditam que, se você realmente ama alguém, o amará para sempre. Por ser baseado sobretudo na amizade, esse amor é capaz de durar vidas.

Os nativos dos signos de ar amam com base em um ponto de vista de desapego. Deixam o parceiro ser quem é e permitem que ele cresça até ser quem quer ser, sem lhe impor exigências a fim de realizar sua própria visão ou ambição. Mesmo assim, o parceiro pode achar que são frios e tentar fazê-los reagir com manifestações ferozes de emoção ou jogos mentais. Nem é preciso dizer que ninguém sairá feliz dessa dinâmica.

Fluindo mal: como alguns signos de fogo, os de ar também precisam melhorar a atitude em relação ao compromisso. Talvez eles vejam as tentativas de intimidade como esquemas de manipulação ou armadilhas para prendê-los. Eles ficam entediados rapidamente, exigem esforço do parceiro para manter seu interesse e são promíscuos (com exceção dos librianos, que em geral estão mais dispostos a ficar com um parceiro só). Os nativos de signos de ar se dão bem com parceiros multifacetados que os desafiam de maneira gentil e os ajudam a *querer* se comprometer. Quando enfim fazem essa promessa, passam a aprender e a crescer, tanto pessoalmente quanto como casal.

Fluindo bem: os nativos dos signos de ar são predispostos aos vínculos cerebrais e à estimulação intelectual. Apaixonam-se pela inteligência do outro, por sua mente brilhante e capacidade de estimular pensamentos e debates. O que mais gostam é de uma boa troca de argumentos e um parceiro/esposo que estimule sua mente de maneira profunda, e não com meras palavras de cunho sexual. Eles precisam não somente de espaço, mas também de estímulo, atenção e uma comunicação aberta para resolver mal-entendidos e outras questões.

Apaixonar-se pela mente de outra pessoa é um excelente caminho para uma união eterna. Ao contrário do corpo, a mente não morre; continua existindo para formar vidas subsequentes.

Os Signos de Água

Câncer, Escorpião, Peixes

Os signos de água acreditam que o amor vale o compromisso. Quando caem, essa alegria (e dor) os acompanhará por várias vidas. Em geral, exigem um compromisso formal e uma segurança emocional e veem o casamento como uma realidade sagrada que os salvará da solidão e lhes dará estabilidade.

Mesmo em um relacionamento longo, não costumam falar de suas emoções; esperam que o parceiro saiba automaticamente o que está acontecendo. Os nativos de Escorpião, em particular, se comunicam por meio da intuição e dos sentimentos e querem que todos façam o mesmo. Os sentimentos são a sua linguagem do amor; por isso, tome conta deles. A menos que tenham muito fogo ou ar no mapa, são, em geral, os primeiros a se estabilizar numa relação e a parar de procurar novos parceiros.

Fluindo mal: nativos dos signos de água têm expectativas tão elevadas que pode ser difícil atendê-los. Sempre têm a impressão de que "há algo de errado". Por isso, podem ficar presos no passado e guardam mais ressentimentos do que qualquer outro signo, sem perceber que cada um de nós é responsável pela própria felicidade, para o bem ou para o mal, e ninguém mais é culpado quando as coisas vão pelo ralo.

Os nativos dos signos de água podem ser defensivos e tendem a reagir de forma exagerada quando se sentem inseguros, quando estão cansados ou quando alguém os provoca. Eles mudam de humor regularmente. Procure não levar essas mudanças de humor para o lado pessoal; caso contrário, a convivência será bem difícil. Ignore-os; logo eles virão fazer as pazes, humildes e com um sorriso estampado no rosto. Não espere; porém, um pedido de desculpas ou uma conversa profunda. Eles esperam que saiba que aquilo não tinha nada a ver com você pessoalmente e que eles não o fizeram de propósito.

Fluindo bem: Os nativos dos signos de água estão entre os que cuidam melhor do parceiro e da família. Quando são bem-humorados — e a maioria é — o jeito brincalhão e o senso de humor são inigualáveis. Eles gostam de pequenos gestos, de modo que seus esforços não deixarão de ser reconhecidos.

Podem ser tímidos a princípio, fato que os nativos da maioria dos outros signos encara com curiosidade; mas, depois, permitem que você conheça o quanto eles são gentis, criativos e amorosos.

Os Signos do Amor — Constelações

Talvez você saiba o porquê do nome da constelação de Escorpião, mas já se perguntou por que Capricórnio é um bode ou por que Virgem é uma virgem? Antes de começar a ler a Parte 2, "Combinações de Signos", vamos entender como as doze constelações receberam seus respectivos nomes. Todas são imagens de pessoas ou animais, com exceção de Libra, representada pela balança.

Áries ♈

Áries é representado como um carneiro porque os gregos antigos acreditavam que a constelação se parecia com a cabeça desse animal.

Na mitologia grega, Áries, o carneiro alado com lã de ouro, foi chamado por Nefele para salvar seu filho do pai deste, o rei, a quem foi dito que precisava sacrificar seu primogênito para impedir que o país sofresse de fome.

Touro ♉

Taurus é uma palavra latina que significa "touro". A constelação de Touro foi nomeada por Ptolomeu, no século II d.C., embora tenha sido mencionada em documentos históricos mais antigos, como em pinturas rupestres que datam do começo da Idade do Bronze.

Inicialmente criada para marcar a posição do Sol no equinócio de primavera, a constelação de Touro é associada sobretudo à agricultura e ao começo da estação das flores (no Hemisfério Norte).

Na mitologia antiga, acreditava-se que Zeus tinha se transformado em um belo touro branco para seduzir a princesa Europa. Funcionou: eles tiveram três filhos, e, como sinal de sua gratidão, Zeus concedeu ao touro um lugar no céu noturno como uma estrela por toda a eternidade.

Gêmeos ♊

Geminus é a palavra latina para "gêmeos", e a mitologia por trás desta constelação data da época babilônica, quando se pensava que as estrelas Castor e Pólux, os grandes gêmeos, eram deuses.

Na mitologia grega, dizia-se que os dois eram meio-irmãos, um mortal e o outro, imortal. Quando Castor, o mortal, foi morto, seu irmão semideus, desolado, pediu ao pai deles, Zeus, que os imortalizassem juntos nos céus.

Câncer ♋

Quando Ptolomeu descobriu a constelação de Câncer, decidiu que ela se parecia com um caranguejo, que em latim é *cancer*.

Na mitologia, o grande caranguejo foi enviado por Hera para derrotar Hércules em seus doze trabalhos. Alguns dizem que Hércules, com um pontapé, mandou o caranguejo ao céu, onde se tornou uma constelação. Outros dizem que o matou com sua clava e que Hera, em sinal de gratidão por seu colossal sacrifício, lhe deu um lugar no céu noturno.

Leão ♌

Leo é a palavra latina para leão. Esta constelação leva o nome do leão de Nemeia, enviado por Hera para derrotar Hércules em seus doze trabalhos, embora existam algumas versões diferentes desse mito.

Os egípcios adoravam o leão como um deus, pois o surgimento da constelação sinalizava o verão, quando leões se banhavam no Nilo, e o rio subia, nutrindo a terra para a agricultura.

Virgem ♍

Virgo é a palavra latina para virgem. Existem várias versões do mito da virgem. Vou compartilhar a versão que mais faz sentido para mim.

Acredita-se que a virgem celeste é Astreia, a deusa da inocência e da pureza, encarregada de segurar e estabilizar a balança da Terra e de suas estações. Astreia abriu uma caixa e, sem querer, liberou no mundo a inveja, o ódio e o ciúme, mas conseguiu fechá-la rapidamente, antes que a esperança escapasse.

Libra ♎

Libra em latim significa "balança", símbolo da deliberação.

Libra é associada a Têmis, deusa grega da lei divina e do equilíbrio. Quando ela e sua filha Astreia (que se tornou a constelação de Virgem) deixaram a Terra e assumiram seus lugares no céu, Têmis levou consigo a balança do equilíbrio, que é hoje a constelação de Libra.

Escorpião ♏

Na mitologia grega, Órion era filho de Poseidon, deus dos mares, e, segundo se dizia, era o homem mais bonito de todos os tempos. Ele e a deusa Ártemis pediram a Gaia que criasse um escorpião gigante que eles pudessem usar como arma. Então, o escorpião picou Órion e o matou.

Sagitário ♐

Sagittarius é "arqueiro" em latim, e os babilônios deram esse nome à constelação por causa do deus Nergal. No começo, ele era representado com duas asas, duas cabeças e um ferrão de escorpião na cauda.

Mais tarde, quando os gregos adotaram a constelação, Sagitário passou a representar o centauro da mitologia, retratado puxando o arco e mirando a flecha no coração do Escorpião, pronto para abatê-lo caso este se comportasse mal.

Capricórnio ♑

Em latim, *capricornus* é o "bode do mar".

Na mitologia antiga, Prico era o bode imortal do mar, que tentou desesperadamente impedir seus filhos de irem para a terra e se tornarem os bodes e cabras de quatro patas que conhecemos hoje. Prico ficou desolado diante da perspectiva de ficar sozinho por toda a eternidade, e implorou a Cronos (Saturno) que o deixasse viver sua imortalidade nos céus, de onde poderia ver os filhos, por mais que estivessem pastando no alto das montanhas. Daí a constelação de Capricórnio.

Aquário ♒

O nome *aquarius*, em latim, significa "taça" ou "suporte de água", o que é estranho, pois ele é um signo de ar.

Na mitologia, Zeus cobiçou Ganimedes, o príncipe mais bonito de Troia. Então, transformou-se numa águia, raptou Ganimedes e levou-o em suas garras, obrigando-o a atuar como servo e amante. Ganimedes, no entanto, se rebelou; quando ia servir a taça de Zeus, cheia de ambrosia — uma água mágica — e vinho, deixou o líquido cair na Terra, causando enchentes e caos. Depois da fúria inicial, Zeus admirou a coragem de Ganimedes e lhe atribuiu um lugar nos céus como a constelação de Aquário, também conhecida como "criador de ondas".

Peixes ♓

Peixes é retratado como dois peixes que nadam em direções opostas, rumo à fantasia e à realidade.

No conto grego, Afrodite e seu filho Eros se transformaram em peixes para escapar do monstro Tifão. Como gesto de gratidão, Afrodite concedeu aos peixes um lugar nos céus.

PARTE 2

Combinações de Signos

Quando você olha para o céu noturno, para aquela movimentada metrópole celestial, lembre-se de que parte da luz das estrelas que vemos agora foi emitida até dois milhões e meio de anos atrás. Da mesma forma, as situações emocionais e os relacionamentos íntimos que estamos vivenciando têm suas raízes plantadas no passado. Esses efeitos kármicos de nossas ações e inações de muitas vidas atrás são o que produzem aqueles reconhecimentos "instantâneos" de pessoas desconhecidas e sensações de *déjà-vu*.

Podemos encontrar uma de nossas almas gêmeas e permanecer juntos para toda a vida. Essa é uma união sagrada entre almas que evolui ao longo do tempo e suscita coragem para confiar e vencer inseguranças e medos. Uma união genuína e sagrada de almas é livre da nossa tendência de sobrecarregar os outros com grandes expectativas. Ela nos oferece espaço e liberdade para explorar o universo e crescer. Mas nem todas as uniões estão destinadas a durar. Talvez nos encontremos novamente para mudar a forma como tratamos uma pessoa no passado — os relacionamentos são uma oportunidade para perdoar e progredir. Se alguém nos trata mal, a aceitação nem sempre equivale a amor, mas podemos agradecer pela lição e depois nos desapegar generosamente para que a experiência não se repita. Talvez então elevemos nossos padrões para evoluir e encontrar nossa chama gêmea, aquela que acende a luz que já temos dentro de nós.

Esta é uma vida. Houve muitas antes e haverá muitas outras depois. Então, pense em como você pode mudar o jogo *agora*, para o presente e o futuro. Isso está em suas mãos.

Como Combinar os Signos

Continue lendo para combinar seus signos com os de amigos, familiares e namorados. No entanto, observe que essas combinações também serão válidas para outras conexões astrológicas que você possa ter ao estudar os dois mapas astrais. Por exemplo, se você tem o Sol em Gêmeos e a Lua em Aquário e seu parceiro ou amigo é de Aquário, além de ler Gêmeos--Aquário você também pode ler Aquário-Aquário.

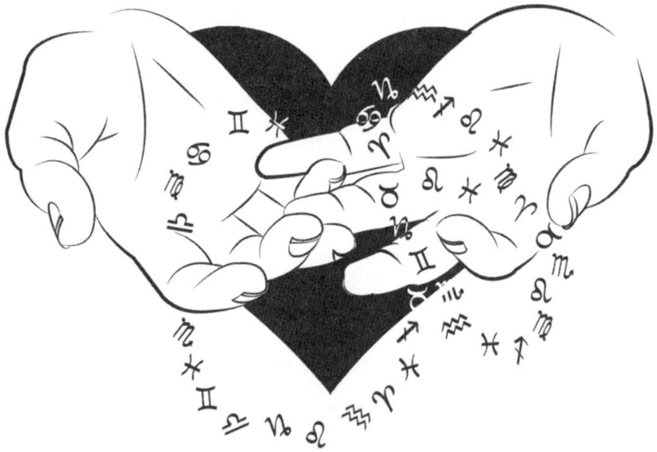

Ao ler, observe sempre quando algo parece verdadeiro e preste atenção a quaisquer reações intensas que você tiver, pois elas certamente levarão a *insights* interessantes. Ainda mais, se algo que você ler o irritar, explore o que está acontecendo. O crescimento, em sua forma mais verdadeira, começa com a irritação. Como meu professor uma vez disse: "O crítico é nosso guru".

Agora, vamos nos divertir.

Combinações de Signos de Fogo

Áries — Áries

REGIDOS POR MARTE

Imagine acender um bastão de dinamite e esperar pela explosão. Pode levar algum tempo para o pavio queimar, mas a explosão está chegando. A combinação Áries–Áries é sempre agitada e pode ser maravilhosa porque ambos tendem a seguir em frente rapidamente e deixar os ressentimentos de lado. Isso é ótimo depois de vivenciar relacionamentos em que a pessoa constantemente regurgitava questões antigas ou lhe dizia que você era *muito* isso ou aquilo. Nesta união, as duas pessoas são demais e ponto-final. Nenhuma delas criticará a outra por causa disso, pois seria como repreender seu próprio reflexo — e os arianos são conhecidos por amar seu reflexo. É importante exercitar o amor-próprio também, porque, se você não o fizer, é provável que atraia um parceiro de Áries que ame a si mesmo o suficiente pelos dois.

Sua alma gêmea de Áries provavelmente ficará por perto depois da explosão, em contraste gritante com parceiros anteriores. Eles simplesmente não entenderam! Seu ariano entende e ajudará a limpar os destroços fumegantes. Ele pode até dizer uma palavra de apoio, como "Bem, já estávamos precisando de um tapete novo mesmo", ou "Isso na verdade parece uma obra de arte chamuscada — gostei!"

TRAÇOS COMPARTILHADOS

Esta dupla busca emoções fortes, ama aventura, é apaixonada e impaciente e pode incendiar a festa ou, de forma inesperada, saltar de um avião, arrastando você com ela. Raramente há um meio-termo — a menos que uma das pessoas tenha tido encontros precoces na vida que diminuíram seu dinamismo natural ou jogaram água em seu ego. Se for esse o caso, essa paixão está fervendo em algum lugar oculto, sempre pronta para surgir como agressão ativa ou passiva, fúria moderada ou um completo acesso de raiva.

Essas duas geralmente formam uma união honesta; muitas vezes estão tão entusiasmadas por terem encontrado um espírito afim que se deliciam em fazer seu parceiro feliz. Finalmente encontraram alguém que ficará acordado até tarde num dia útil e enfrentará as consequências depois, um parceiro que nunca os entediará ou os repreenderá por sua extravagância (os presentes fluem livremente, se a generosidade estiver em sua natureza), e isso é um bom sinal.

Esta união pode ser crua e autêntica, levando ao crescimento da alma e à capacidade de resistir ao teste do tempo. Fique atento a desequilíbrios se uma das partes tiver um temperamento mais furioso, o que precisa ser discutido com franqueza, trabalhado e superado. Tente praticar a abordagem da "pausa" usada com crianças ou enviá-la para uma corrida de 10 quilômetros com uma mochila bem pesada.

ALCANÇANDO O NIRVANA

Se as duas partes estiverem trabalhando com autoconsciência e fluindo, vocês são capazes de abandonar as máscaras da conformidade social e serem vocês mesmas, o que pode dar a sensação de voltar para casa depois de muito tempo repelindo os namorados e reprimindo o dinamismo que torna você irresistível. A comunicação gentil é fundamental, assim como permitir que seu parceiro seja independente; mas é preciso afirmar com calma que certos comportamentos são prejudiciais.

Com o planeta Marte como seu regente, você pode se exaltar rapidamente, sem perceber, cuspirá fogo e se perguntará por que tudo está queimando. Exterior ou interiormente, você fica irritado, o que torna difícil sustentar um relacionamento longo e feliz. A raiva não é um traço atraente. É destrutiva para você, e mais ainda para as outras pessoas, podendo levar a todos os tipos de problemas de saúde. Então, isso é algo que vocês podem trabalhar — juntos.

Notas Amorosas

Se você é um ariano que ama outro ariano, pense no seguinte:

- Com que frequência vocês relaxam juntos ou se comunicam com educação?
- Quando um de vocês se sente irritado, como lidam com isso?
- Trabalhe sua paciência, o que não significa apenas suprimir a raiva. A raiva é a arma, e os gatilhos são outras emoções como o medo ou a dor.
- Em vez disso, quando o sangue começa a ferver, examine a causa principal, que está sempre ligada às suas próprias reações.

Áries — Leão

REGIDOS POR MARTE E SOL

Estes signos de fogo não são conhecidos por amarem a paz e a tranquilidade, mas é exatamente disso que precisam para que a união deles funcione.

Áries é representado pelo carneiro e Leão, obviamente, pelo leão (ou leoa). Se o leonino tiver uma raiva desenfreada, ele pode devorar o carneiro e depois se arrepender. Mas se encontrarem um parceiro ideal — essa relação tem todos os ingredientes necessários —, pode ser o paraíso na Terra.

É importante que o leonino nunca se esqueça de que o ariano nasce de Marte, o deus da guerra, e se alguém ousa desafiá-lo quando está em pleno fluxo de fogo, geralmente sai perdendo. Um ariano raramente admite a derrota — ele pode perder uma batalha, mas estará melhor preparado do que a maioria para uma grande guerra e simplesmente continuará lutando — e o leonino é um perdedor rancoroso.

Somente alguém de Leão (ou alguém que tenha o ascendente em leão, a Lua ou Marte em Leão) é capaz de enfrentar o carneiro, e de fato conseguir essa proeza. Se esse leão for uma fera nobre que prefere firmar sua soberania em silêncio, melhor. Mas se for do tipo covarde que se afasta para lamber suas feridas ou reunir apoio para a guerra em outro lugar, pior.

ADMIRAÇÃO MÚTUA

Quando essa união está funcionando bem, é maravilhosa para as duas partes, desde que consigam entender quando é a hora de cada uma mostrar sua admiração mútua.

O ariano adora ganhar a qualquer custo, e isso se manifesta no trabalho, na família e certamente nos relacionamentos. Mas, se a vitória for fácil demais, ele fica entediado e segue em frente — ou inconscientemente faz que seu parceiro queira seguir em frente.

O leonino, por outro lado, secretamente acredita que é muito superior a todos os outros meros mortais — pelo menos até conhecer um ariano. De maneira lenta e determinada, ele desenvolve uma admiração pela determinação e força de seu parceiro, que são qualidades que ele também possui ou deseja possuir. É aí que os anjos cantam e as harpas tocam dentro de seus grandes corações.

O leonino não mede esforços para demonstrar afeto e reverência, quando — e esta ressalva é importante — se sente mimado emocional e fisicamente. Mas o ariano não é propenso a mimar ou paparicar ninguém. No início do relacionamento, em geral, eles conseguem resolver suas diferenças de maneira física, seja no quarto, em uma pista de corrida ou em outro ambiente competitivo. No entanto, quando as faíscas se acalmam, o ariano se sentirá indignado se sempre tiver que ceder ou bajular o leonino e dizer o quão incrível ele é. É entediante para ele ter um parceiro carente ou que exija atenção constante — ninguém pode exigir nada do filho de um deus! Esse comportamento indulgente só será tolerado pelo ariano se o leonino for sábio, como muitos o são. O ariano gosta de receber orientações e conselhos inteligentes e sinceros, e o leonino adora oferecê-los. Se o ariano perceber que o conselho vem de um lugar amoroso, ele vai parar e ser receptivo, não apenas ouvirá.

Se, por outro lado, o leonino entrar em cena e começar a se gabar de como sempre está certo ou do que aconteceu quando um amor passado não correspondeu às suas expectativas, ou tentar manipular o ariano a fazer ou agir como ele quer ou sua arrogância se manifestar, das duas uma: tudo vai virar um inferno ou o ariano vai embora.

O ariano requer inspiração de seu parceiro. Ele gosta de se sentir empolgado e do suspense, mas também precisa ter certeza da lealdade do parceiro. O leonino deseja lealdade, mas não a oferecerá de graça a menos que a receba primeiro, o que pode acarretar um carrossel vertiginoso.

O ariano também precisa de estímulo mental e pode não ter tato para economizar tempo, algo que ele valoriza muito. Sua tendência a ser dominador pode ferir o orgulho do leonino, que fica indignado quando um ser inferior tenta lhe dizer o que fazer. Mas aqui está o ponto: um ariano, ao agir naturalmente, é um dos únicos signos do zodíaco que o leonino respeitará o suficiente para fazer o que lhe for pedido, desde que não o seja feito com muita frequência.

O ariano é dominador e geralmente o é por um bom motivo, mas se uma das partes do casal não fizer por onde para melhorar seu autodesenvolvimento ou trabalho de introspecção, um choque titânico entre dois dos maiores egos do zodíaco ocorrerá.

ALCANÇANDO O NIRVANA

O ariano se encanta com o calor e a força do leonino, pois, quando ele ama, o faz de todo o coração. Por esse motivo, ele agirá, com prazer, para acalmar as inseguranças de seu parceiro. Em troca, o leonino vê o que está por trás da fachada corajosa do ariano e enxerga o funcionamento interno de seu coração e de sua mente. Isso dá a eles uma capacidade extraordinária de se entenderem e poderem criar o próprio mundo no qual apreciem a rivalidade amigável e desfrutem das coisas boas da vida sem serem julgados por seus gostos extravagantes.

O ariano pode se beneficiar dos conselhos, do calor, do amor, do conforto e da compreensão quando quiser, que é exatamente como o leonino gosta. O leonino, por sua vez, admira a coragem, o dinamismo e a animação fornecidos pelo carneiro, o que diminui a probabilidade de uma briga intergaláctica, transformando a união deles em um amor inigualável.

Notas Amorosas

Se você é um ariano que ama um leonino, pense no seguinte:

- Você é gentil com as inseguranças do seu leonino? Elas o incomodam? Se sim, pergunte a si mesmo por quê.
- Você é capaz de ver o que está por trás do comportamento orgulhoso dele?
- Você sente que dá mais do que recebe? Se sim, é capaz de discutir o compromisso de vocês com amor e educação?

Notas Amorosas

Se você é um leonino que ama um ariano, pense no seguinte:

- Você diz ao seu parceiro o que fazer ou tenta mandar nele? Se sim, pergunte a si mesmo por quê.

- Você dá conselhos sábios? Se sim, você se gaba disso depois? Se sim, por quê? Resultados positivos não são o suficiente? Saiba que isso é uma grande desmotivação para os arianos (e para todos os outros signos).
- Você recebe mais do que dá? Se sim, por favor, aborde isso e se dedique mais.
- Quando seu coração está caridoso e disponível, você se banha em sua própria luz solar, então tente ser assim a todo momento, sem se apegar à ideia de receber algo em troca.

Áries — Sagitário

REGIDOS POR MARTE E JÚPITER

Se as duas partes gostam de diversões intensas, duelos verbais animados e aventuras pelo mundo, esta parceria transbordará de inspiração e fornecerá aos dois um mecanismo para equilibrar o fogo com terra e ar.

Agora, uma união de fogo com fogo também pode resultar em grandes explosões já que cada um luta para satisfazer as próprias necessidades. O ariano pode reagir e defender-se rapidamente, mas o sagitariano quase sempre vence um argumento com sua língua afiada e com a mira imbatível do arqueiro, seu fiel escudeiro. O ariano fica secretamente impressionado com o tom muitas vezes direto e indelicado dessa verdade — a menos que seja direcionada a ele, caso que pode gerar uma discussão. Na verdade, o ariano adora discutir em nome de um bom debate ou apenas por *hobby*. Enquanto os dois estão funcionando bem, eles valorizam a verdade, mas raramente gostam de enfrentar suas deficiências ou falhas. O ego deles lutará contra essas verdades até a morte.

O sagitariano raramente é maldoso (a menos que tenha planetas problemáticos no signo vizinho de Escorpião). Ele é brincalhão, tem um coração bondoso e se corrige rapidamente. Depois (sempre *depois*), ele se desculpará se machucar alguém em nome da verdade — mas então pode ser tarde demais porque um ariano pode guardar rancor por tanto tempo quanto um taurino ou um escorpiano (bem, quase por tanto tempo) e tem uma memória surpreendentemente detalhista e exasperante. Então, embora a batalha pareça ter sido perdida quando ele é envergonhado por seu parceiro que expõe a verdade de forma implacável, tome cuidado para que ele não declare guerra, acrescentando de maneira silenciosa a vingança à sua lista de afazeres — que ele certamente cumprirá.

FLERTES

As duas partes tendem a ser noturnas. Conseguem misturar facilmente trabalho e socialização extracurricular e resistirão à ida para cama com medo de ficarem de fora de alguma coisa. Adoram se misturar e serem incentivadas por experiências novas. É aqui que as tensões podem surgir.

O sagitariano, se estiver trabalhando com o elemento masculino do signo, pode ser exagerado e paquerador e, como o signo oposto a Gêmeos, caminhará na corda bamba quando se trata de fidelidade. Para elas, se um caso amoroso não for físico, ou se for puramente físico sem relação emocional, e continuar assim, não haverá problema. Em outras palavras, se não estiverem completamente envolvidas, mental, espiritual e fisicamente, elas não fizeram nada de errado. Claro que sabemos que não é assim que funciona, a não ser que as duas partes estejam de acordo, e um ariano (se estiver apaixonado) *realmente* não concordará com essa atitude. Existem várias maneiras de ser infiel sem tirar a roupa — até mesmo paquerar outra pessoa, por mais inocente que seja, pode ser prejudicial. O ariano precisa se sentir e, mais importante ainda, precisa ser visto como a prioridade número um de seu amor. Isso pode levar a discórdias porque o sagitariano, por sua vez, precisa se sentir livre e ficará indignado já que estava apenas sendo "amigável" ou "prestativo". Mesmo que o ariano não consiga identificar exatamente o que o deixou chateado, foi isso que o levou à insegurança e à indignação. O arqueiro deve estar atento para não desencorajar o carneiro; deve ter empatia e examinar seu próprio comportamento. Para o ariano, a indignação muitas vezes decorre mais de ser desrespeitado publicamente do que do simples ciúmes.

Embora lute por seu amor por um certo período de tempo, se o debate do que constitui infidelidade continuar, sua paixão esfriará e ele acabará indo embora.

ALCANÇANDO O NIRVANA

Os dois signos precisam de um objetivo em comum e defenderão os menos favorecidos diante de adversidades e críticas. O sagitariano geralmente é mais incisivo e ativo nesse aspecto porque tem uma necessidade inata de justiça e equidade para todos. O ariano leva um pouco mais de tempo para sair do ciclo do egocentrismo, mas, quando o faz, juntos, formam um casal poderoso e darão passos notáveis rumo a uma sociedade melhor.

Notas Amorosas

Se você é um ariano que ama um sagitariano, pense no seguinte:

- Como o relacionamento começou? O que o atraiu?
- Se alguma das necessidades do casal mudou, vocês já conversaram sobre isso com franqueza?
- Você tem sido honesto ao longo do relacionamento? Se não, seja honesto agora e escreva o que você realmente deseja.
- Se você tem sido honesto e se suas necessidades estão sendo atendidas, reconheça sua tendência a ser um pouco egocêntrico demais e se pergunte se está fazendo tudo o que pode para atender às necessidades mentais, espirituais, emocionais e físicas de seu parceiro.
- Se você não tem atendido a essas necessidades, faça uma lista de pequenas mudanças que consegue colocar em prática. Marque esta seção para voltar e verificar se houve mudanças, ou pergunte ao seu parceiro se ele notou alguma coisa.

Notas Amorosas

Se você é um sagitariano que ama um ariano, pense no seguinte:

- Você manipula seu parceiro para causar uma reação ou chamar atenção?
- Você está feliz em uma união monogâmica?
- Se sim, seu parceiro está? Vocês já conversaram sobre isso?
- Se não, repita o exercício. Se vocês não estiverem em sintonia, estejam preparados para deixar o outro ir embora. Você não pode mudar a outra pessoa ou enganá-la. É um péssimo karma a longo prazo.

Leão — Leão

REGIDOS PELO SOL

Esses leões iluminam qualquer sala com sua presença, dando esplendor até às experiências mais monótonas. O calor de seu brilho é tão irresistível que é fácil entender por que são regidos pelo Sol. Trazem uma energia vibrante e um poder solar para tudo que fazem. Existem os grandes felinos inseguros que procuram atenção, reconhecimento, fama e ganhos, e há os atraentes, mais silenciosos, confiantes e nobres de uma maneira poderosa, que sempre conseguem o que querem. De qualquer maneira, eles exigem e suscitam respeito e devoção. Quando essa lealdade é considerada sincera, eles permanecem juntos e baixam a guarda de modo que apenas monarcas de sangue azul sabem fazer. Precisam sentir orgulho do parceiro e, quando o fazem, encorajam e apoiam os maiores sonhos um do outro.

Muitas vezes se mostram surpreendentemente compatíveis, destruindo qualquer parceiro anterior ou pretendentes atuais, os quais se tornam insignificantes depois que os dois ficam juntos. Fortes, orgulhosos e muitas vezes destemidos, formam uma parceria cósmica.

INDEPENDÊNCIA

Se você têm algum conhecimento sobre felinos, sabe que eles valorizam a liberdade acima de tudo. Mas isso não significa que queiram ser livres para andar por aí com outros amores. Pelo contrário, os leoninos inspiram confiança e exigem lealdade e constância.

Quando leoninos se unem, muitas vezes sentem que têm o mundo aos seus pés; e, a não ser que tenham a Lua em signos contraditórios ou melancólicos, geralmente têm mesmo. Juntos, eles têm um reinado; mas quando brigam, todos precisam recuar. Isso geralmente faz parte de seu jogo amoroso e raramente tornam essas brigas públicas. Quando estão fluindo bem, são seres reservados e íntimos e logo se afastam de parceiros que ferem seu imenso orgulho ou levam seus problemas para fora de casa. Se você procurar ver o que está por trás da arrogância ou da falsa sensação de orgulho, descobrirá uma generosidade de espírito incomparável e um coração maior do que qualquer outro que já tenha encontrado. O magnetismo desse par de corações é tão poderoso quanto os dos polos.

ALCANÇANDO O NIRVANA

Esta combinação geralmente funciona melhor quando uma das partes exerce mais a energia masculina e a outra tende para a feminilidade felina. Isso acontece porque as duas partes são altamente competitivas, seja em segredo, seja de forma evidente. No entanto, é curioso que elas também gostem de ficar cada qual no seu lugar. A parte masculina gosta de proteger, defender e prover, esperando que a outra a adore com amor e afeto inabaláveis. As duas competem silenciosamente pela superioridade, o que certamente mantém as faíscas voando.

Como em todas as combinações de fogo, a paciência e a ausência de raiva são vitais para que as duas partes se sintam ouvidas e o relacionamento possa dar certo.

Notas Amorosas

Se você é um leonino que ama outro leonino, pense no seguinte:

- Você consegue tanto liderar quanto seguir de maneira igual?
- Você diria que vocês aprimoram as virtudes um do outro? Os defeitos? Ou os dois?
- Seu parceiro aprimora suas qualidades inatas, como a coragem, a força e a generosidade?

Leão — Sagitário

REGIDOS PELO SOL E POR JÚPITER

Quando está fluindo, esta é uma união brilhante e animada. Os dois signos de fogo têm um entusiasmo pela vida e um espírito brincalhão que faz com que as chamas dancem sob o olhar de todos — para o deleite do leonino, que adora atenção.

Em sua melhor forma, os leoninos são nobres, perspicazes e justos. Geralmente trabalharam duro para obter *status* ou reconhecimento e perseveram para se tornar os melhores no que fazem, mesmo que tenham que superar muitos desafios para chegar lá. É por isso que raramente se comprometem se o parceiro não tiver uma história que percebam como "digna".

Os sagitarianos, por sua vez, são honestos e sábios. Muitas vezes, tiveram que superar a ignorância ou a intolerância, e se o parceiro for considerado por eles como menos digno, o relacionamento não passará de um caso passageiro.

Tanto leoninos quanto sagitarianos têm uma força de caráter que precisa ser igualada ou, no mínimo, complementada.

DESEJO E DEPOIS AMOR

Quando os dois já passaram pela fase inicial do desejo e estão considerando a possibilidade de amar, o resultado é um vínculo que não foi possível com nenhum parceiro anterior.

O sagitariano é um profeta, um filósofo e um otimista (a menos que tenha sido desgastado por um leonino ou tenha aspectos desafiadores na versão completa de seu mapa astral), traços que os leoninos acham tão encantadores e admiráveis que se esquecem de competir ou adotar uma postura superior, o que é raro.

Os dois são independentes, mas, quando se comprometem e se unem, a força mútua deles é um poder que precisa ser levado a sério, sobretudo se abraçarem uma causa nobre. Os dois signos são masculinos, o que pode funcionar bem porque compartilham dos mesmos interesses, as questões práticas da vida muitas vezes lhes servem de força motriz e emoções e ressentimentos enterrados são raros.

Essa união cria faíscas que podem durar muitas vidas — ou resultar nos dois competindo sem parar pela liderança, o que se torna exaustivo, até que um geralmente cede para manter a paz. É improvável que o leonino orgulhoso venha a ceder; se estiver operando em uma baixa vibração, raramente estará disposto a olhar para suas próprias falhas e, como o taurino e o escorpiano, pode recorrer a uma espécie amarga de culpa. Enquanto isso, o sagitariano vive pela lei da justiça, então ser sempre o único a ceder não funcionará por muito tempo. Em resumo, a não ser que os dois saibam que precisam crescer, ou estejam dispostos a aprender como e, mais importante, quando cooperar, esta parceria estará cheia de mal-entendidos e batalhas de ego que podem corroer a autoestima dos dois.

ALCANÇANDO O NIRVANA

Dito isso, nenhum outro casal está melhor equipado para ajudar um ao outro a crescer, mesmo que o crescimento seja desconfortável. Eles se apaixonam profundamente, o que os faz *querer* que o relacionamento dê certo. O arqueiro nunca para de sentir prazer de lançar flechas verazes com o objetivo de domar o ego do leão. (É claro que, se isso se repetir demais, o leonino fugirá para a selva para lamber suas feridas.) Por outro lado, o leão é incansável em seu desejo de refinar e aconselhar o brilhante arqueiro, mas também admira em igual medida sua fé, honestidade, humor autodepreciativo e integridade.

Se o autoritarismo do leonino ficar insuportável, o arqueiro sairá de perto — mas, em segredo, ele gosta da sabedoria do parceiro e repara nela mais do que admite. Ele simplesmente não consegue dizer ao leonino o quanto o apoia, com medo de alimentar ainda mais aquele ego irrefreável.

Dificilmente haverá um momento de monotonia neste relacionamento. Honesta (virtude em que os sagitarianos se destacam, mesmo que lhes falte tato) e sinceramente, os dois podem ajudar um ao outro a ver como a vida é maravilhosa quando o ego é contido e o real amor prevalece.

Notas Amorosas

Se você é um leonino que ama um sagitariano, pense no seguinte:

- Você é mandão? Se sim, você consegue moderar essa atitude?
- Você se exibe? Se não, ótimo. Mas, se sim, por que precisa ser assim?
- Você precisa vencer sempre? Se sim, pergunte-se por quê.
- Você elogia as qualidades de seu arqueiro? Se sim, ótimo! Se não, por que não?

Notas Amorosas

Se você é um sagitariano que ama um leonino, pense no seguinte:

- Você provoca seu leonino? Se sim, você acha que o faz no momento certo?
- O seu leonino é sábio? Se sim, elogie-o por causa disso; se ele se gabar, explique como isso afeta você.
- Você se comunica com amor e sem raiva?

Sagitário — Sagitário
REGIDOS POR JÚPITER

Quando estes dois se combinam, a união pode ser revigorante para as duas partes porque eles estão em uma espécie de missão para trazer a verdade à tona e expor a corrupção. Eles não conseguem acreditar que sobreviveram tanto tempo seguindo o caminho solitário da integridade, e é aqui que a situação fica interessante: dependendo do elemento em que estão seus signos lunares, eles podem ser cheios de pompa e excessivamente diretos, mas vão tentar, reiteradamente, esclarecer as coisas quando mal-entendidos surgirem. E estes acontecerão, de modo espetacular.

Se um deles tem a Lua em um signo de terra, é provável que seja o mais pragmático; se um tem a Lua em um signo de água, é mais governado pela emoção e provavelmente tem uma sensibilidade gentil. As duas partes estão numa busca implacável de conhecimento e têm uma perspectiva otimista, o que significa que se destacam no aprendizado; quanto mais aprendem, mais felizes ficam. Se um, ou os dois, nutrem a mente do outro com informações profundas, o relacionamento tende a durar. Quando estão fluindo, eles se encorajam a estudar e a crescer, tanto acadêmica quanto espiritualmente.

Por ser o crescimento um fator importante para manter este relacionamento vivo, a ignorância geralmente não é tolerada por muito tempo, e eles são os primeiros a verificar os fatos das afirmações do outro; adoram encontrar falhas onde conseguem, muitas vezes em público. Os arqueiros são descontraídos, adoram rir e brincar e estão dispostos a provocar — a não ser que tenham muita água na totalidade de seu mapa astral, o que os torna defensivos ou orgulhosos em excesso.

O problema de ver o parceiro como uma extensão de si mesmo é que ninguém pode corresponder a expectativas tão elevadas ou conviver a longo prazo com tamanha exaltação do ego. Júpiter, o "juiz", governa os dois signos, que podem ser lentos para ter empatia e rápidos para bater o martelo, raramente enxergando nas entrelinhas o multiverso de cores que também é conhecido como a verdade das outras pessoas.

PERDÃO

Os dois são pessoas magnânimas que vivem no presente, o que torna fácil seguir em frente após discussões, desentendimentos e até traições. Se a parceria se desfizer, raramente se tornam inimigos; eles escolhem se lembrar dos bons momentos e das qualidades que inicialmente os atraíram. Rapidamente encontram explicações para tudo e compartimentam questões que levariam outros signos à terapia. No entanto, se tiverem planetas em Escorpião ou Virgem próximo do seu signo solar, o oposto pode ser verdadeiro.

Ambos são inteligentes, têm bom coração e conseguem identificar com rapidez a causa do comportamento estranho da outra pessoa, o que dissipa a tensão e o ressentimento. Também são amigos excepcionais, embora não sejam muito constantes; então, em geral, apenas um dos dois se mantém informado de quaisquer compromissos ou datas agendadas.

ALCANÇANDO O NIRVANA

O sagitário é regido por Júpiter, o planeta que amplifica qualquer signo ou planeta com o qual se conjuga. Por causa disso, quando esses arqueiros se unem, o potencial de exacerbação dos vícios é enorme. Se um deles costumava apostar alguns centavos, juntos eles apostarão a casa inteira quando jogarem uma partida amigável de cartas.

Aprender a moderar é a chave. Dito isso, essa amplificação também lhes oferece a oportunidade de crescer e de se apoiarem na superação de hábitos prejudiciais. É surpreendente o quanto os arqueiros não educados são ignorantes; não há desculpa na era da informação gratuita para permanecer desse jeito, então pesquisar seus "fatos" é uma obrigação.

Encontrar um interesse ou *hobby* positivo em comum é uma boa ideia, mas o alinhamento de ambos com uma visão espiritual superior os unirá nesta vida e em muitas outras.

Notas Amorosas

Se você é um sagitariano que ama outro sagitariano, pense no seguinte:

- O relacionamento de vocês incentiva os dois a quererem alcançar as estrelas?
- Você sabe quando desacelerar e parar? Isso é algo que vocês conseguem fazer juntos?
- Um dos dois é excessivamente permissivo? Vocês conseguem monitorar isso?
- Vocês verificam os fatos que afirmam?
- Vocês dois costumam correr muitos riscos? Se sim, em que isso os ajuda? Ou não ajuda em nada?
- Se não ajudar em nada, converse com seu parceiro e assumam o compromisso para lidar com isso.

Combinações de Signos de Água

Câncer — Câncer

REGIDOS PELA LUA

Estes bebês lunares são bondosos, amáveis, pacientes e nunca deixam de apoiar um ao outro. Os casais de Câncer entendem a defensividade e as oscilações de humor um do outro, assim como a necessidade de conforto, por isso são tão compatíveis. Eles prosperam juntos, principalmente porque ambos buscam construir um futuro sólido e criar uma "vida perfeita" um com o outro. Quando são conscientes o suficiente para saber que a perfeição nunca pode existir no futuro (ela reside em qualquer dado momento, que é tudo o que temos), essa união pode ser mágica, convidando amigos e familiares para sua casa acolhedora.

Este relacionamento evita grande parte do caos e da ansiedade que outras combinações do zodíaco podem atrair, de modo que esses dois são monogâmicos para a vida toda. A única questão é que eles podem trocar o crescimento ou a emoção pela segurança, pulando, por completo, a fase da paixão.

Os cancerianos têm uma boa memória para traições e traumas, especialmente os da infância, os quais muitas vezes os assombra. Mesmo que tenham tido uma criação tranquila, nenhum pai humano poderia ter dado a eles a quantidade suficiente de amor, carinho e apoio emocional para afirmarem que tiveram uma infância "feliz". Isso os torna críticos em relação às pessoas fora do relacionamento deles, mas raramente um com o outro. Eles dão um ao outro a única coisa que cada um sempre quis: apreciação.

Os outros signos, sobretudo os de ar, os ajudam a relaxar e a rir de si mesmos, mas acabam perdendo a paciência com a tendência do canceriano de ficar preso ao passado. Outro canceriano, porém, escuta sem parar, fornecendo conforto conforme a necessidade, e é por isso que a maioria permanece sob a proteção da concha de seu parceiro quando acaba saindo da sua própria concha.

Se nenhum desafiar o outro a aceitar o passado e seguir em frente, um deles, ou os dois, podem se fazer de vítima apenas para chamar atenção do outro. Afundar-se no sentimento de que alguém *finalmente* se importa com você pode prejudicar a evolução da alma. A não ser que um ajude o outro a enxergar suas próprias falhas e aprendam a perdoar os outros, isso pode se transformar numa codependência doentia que isola qualquer pessoa que os desafie ou os acorde para o mundo real — um mundo onde cada história sempre tem dois lados.

A SEGURANÇA COMEÇA POR DENTRO

Os cancerianos desejam segurança emocional e material, embora a primeira só possa vir de dentro e a segunda seja uma ilusão. Ninguém pode realmente curar nossas inseguranças, e certamente não podemos levá-las conosco. Isso faz que cancerianos sejam bem-sucedidos no mundo dos negócios porque acreditam que quanto mais dinheiro, *status* e poder alcançarem, mais seguros se sentirão. Eles se apoiam para construir dinastias com pessoas de mentalidade semelhante. Também têm um senso moral sólido e vão incentivar um ao outro a realizar algo, mas também a serem justos. De certa forma, trabalhar juntos é uma questão natural, pois eles têm um pacto tácito de alcançar a estabilidade.

A maioria precisa de um compromisso oficial, como o casamento, e tem um forte desejo de procriar, criando pequenos seres à sua própria imagem. São, no geral, excelentes pais, mas podem sufocar a prole ou ter dificuldade para deixá-la crescer ou sair de casa de modo independente.

Se o casal não tiver filhos, é provável que a casa esteja cheia de animais abandonados e amigos precisando de ajuda. Quando chamados para ajudar, eles são tão sensíveis aos problemas dos menos afortunados que muitas vezes dedicam a vida ao próximo (mas não a riqueza — eles serão enterrados em túmulos repletos de ouro, dignos da realeza do antigo Egito).

ALCANÇANDO O NIRVANA

Este casal tem a rara oportunidade de formar uma parceria sagrada na qual os dois podem crescer e amadurecer com segurança. Se eles conseguirem rir de si mesmos, irão prosperar. Precisam perceber que é importante aceitar de modo corajoso a verdadeira natureza da impermanência, que nossas almas estiveram aqui muitas vezes e retornarão e que devemos aprender com nossas experiências para alcançar o nirvana. Se os dois, como filhos da Lua, puderem ajudar um ao outro a superar a tendência de culpar todos por seus problemas e aceitar que seus desafios são oportunidades para perdoar, podem se tornar o tipo de casal de ouro com o qual a maioria de nós só teria nos sonhos. Quando as duas partes aceitam a responsabilidade pessoal e trabalham para purificar seu karma nesta vida, é provável que permaneçam juntas por muitas existências, trazendo amor e bondade a todos que encontrarem pelo caminho.

Notas Amorosas

Se você é um canceriano que ama outro canceriano, pense no seguinte:

- Você guarda mágoas do passado? Se sim, como isso o ajuda?
- Você dá sem esperar nada em troca? Se sim, liste algumas vezes em que teve sucesso nisso.
- Você pratica o perdão? Tente ver as coisas de uma perspectiva diferente.
- Você permite que seu parceiro participe do joguinho de culpar os outros? Se sim, por quê? Se não, por quê?
- Você acredita em karma e causa e efeito? Tente estudar isso; isso o ajudará a progredir.

Câncer — Escorpião

REGIDOS PELA LUA E POR MARTE/PLUTÃO

Câncer e Escorpião se magnetizam quase instantaneamente, e é isso; acabou. Nada jamais será como era. A intensidade, a emoção e talvez até a fúria atraiam essas duas pessoas de casca dura e coração mole para os mares profundos da empatia e do sentimento.

O escorpiano se encanta com o dom natural de intuição do canceriano, e o canceriano fica encantado, em segredo, com a mente perspicaz do escorpiano. Os dois signos saem a campo para seduzir e possuir o outro. Para o caranguejo, sua habilidade sedutora é uma forma de arte, inteligentemente disfarçada de doçura, uma certa timidez e a tendência de desaparecer quando o poder avassalador do Escorpião vem à tona. Isso não quer dizer que o caranguejo seja manipulador, embora certamente possa sê-lo; mas é uma característica mais fácil de ser vista no escorpiano. Os dois são levados pela necessidade de garantias e, quando se encontram, percebem desde o início que têm o que é necessário para alcançar isso nos braços um do outro. Nada na vida vem com certeza verdadeira, mas esses dois signos estarão mais perto de alcançar isso do que quaisquer outros.

Os cancerianos são tão sensíveis às emoções dos outros que de tempos em tempos precisam se recolher e reunir forças, enfurecendo os escorpianos, que secretamente temem que esse tempo de separação ou esse silêncio quebrem o feitiço que eles gastaram uma energia imensa para conjurar. Mas o caranguejo é imune a qualquer tipo de feitiço de encantamento ou chantagem emocional, e é isso que torna a vida com ele tão interessante. O escorpiano não consegue deixar de controlar o outro, descobrindo o que o motiva; mas só faz isso até encontrar o filho da Lua. Tendo a posse do coração, da mente e da alma de outra pessoa, o escorpiano, de maneira irônica, para de confiar nela. É por isso que, quando a confiança se constrói lenta e constantemente entre esses dois signos, eles passam a se sentir mais seguros juntos do que quando estavam separados.

Eles também se entendem. O caranguejo não se esquece com facilidade das mágoas do passado, mas raramente é vingativo, enquanto o escorpiano acredita que de alguma forma é um agente do karma, enviado pelos astros para se vingar. O caranguejo acha divertido que ele, o soberano da mágoa, precise passar tanto tempo ensinando compassivamente ao escorpiano o que ele também deve aprender: a gentil arte do perdão.

CONHEÇA A SI MESMO

Esta dupla passa muito tempo escavando a psique das pessoas e analisando o caráter delas para encontrar pontos fracos. O caranguejo faz isso para se proteger de surpresas. E o escorpiano? Bem, é só porque ele acha que pode. Raramente eles olham para seus próprios reflexos; no entanto, quando finalmente encontram um parceiro que parece conhecê-los melhor do que eles mesmos, a atração é palpável.

Os dois amam o dinheiro — um para combater a insegurança e o outro para obter poder —, então essa parceria funciona melhor quando eles têm o mesmo grau de riqueza, bem como ambições semelhantes ou habilidades complementares que os ajudarão a alcançar a segurança material juntos.

ALCANÇANDO O NIRVANA

Estes dois correm o risco de serem levados às profundezas das baixas vibrações e ao submundo da escuridão. Para funcionarem bem como casal, precisam ser bondosos e ter amor incondicional e empatia um pelo outro, mantendo o coração aberto e trabalhando sua própria capacidade de confiar. Precisam ser honestos, o que é difícil porque ambos são reservados e propensos à paranoia ou a ajustar as contas. O caranguejo é propenso a crises internas de temperamento, e o escorpião direciona sua raiva ou ciúmes para a vingança ou mecanismos secretos de controle. Por isso, a abertura e a vulnerabilidade são as únicas maneiras pelas quais eles podem alcançar um amor duradouro. Eles podem crescer juntos se mantiverem o respeito mútuo, estudarem o funcionamento da mente e entenderem as leis do karma e da causa e efeito como uma prática diária.

Notas Amorosas

Se você é um canceriano que ama um escorpiano, pense no seguinte:

- Você é capaz de oferecer seu amor sem medo de ser rejeitado?
- Você ajuda seu escorpiano a relaxar e seguir em frente?

Notas Amorosas

Se você é um escorpiano que ama um canceriano, pense no seguinte:

- Você entra em pânico quando seu caranguejo se retrai? Se sim, por quê?
- Você guarda rancor? Se sim, desenvolva a coragem para perdoar.
- Se o medo não fosse um problema, como você agiria neste relacionamento?

Câncer — Peixes

REGIDOS PELA LUA E POR JÚPITER/NETUNO

Este é um romance idealista que tem potencial para durar, mas só se for acompanhado de muita tolerância e trabalho de autorreflexão. Um gosto mútuo pelas artes, pela música, pela natureza e pela beleza do mundo pode uni-los, mas isso só ocorrerá se o pisciano for evoluído o suficiente para se solidarizar com a tendência do seu caranguejo de acumular riqueza e guardar dinheiro. Quando ele percebe que esse comportamento nasce da insegurança e de um medo intrínseco da ruína, consegue ajudar o caranguejo a crescer e a ver a vida através de uma lente diferente, menos apegada e mais consciente. A não ser que o elemento Terra seja forte na totalidade do mapa do pisciano, ele raramente terá interesse no dinheiro simplesmente por ter; e alguns até o percebem como a raiz de todos os males, preferindo viver uma existência nômade, sem apegos ao mundo e em sintonia com a natureza. O pisciano sabe que precisa de dinheiro, mas sua alma sensível vê claramente que a ganância e o egoísmo estão matando este belo planeta. Por isso, ele não gosta de pessoas ou passatempos materialistas.

O canceriano é impulsionado por seus desejos de conforto, lar e família. Gostaria de se aninhar em um lar aconchegante e se cercar de luxos caros. O pisciano, por sua vez, pode parecer descomprometido, sem ambição e irresponsável, e isso causa mal-entendidos: um prefere surfar nas ondas da vida, sem se preocupar com financiamentos ou dívidas, e o outro precisa de uma grande reserva de segurança e pode passar por cima de tudo para criar essa reserva. Se o canceriano for evoluído e o dinheiro não for um problema, ou se o pisciano tiver planetas fortes em Câncer/Capricórnio ou Virgem na totalidade de seu mapa, essas questões raramente surgirão.

COMO ELES PROSPERAM

O caranguejo sensível é encantado pela disposição inabalável do pisciano, que permanece calmo a não ser que seu parceiro o belisque sem parar com suas garras ou recuse a ele o tão necessário tempo sozinho, caso em que correm o risco de serem devastados por um tsunâmi de destruição emocional. Com exceção dessa hipótese, se ambos forem emocionalmente maduros e conscientes de si mesmos, eles podem prosperar porque os piscianos são simpáticos, gentis e sábios além das palavras quando se trata de ler nas entrelinhas ou intuir as reações emocionais por trás do comportamento temperamental do caranguejo. Em troca, um caranguejo intuitivo dará ao pisciano o espaço de que precisa e a liberdade para simplesmente ser. O pisciano gosta de viver e deixar viver, e, para que essa parceria funcione a longo prazo, o caranguejo precisa aprender a identificar quando o sinal invisível de "Não Perturbe" está ligado.

ALCANÇANDO O NIRVANA

Se os dois puderem dedicar tempo para se conhecerem e respeitarem as necessidades emocionais um do outro, esta união pode ser abençoada para sempre. Ambos amam a arte, a criatividade e a paz, embora esta última seja mais uma característica de Peixes. Uma vida criativa, com espiritualidade, meditação e treinamento da mente beneficiam os dois, assim como viver perto do mar ou de algum elemento que tenha água. O canceriano é regido pela Lua, que influencia as marés, e o pisciano é regido por Netuno, planeta também conhecido como Poseidon, o rei dos mares, então a água cura a alma dos dois.

Se se concentrarem em interesses comuns e no que os faz felizes, comprometendo-se de modo suficiente para que as duas partes se sintam satisfeitas, eles poderão acalmar um ao outro da maneira que apenas os signos de água sabem fazer.

Notas Amorosas

Se você é um canceriano que ama um pisciano, pense no seguinte:

- Você é materialista? Se sim, examine as razões por trás disso.
- Você dá espaço ao seu parceiro sem interpretar isso como uma afronta pessoal?

- Quais são seus interesses em comum? Quais características compartilham?
- Você leva em consideração as necessidades emocionais de seu parceiro?

Notas Amorosas

Se você é um pisciano que ama um canceriano, pense no seguinte:

- Você tem paciência com seu parceiro? E ele com você? Se não, você precisa se esforçar mais. Liste algumas maneiras pelas quais você pode agir para melhorar isso.
- Você sabe como pedir espaço sem perder a paciência?
- Você se comunica com franqueza?
- Estude a regra de três (Rd3) na página 23. Ela é particularmente eficaz para os cancerianos.

Escorpião — Escorpião

REGIDOS POR MARTE E PLUTÃO

Casual ou *inconstante* são palavras que jamais se relacionam a esta combinação, cuja química é palpável. Ela geralmente começa pela atração física ou pelo amor apaixonado, e a compreensão emocional surge depois.

Os dois estão, consciente ou inconscientemente, em uma missão cujo objetivo é encontrar uma união de almas gêmeas. Os escorpianos nunca iniciam nada sem ter feito cálculos meticulosos e, quando ficam obcecados por um objetivo ou pessoa, fazem jogadas impressionantes para garanti-los. Quando consideram uma pessoa digna de seu amor eterno, mergulham de cabeça, arrastando-a com eles, independentemente da vontade dela. A parte da cerimônia de casamento que declara "até que a morte nos separe" deve ter sido escrita por um escorpiano, pois a morte é algo que os fascina, assim como os rituais, o ocultismo e o sexo. (Os franceses, como povo, são muito escorpianos. Em inglês, um beijo apaixonado é chamado de beijo francês (*French kissing*), e a palavra *orgasmo* (*petite mort*) no francês pode ser traduzida para o inglês como "pequena morte".) Quando esses dois finalmente se rendem à paixão mútua, é como se morressem juntos e fossem para um paraíso criado por eles próprios.

O Escorpião às vezes é retratado como uma serpente. Uma serpente em fase de crescimento troca de pele até quatro vezes por ano, e os escorpianos estão constantemente evoluindo, se transformando e manifestando o processo de nascimento, morte e reencarnação. Eles dominam a arte da reinvenção.

O escorpiano é o melhor jogador do zodíaco, tanto nos negócios quanto no prazer, porque sua cara de paisagem nos faz pensar que ele só tem cartas boas, mesmo quando não tem. Ele engana os outros, fazendo-os acreditar que não se importa quando, na verdade, é exatamente o oposto. Ele se importa com tanta intensidade que assusta a ele mesmo e aos outros, exceto seu parceiro escorpiano, que entende tanto a preocupação quanto seu parceiro. Isso é ao mesmo tempo satisfatório e desconcertante. Raramente, eles encontram alguém que os veem e não sentem medo, com exceção deles próprios.

As pessoas muitas vezes desconfiam do poder do Escorpião, a não ser que também sejam desse signo e sejam regidas pelo planeta Plutão, o deus do submundo, também conhecido como Hades. Quando dois escorpianos se unem, não é incomum o trovão estrondar e os relâmpagos caírem, porque essa união de poder e potencial move céus e terra.

Quando encontramos alguém que tem um jeito semelhante ao nosso, é enriquecedor e transformador, tanto para o lado bom quanto para o lado ruim. No entanto, a maneira como isso se desenrola, no fim, depende da pessoa. Isso depende do nível de sua autoconsciência e da força interior necessária para evitar a destruição de sua autoestima ou sanidade. Eles olham um para o outro com respeito e cautela, sempre conscientes do poder e dos desejos que fervilham sob a máscara de indiferença aparentemente tranquila do outro.

HONESTIDADE

Para que esta união funcione bem, as duas partes precisam ser, ou pelo menos quererem ser, a versão evoluída de Escorpião: empáticos, intuitivos e compreensivos, com um raro conhecimento interior. Eles sabem por que as pessoas se comportam de maneira negativa e podem ajudá-las a superar desafios e a se transformar.

Mas as serpentes não evoluídas são desconfiadas, ciumentas, às vezes infiéis e propensas à traição, usam o sexo como arma, controlam a mente como *hobby* e usam bebidas ou drogas como escapatória do peso de terem nascido sob essa estrela. Eles têm a capacidade de se ferirem como nenhuma outra combinação o tem, razão pela qual a comunicação é a única maneira de construir algo estável e amoroso. O desejo de vingança do escorpiano é real e, em conjunto com cancerianos e taurinos, são os signos mais implacáveis. Assista à comédia de humor ácido *A Guerra dos Roses*, da Gracie Films, para ver uma dinâmica típica de Escorpião *versus* Escorpião.

No entanto, quando *realmente* se unem, esses dois *vão* se perdoar. Ambos sabem o quanto é difícil existir como seres perceptivos neste mundo superficial, e se a honestidade e a verdade estiverem na mesa do café da manhã todas as manhãs ou no jantar com um bom vinho (de preferência francês!), eles conversarão, ouvirão e conquistarão qualquer mundo que tenham em mente. O nível de comprometimento deles é incomparável.

ALCANÇANDO O NIRVANA

Assumir que eles tendem a esconder as mágoas e a dor, redirecionando-as para a vingança e a retaliação, é o caminho para alcançar um amor duradouro. Ambos são defensivos e reservados e muitas vezes orgulhosos demais para expressar seus verdadeiros sentimentos, por medo de parecerem fracos ou de sofrerem rejeição.

Plutão, como seu planeta regente, dá a eles e a seus pensamentos o poder de realizar qualquer coisa, o que é perigoso nas mãos de um ignorante. O karma de um escorpiano é rápido e ágil para retornar, como um bumerangue. Por isso, usar esse talento como uma força para o bem é o caminho para progredirem em direção a um relacionamento gratificante consigo mesmos e com todos os outros. É também como os escorpianos podem trabalhar em direção à realização do verdadeiro objetivo de nossa alma: a iluminação.

Notas Amorosas

Se você é um escorpiano que ama outro escorpiano, pense no seguinte:

- Você guarda segredos? Se sim, por quê?
- Se houver respeito genuíno, o ciúme não surgirá. Reflita sobre isso.
- Você se envolve em jogos de poder?
- Você sofre por ciúmes ou competitividade? Se sim, quais outras emoções desencadeiam isso?
- Você acredita em karma? Se sim, você acha que seus pensamentos, suas palavras e suas ações também têm o poder de criar karma negativo para você?

Escorpião — Peixes

REGIDOS POR MARTE/PLUTÃO E JÚPITER/NETUNO

Esta relação encantadora atrai os dois bebês aquáticos para uma união aparentemente predestinada. A linguagem de amor deles está quase sempre oculta do resto do mundo, e muitos relacionamentos começam como um caso secreto que só eles podem entender. Eles mantêm um ao outro enfeitiçados com um vínculo tácito de empatia.

O peixe e o escorpião são (a não ser que tenham a Lua ou o ascendente em Leão/Virgem/Gêmeos) seres fechados. Por isso apreciam o fato de que não precisam de palavras para se comunicar. Este relacionamento é uma conexão telepática que pode fazer com que se sintam como se fossem almas gêmeas.

Mas cuidado: um escorpiano não evoluído é propenso ao ciúme e à possessividade, o que o torna fraco e temeroso de seu próprio poder autêntico. E um pisciano não evoluído é escorregadio e controlador, buscando atrair apenas a melhor presa para sua rede. No entanto, esse jogo de poder de baixa vibração não durará muito porque o escorpião logo dará uma picada destrutiva, talvez sob o disfarce de uma traição ou de outra forma de fraude. Então, o peixe se soltará do anzol, desaparecendo nas profundezas do mar.

EMPODERAMENTO MÚTUO

Ninguém sabe fugir melhor que um pisciano, o que deixa ambos os parceiros lamentando silenciosamente suas perdas de universos diferentes, porque nenhum dos dois é capaz de esquecer o outro ou o sentimento de ter perdido seu verdadeiro amor.

Enquanto isso, o escorpião evoluído sabe que o verdadeiro poder é ilimitado e pode ser obtido sem tirar o poder de qualquer outro ser vivo que esteja no topo. Ele tem fé em si mesmo, no universo ou no que acredita que seja Deus, o que o torna instantaneamente atraente ao pisciano benevolente, que é certo de sua confiança de que servir e fazer os outros felizes é o sentido da vida. Por essa razão, quando esses dois se unem, têm uma oportunidade extraordinária de ajudar os outros e criar uma vida significativa sem uma existência materialista.

ALCANÇANDO O NIRVANA

Se o escorpiano for capaz de examinar suas motivações e afrouxar o anzol de seu peixe, e se o pisciano for capaz de ser honesto e evitar o hábito de desaparecer física ou emocionalmente por tempo suficiente para resolver quaisquer mal-entendidos, esta combinação tem potencial. Eles têm a capacidade inata de se comunicar sem a necessidade de palavras duras (a não ser que haja uma predominância de Virgem no mapa de qualquer um deles), mas eles devem se esforçar para manter esse dom vivo.

Drogas e álcool geralmente não caem bem neste coquetel de signos do zodíaco; uma vida livre de substâncias inebriantes será mais harmoniosa e produtiva, sobretudo quando conjugada do desejo mútuo e da capacidade de serem úteis à humanidade de alguma maneira.

Notas Amorosas

Se você é um escorpiano que ama um pisciano, pense no seguinte:

- Você se permite se desfazer de algo?
- A natureza tranquila do seu pisciano o encanta? Se sim, por que não tentar seguir o exemplo dele?
- Você precisa se livrar de padrões ou hábitos prejudiciais? Qual é o seu plano?

Notas Amorosas

Se você é um pisciano que ama um escorpiano, pense no seguinte:

- Você ama seu parceiro pelo que ele tem ou por quem ele é?

- Como você imagina o futuro de vocês juntos?
- Você o ajuda a relaxar?
- Quais sacrifícios você fez, ou fará, por seu parceiro?

Peixes — Peixes
REGIDOS POR JÚPITER E NETUNO

Quando esses belos filhos de Netuno finalmente se encontram, é como se tivessem voltado para casa depois de uma longa e solitária jornada. Quando o destino dá as cartas com tamanha generosidade, o tempo para — é exatamente aí que os problemas começam. Temos aqui duas almas artísticas, altamente sensíveis, inclinadas espiritualmente e perceptivas; alguns diriam paranormais. Os piscianos geralmente encontram uma maneira especial de escapar das exigências de uma vida mundana e do barulho da *agitação* do mundo real. Isso pode se dar de modo saudável, como em iniciativas artísticas ou práticas espirituais como oração, meditação ou uma crença superior em uma verdade unificadora universal. Eles têm uma criatividade inata; podem pintar e fazer arte, tocar música ou passar horas com as mãos na terra, cultivando alimentos e flores que crescem abundantemente sob seu toque. Ou podem achar que a "vida" é difícil e tentar escapar dela por meio de bebidas, drogas, videogames ou seguindo a liderança dos chamados gurus. É fácil enganá-los, de diversas maneiras, em sua busca pela unidade com o universo.

Quando dois piscianos se unem, eles dobram a capacidade de elevar um ao outro à alta vibração dos céus e das estrelas acima ou de se afundarem num ciclo vicioso de escapismo prejudicial e raramente ficarão num meio-termo. Se tiverem aspectos planetários sólidos, como um elemento Terra, uma Lua ou Marte fortes na versão completa de seus mapas astrais, isso pode ser equilibrado.

Eles não são briguentos, a não ser que tenham fogo na Lua ou em outros posicionamentos fortes. Em vez disso, preferem resolver os desentendimentos ou se fazerem de desentendidos durante dias. Não estou falando do desaparecimento repentino que o escorpiano faz; esse é mais como "Eu não estou nem aí. Você não me vê, e eu não vejo você". Os piscianos muitas vezes são descritos como escorregadios, o que pode ser verdade se tiverem Gêmeos ou Sagitário como signos da Lua, mas, na maioria dos casos, são honestos, pelo menos uns com os outros, e não dizem a verdade apenas quando querem poupar o outro da dor ou não ferir os sentimentos dos outros, o que os machucaria do mesmo modo.

UNIÃO DE ALMAS

A pisciana, ou a parte da relação que se identifica com os aspectos femininos do signo, geralmente é gentil, artística, imaginativa e transborda de uma graça e de uma humildade que são como maná do céu para o peixe macho. Este sente que encontrou sua alma gêmea, e os níveis de percepção e poder de telepatia que existem entre os dois são maravilhosos.

O pisciano (ou aquele com muitas vibrações de yang) muitas vezes teve de lidar, no passado, com pessoas agressivas e movidas pelo ego, então essa união serena e compreensiva é uma bênção em dose dupla para os dois.

ALCANÇANDO O NIRVANA

Se os dois bebês aquáticos se concentrarem demais ou muito pouco na acumulação de bens materiais, o medo e a ansiedade surgirão. Uma mistura de fé com pragmatismo é a resposta para construir um amor duradouro, baseado na confiança mútua e na confiança na lei da atração. Refugiar-se em uma visão espiritual sólida os manterá firmes o suficiente para surfar as ondas da impermanência.

Abordar juntos qualquer hábito nocivo ajudará no crescimento de suas almas e, se trabalharem em projetos que amam e se mantiverem firmes na fé na natureza abundante do universo, tudo ficará bem.

Notas Amorosas

Se você é um pisciano que ama outro pisciano, pense no seguinte:

- Vocês levam em consideração a natureza sensível um do outro?
- Tente praticar a lei da gratidão toda manhã e avalie os resultados.
- Você se entrega a comportamentos escapistas? Se sim, como pode agir de maneira mais moderada com relação a isso?

Combinações de Signos de Terra

Touro — Touro

REGIDOS POR VÊNUS E CORREGIDOS POR GAIA

Essas duas criaturas magníficas se combinam de modo adequado para construir um futuro baseado nas vibrações mais elevadas do amor, da lealdade e do respeito mútuo, um futuro que tem todo o potencial para ser feliz, calmo e abundante. Ficar envolto no conforto da abundância é exatamente do que os taurinos gostam; talvez até precisem de que a vida seja assim. Eles, como a maioria dos signos de terra, estão dispostos a trabalhar duro, dedicando esforço suficiente para que seus relacionamentos pessoais e vidas profissionais floresçam, por isso esta é uma boa combinação (a não ser que tenham outros signos ou planetas desagradáveis competindo em seus mapas astrais, o que pode levar a uma união completamente diferente, com seu próprio conjunto de dificuldades). Ao se comunicarem honestamente, sem jogos mentais ou intenção de controlar o outro, o amor deles cresce forte como as raízes de uma árvore.

Os taurinos evoluídos anseiam por espaço para respirar ar puro e não se sentirem pressionados a nada. Forçá-los a fazer qualquer coisa é uma ambição inútil. Suas atitudes a longo prazo levam em conta algum tipo de espaço onde no futuro possam se conectar com a natureza e talvez até cultivar seus próprios legumes ou ervas. A vida é curta, mas planejamento e preparação demais para o futuro fazem que eles percam os momentos de perfeição no presente.

PERSEVERANÇA

O cenário ideal que permitirá que esta união persevere é a vida no campo, ou pelo menos o máximo de tempo longe de telas, celulares e do bombardeio constante de informações. O concreto antinatural e as incessantes ondas de rádio, cortesias da vida moderna, os afetam profundamente. A maioria sabe que precisa fugir da cidade com regularidade, mas o restante apenas se sente esgotado, desmotivado e irritado sem ter ideia do motivo. Os taurinos são bem-sucedidos com água corrente, pastagens verdes e prados montanhosos por perto.

Touro também é o signo do talento e, se os taurinos não sentem que têm um talento próprio, prontamente apoiarão outras pessoas para ajudá-las a florescer. Geralmente eles têm mais facilidade para ganhar dinheiro por meio das artes, da música, do entretenimento ou da arquitetura do que outras pessoas.

Quando essa união funciona bem, os dois tiram proveito de muitas maneiras: com encorajamento e estratégias incríveis para suas buscas e objetivos mundanos, ou com gentileza e apoio suficientes para impulsionar um ao outro em direção à grandeza.

Esta é também uma união amorosa bastante sensual. Para os taurinos, tudo gira em torno do corpo; um toque delicado faz tanto, se não mais, quanto um encontro sexual para os taurinos.

Se não forem bem evoluídos, um ou os dois podem facilmente ficar impacientes se se sentirem insatisfeitos profissionalmente ou enfraquecidos pelo ciúme, como seu signo oposto, Escorpião. Mas esse ciúme é diferente: ele vai se acumulando aos poucos até atingir um ápice de ressentimento amargo e depois explode, o que parece estranho a eles, porque a maioria dos taurinos é pragmática e de cabeça fria, que acredita que se alguém trabalhou duro por suas conquistas, merece sucesso e felicidade. O taurino costuma ser aquele que neutraliza qualquer oposição impulsionada pelas ações ou palavras dos doentes (e o ciúme realmente é uma doença). Com um golpe rápido ou uma palavra sábia — ou com a melhor arma que tem em seu arsenal, a gentileza —, ele consegue transformar essas vibrações inferiores em um amor imenso com sua simples força de vontade.

Eles escolhem suas batalhas, seus parceiros e seus aliados com cautela e não desperdiçam seu precioso tempo ou sua energia com qualquer pessoa ou coisa que ameace derrubá-los.

Se um deles ficar preso numa vida materialista que não ofereça substância ou sustento, os dois sofrerão mais do que a maioria — física ou emocionalmente — e travarão lutas pela supremacia.

ALCANÇANDO O NIRVANA

Esses românticos sensíveis são regidos por Vênus, o planeta que infunde beleza, desenvoltura e graça em tudo o que toca, e possuem o superpoder de atrair quem e o que desejam (demoram, mas os taurinos são espertos). Investem de modo paciente e cuidadoso, sempre planejando a longo prazo. Multiplique isso por dois e imagine o poço infinito de possibilidades para este casal.

No entanto, tenho outra teoria. Eu a ouvi pela primeira vez de um taurino, meu falecido professor de astrologia e amigo Derek Hawkins, a quem apelidamos de vovô Gnomo. Concordamos que o signo de Touro é, na verdade, governado também por Gaia, a Mãe Terra, e há anos tenho observado essa teoria se confirmar. Se Gaia influencia um taurino, o ambiente onde ele está o impacta consideravelmente, de modo que um ambiente e uma vida naturais e limpos são o caminho para que floresçam.

Manter-se em forma é vital para todos nós, mas para os taurinos e seus parceiros é imperativo porque reduz a agressão interna e constrói a resistência tão necessária. Os taurinos também precisam abrir e domar a própria mente por meio de um treinamento mental, de meditação, do yoga ou qigong, para não ficarem obcecados pelo corpo. Para serem bem-sucedidos, juntos, como almas gêmeas, eles, como seus amigos do zodíaco, Câncer e Aquário, são os que estão melhor posicionados para construir uma vida recompensadora longe do caos.

Notas Amorosas

Se você é um taurino que ama outro taurino, pense no seguinte:

- Observe seu humor quando estiver na frente de uma tela por muito tempo. Observe o mesmo quando estiver longe e na natureza.
- Você se mantém em forma? Se não, adote uma nova rotina por doze semanas e acompanhe seu progresso.
- Se você sente inveja, tente explorar honestamente os gatilhos e adote uma postura de bondade e graça para consigo mesmo ou para com os outros que demonstrem sentir inveja. Não será fácil, mas a inveja é um veneno mental, e enfrentá-la é imperativo para sua felicidade e bem-estar.

Touro — Virgem

REGIDOS POR VÊNUS/GAIA E POR MERCÚRIO/QUÍRON

Estes dois signos de terra são naturalmente atraídos um pelo outro por muitas razões. O coração bondoso do taurino enxerga o que está por trás da fachada fria e fechada de seu virginiano e fica encantado com o que descobre — inocência, juventude eterna e uma tendência a querer ver apenas o melhor dos outros e a aperfeiçoar tudo. Ele valoriza seu parceiro de Virgem o suficiente para ignorar suas peculiaridades, que muitas vezes se manifestam como leves obsessões e uma necessidade irritante de saber todos os detalhes antes de embarcar em qualquer aventura — o que não deixa de irritar profundamente o taurino, que estava tentando planejar uma surpresa, e então o virginiano vai reclamar que não está usando os sapatos certos, ou que estava esperando uma entrega chegar ou que tinha um prazo a cumprir. Outras pessoas ficariam de mau humor e jurariam nunca mais alugar um barco para um piquenique surpresa, mas o taurino sabiamente deixa tudo isso de lado e se desliga até que o virginiano comece a sorrir. Tudo volta a ficar bem de novo na terra do amor, e é exatamente assim que se lida com os virginianos.

Os virginianos podem ser duros, críticos e difíceis de se conhecer. Mas o taurino experiente sabe que, por baixo dessa casca espinhosa, e quando estão funcionando bem, encontrará o curador mais gentil e poderoso de todos, que busca apenas a perfeição — daí a necessidade de microgerenciar tudo e se preocupar com os detalhes, coisas que o taurino há muito tempo já rotulou como sem importância. O taurino geralmente fica quieto, a não ser que seja solicitado a comentar, e então oferecerá, com bondade, seus sábios conselhos ao virginiano receptivo.

MINÚCIAS

Os virginianos tendem a criticar coisas sem importância até não poderem mais ou até deixarem seu taurino enlouquecido, e nenhuma pessoa de bom senso faria isso. Os taurinos geralmente afastam esse comportamento como se fosse uma mosca insignificante em sua poderosa cauda. Os virginianos apreciam essa abordagem espontânea e não reativa, e o mesmo pode ser dito da forma como o virginiano ama o taurino. Nenhum outro parceiro (além de outro taurino, talvez) está disposto a cuidar de tudo enquanto seu taurino constrói sonhos sólidos que beneficiarão ambos e sua família. O virginiano ficará ao lado de seu taurino pelo tempo que for necessário, pois acredita piamente nas habilidades e no talento dele.

Os taurinos são possessivos. Podem negar o quanto quiserem, mas isso é um fato astrológico!

As crianças são uma fonte de alegria para ambos, mas acréscimos inesperados são raros; esses dois fazem planos e então os implementam, e continuam implementando-os quando muitos outros teriam desistido.

Os taurinos valorizam a fidelidade, e os virginianos são fiéis até demais. Isso não quer dizer que não vão jogar essa fidelidade na cara de seu taurino de vez em quando, o que certamente destrói parte da magia... parte, mas não tudo.

ALCANÇANDO O NIRVANA

Todos nós sabemos que os padrões elevados do virginiano nunca podem ser alcançados, mas dizer isso a eles é como revelar a um sagitariano, o "buscador", que a verdade que eles incessantemente buscam sempre está dentro deles. Por que estragar sua jornada?

O taurino precisa saber que pode contar com seu virginiano nos bons e maus momentos, somente assim ele oferece seu amor eterno e sua fidelidade.

Mas o relacionamento entre esses dois tem uma chance maior de longevidade quando eles têm uma causa em comum — e não pode ser apenas os filhos (que acabam saindo de casa), uma casa maior ou qualquer outra coisa mundana. Despertar a fé para uma visão superior compartilhada os rejuvenescerá assim como renovará a união deles. Um verdadeiro mestre espiritual os ajudará a orientar-se; eles também podem começar a meditar ou praticar yoga juntos ou a fazer qualquer outra prática que vise o equilíbrio da mente, do corpo e da alma, o que será bom para os dois.

Notas Amorosas

Se você é um taurino que ama um virginiano, pense no seguinte:

- Você enxerga a pureza do coração amoroso dele, por trás do seu comportamento controlador?
- Se você tiver ressentimentos, escreva-os numa lista e depois queime-a. Ressentimentos atrapalham o crescimento da sua alma.
- Não pare de surpreender seu virginiano; no fundo, eles adoram isso.

Notas Amorosas

Se você é um virginiano que ama um taurino, pense no seguinte:

- De tempos em tempos, você lembra seu taurino dos sacrifícios que você fez ou continua fazendo pela união de vocês? Se sim, por quê? O mérito kármico de uma boa ação diminui se a pessoa se vangloria dela ou a usa para dominar o outro.
- Você elogia seu taurino quando ele demonstra o amor dele?
- Você consegue rir quando está sozinho e quando está com seu parceiro?
- Você é crítico? Se sim, tente reformular suas palavras e opiniões, agindo com base num amor puro.

Touro — Capricórnio

REGIDOS POR VÊNUS/GAIA E SATURNO

Não é incomum testemunhar um touro maduro e um bode velho pastando felizes lado a lado em pastagens ricas e verdejantes — pastos cuja posse deve ser dos dois, pois eles não vão descansar até ficarem sem dívidas e devidamente ricos em termos de bens materiais.

Pensar que o bode é entediante ou que o touro é um chato é mero preconceito astrológico. Os taurinos são um dos seres mais multitalentos e criativos da Terra; os capricornianos transbordam genialidade, independentemente do emprego que exercem; e ambos têm um senso de humor ácido e sabem o momento exato de fazer piada. Essa perspectiva bem-humorada é imperativa para que essa união funcione bem a longo prazo. Sem ela, eles correm o risco de levarem a vida e a si mesmos muito a sério, o que pode resultar, de fato, na transformação do capricorniano e do taurino em dois chatos de galochas.

Sempre há exceções às regras, e eles podem se tornar dogmáticos ou simplesmente preconceituosos. Quando se unem, pode ser uma experiência dolorosa para qualquer pessoa que precise suportá-los por muito tempo. Se tiverem poder, as coisas podem ficar perigosas de verdade. No entanto, isso só aconteceria se um ou os dois falharam nos próprios ensinamentos e deixaram que o medo da mudança atrapalhasse o crescimento de suas almas. O capricorniano teme o fracasso e pode fechar o coração se tiver sido desapontado, e os taurinos, bem, eles ficam amargos a ponto de serem insuportáveis.

Como dupla, eles têm bastante atitude e inteligência para alcançar alturas vertiginosas de sucesso e uma riqueza abundante. Na verdade, dinheiro e *status* são importantes para os dois, mas eles correm o risco de perder de vista a magia da vida cotidiana se esse for o único objetivo. No fundo, o taurino teme a pobreza, e o capricorniano prefere diminuir os exageros, a não ser que tenha a Lua ou o ascendente em um signo de fogo ou seja apenas inseguro.

Quando esses dois se unem, têm mais oportunidades do que a maioria para criar algo que perdure, seja uma vida, um império ou um legado. Os taurinos têm sucesso quando estão comprometidos com um relacionamento que caminha rumo a algum lugar e, quando sabem que podem confiar em seu parceiro, compartilham felizes seu amor e afeto, e metade de tudo que possuem, sem questionar.

O capricorniano, da mesma forma, irá se esforçar ao máximo por seu amor (a não ser que tenha a Lua num signo de fogo ou um planeta num signo de ar em seu mapa, coagindo-o a malandragens). É igualmente fiel e confiável, valorizando o tipo de parceria constante oferecido por seu taurino.

Os capricornianos são mais aventureiros no quarto, mas o taurino se deleita na mesma medida com os prazeres da carne. A palavra *epicurista* pode ter sido inventada por eles, já que o gosto por coisas refinadas sempre se manifesta em algum aspecto da vida deles. Eles podem se contentar com um abrigo simples, mas certamente o vinho será abundante e a roupa de cama, de boa qualidade.

ROMANCE

Como casal, esses dois são surpreendentemente românticos, mas seus gestos são atenciosos, amorosos e reservados, nada grandiosos. É raro que se abram rápido demais, e, embora os taurinos geralmente hesitem em confiar, quando o fazem ficam completamente comprometidos. Os taurinos esperam que seu parceiro capricorniano inteligente lembre-se das pequenas coisas, e é melhor que nunca se esqueça de datas ou de momentos importantes e dos gestos que o taurino tenha feito para mostrar afeto. Quando os taurinos cozinham, usam os ingredientes mais frescos que conseguiram encontrar, e se o capricorniano não gostar do resultado, terá de lidar com a indignação e com um tratamento extremamente frio até conversarem sobre isso.

Os capricornianos precisam se libertar do hábito de achar que tudo tem um preço e que é assim que as coisas são valorizadas. Os taurinos resmungam e comentam: "Mas eu dei meu tempo a você", o que valorizam, corretamente, acima de tudo. Em troca, os capricornianos recebem o que mais desejam desse parceiro: respeito. Eles são seres inteligentes e perspicazes, sem se tornarem complacentes (uma característica geralmente reservada aos leoninos ou geminianos), o que se adequa bem a essa combinação. Raramente aderem a crenças sobrenaturais, mas até eles sabem, lá no fundo, que encontraram a pessoa destinada a eles, e a compaixão infinita que têm um pelo outro foi divinamente projetada para durar a vida toda.

ALCANÇANDO O NIRVANA

Paciência e moderação são essenciais para eles, e, por esse motivo, pode haver muitos avanços e retrocessos antes de se comprometerem totalmente. Se um ou outro precisar crescer, eliminar dívidas (mundanas ou kármicas) ou se libertar de um relacionamento ou casamento anterior, os dois, de alguma forma, encontrarão o caminho de volta um para o outro num estágio posterior.

Eles precisam se comprometer a construir uma parceria honesta porque relacionamentos casuais ou proibidos não funcionam para eles. Nenhum deles é (abertamente) inclinado à espiritualidade (a não que também tenham planetas em Aquário/Peixes/Escorpião na versão completa de seus mapas astrais), mas o que é a espiritualidade, afinal? Mais importante ainda, uma pessoa autenticamente "espiritual" trata a terra e todas as formas de vida com respeito; é nessa direção que esses dois geralmente evoluem, mantendo uma reverência pela natureza. Fazer aos outros o que você gostaria que fizessem a você é o lema deles.

Notas Amorosas

Se você é um taurino que ama um capricorniano, pense no seguinte:

- Você impõe suas opiniões ou sua vontade ao seu parceiro? Se sim, por quê?
- Você respeita seu parceiro? Se sim, continue. Se não, você precisa entender que isso é fundamental para o sucesso dessa relação amorosa.

Notas Amorosas

Se você é um capricorniano que ama um taurino, pense no seguinte:

- Você fica grato pelos pequenos gestos que seu taurino faz?
- Vocês conseguem rir juntos?
- Você leva em consideração os sentimentos de seu taurino?

Virgem — Virgem
REGIDOS POR MERCÚRIO E CORREGIDOS POR QUÍRON

O mundo desses dois virginianos era um lugar tão cansativo, tão cheio de mal-entendidos, de tantos motivos para se preocupar e de infinitas imperfeições de meros mortais — até que, por acaso, eles se encontraram, sendo *acaso* a palavra com menos peso aqui. Este signo não gosta de confiar em apostas tão aleatórias, nem de dar tanto crédito assim ao acaso.

Os virginianos, quando dão certo e estão funcionando bem, são otimistas de um modo surpreendente e um pouco profundos, como o Ursinho Pooh. Possuem uma mente brilhante e um raciocínio rápido, que é absolutamente irresistível para os companheiros do mesmo signo. Isso também é verdade para casais com quaisquer planetas em Virgem na versão completa de seus mapas.

Virgem é o signo mais puro e encantador, e, quando está fluindo, se recusa a sucumbir à atração da suspeita ou da paranoia, preferindo ver o melhor nos outros, elevando-se para servir de modo altruísta com seu talento natural para a cura. Não há seres na Terra (exceto, possivelmente, Escorpião) que tenham o poder de curar a todos nós, às vezes como médicos e enfermeiros, mas sempre por meio das palavras sinceras que saem de sua boca e de sua capacidade de elevar os espíritos mesmo das almas mais cansadas. Essa parceria também nutre de maneiras indescritíveis. Os virginianos podem ser tão radicais quanto os aquarianos, e, quando unidos, esse efeito pode ser multiplicado por cem: desde um estilo de cura como o de Madre Teresa até uma ferida que apenas um sádico infligiria.

Quando começam um relacionamento, finalmente sentem que alguém os entende e vê o que está por trás deles, indo em direção aos seus corações, que são tão radiantes quanto o sol ao amanhecer. Assim como os librianos, em geral, os virginianos têm expectativas inatingíveis, e, portanto, podem perceber facilmente o que lhes falta e esquecer-se do que de fato possuem. Dois virginianos podem chegar bem perto da perfeição que buscam — isto é, até que um deles deixe o assento do vaso sanitário levantado, coloque um livro no lugar errado na estante ou coloque embalagens vazias de geleia de volta na geladeira sem acrescentá-las à lista de compras. O fato de o resto da casa estar ou como uma cidade bombardeada ou como um gramado bem cuidado não importa; se você bagunçou a ordem deles, arrume a bagunça rapidamente ou faça-os rir rápido e muito. Se não conseguir, saiba que será punido.

É exaustivo ser virginiano, por isso devemos dar a ele um período de folga e fazer o que seu parceiro virginiano faz naturalmente: amá-lo incondicionalmente e atrelar o coração ao coração dele até que saiba que pode se entregar com segurança ao poder do amor. Demanda-se paciência e perseverança para persuadir um virginiano a se entregar ao caloroso abraço de um relacionamento, mas, quando você consegue fazer isso, essa união pode ser avaliada em ouro… e mais um pouco.

Fiéis, honestos e confiáveis ao extremo, os virginianos não gostam de apostar, mas se arriscarão um pelo outro e se apoiarão até que a morte os separe.

A não ser que tenham um signo competitivo (Leão/Áries) ou um signo ciumento (Touro/Escorpião) alterando seu fluxo, eles não são do tipo que guardam rancor por muito tempo, ou que fazem joguinhos ou buscam manipular e controlar um ao outro. A confiança deles é soberana, cortesia do corregente Mercúrio, e eles sabem se comunicar e trabalharão duro para esclarecer mal-entendidos.

DESAPEGANDO

O virginiano não evoluído ou infeliz pode se tornar amargo em razão dos ressentimentos reprimidos, e isso não é o ideal porque ele pode arrastar as pessoas das quais gosta para o lodo do cinismo.

Quando evoluídos, são abertos, tolerantes, contentes e puros, mas, quando não evoluídos, são tóxicos. O desapego é um conceito desenvolvido especialmente para eles. Confiar que o universo tem um plano e ter fé nas melhores intenções da natureza humana os ajudará a atrair essas vibrações e o melhor tipo de pessoa, mais vezes ainda.

ALCANÇANDO O NIRVANA

Se dois virginianos têm autoconsciência suficiente para encarar as próprias falhas com o objetivo de dominá-las e adotar uma atitude de progresso, sem perseguir o martírio ou as autoflagelações, caminhos para os quais alguns deles tendem a ir, isso é a maior bênção do universo.

Eles confiam nas motivações e na sabedoria um do outro e, juntos, podem trabalhar para criar um relacionamento amoroso que seja duradouro.

A maioria é incrivelmente inteligente, e o uso de drogas que alteram a mente ou o consumo excessivo de álcool, utilizados de maneira errada para acalmar o diálogo interno, podem levar à ansiedade e à paranoia. As drogas devem ser totalmente evitadas, e o uso moderado do álcool é a melhor saída. Domar essa mente brilhante por meio de uma rotina de meditação também é útil. (Eles argumentarão que correr ou fazer exercícios é o mesmo que meditar, mas não é, embora ambos sejam benéficos.) Sentar-se com a mente e treiná-la para ser menos inquieta é algo que esses dois podem conquistar juntos, e, aconteça o que acontecer, a alegria do momento surgirá.

Notas Amorosas

Se você é um virginiano que ama outro virginiano, pense no seguinte:

- Seja o parceiro que você deseja ter.
- Você é capaz de enfrentar seus defeitos e acolher suas qualidades?
- Como é um relacionamento baseado na confiança?
- Você culpa os outros por seus problemas?
- O que é perfeição para você?

Virgem — Capricórnio

REGIDOS POR MERCÚRIO/QUÍRON E SATURNO

Quando esses signos sábios e cautelosos se combinam, eles pulam completamente a fase do deslumbramento e entram logo em uma união de afinidade instantânea. Alguns podem dizer que essa combinação é entediante, mas o capricorniano e o virginiano argumentariam que essas demonstrações públicas de afeto são pedantes e desnecessárias, e nenhum deles gosta de desperdício. Mas você quer saber a verdadeira razão pela qual eles desprezam demonstrações públicas de afeto? Ambos são extremamente reservados (a não ser que tenham Gêmeos ou Leão como signo lunar ou ascendente, buscando atenção ou reconhecimento), e seus assuntos só dizem respeito a eles mesmos. Então, se um companheiro ou amigo não for discreto, eles se afastarão sem olhar para trás.

Encontrar outra alma que pensa como eles em um mundo sedento de atenção é como encontrar ouro em uma mina cheia de narcisismo. Eles não se apaixonam; entram no relacionamento de olhos abertos. Quando se comprometem, o fazem com a ideia de que será para a vida toda, ou pelo menos por muitos anos, e muitas vezes a união, para um ou para os dois, tem um propósito que vai além do amor romântico, seja *status*, segurança, começo de uma família ou criação de um legado.

Eles raramente acreditam no que não podem ver, mas se um deles apresentar provas de uma consciência universal ou de um poder superior, o outro o ouvirá com atenção. Os virginianos são conhecidos por serem tagarelas, mas os capricornianos ouvem e pensam com cuidado antes de responderem com perguntas inteligentes (a não ser que tenham um planeta próximo de Sagitário, o que significa que podem ignorar essas palavras vazias, ou um planeta ou outro ponto importante do mapa em Gêmeos, o que indica que irão argumentar, debater e provocar por mera diversão).

DILIGENTES

Se estiverem funcionando bem, o virginiano e o capricorniano acreditam no trabalho árduo e não respeitarão um parceiro preguiçoso ou uma pessoa que é frívola com seu dinheiro, tempo ou recursos.

Os capricornianos pensam em planos a longo prazo e em objetivos sólidos e têm tenacidade para estabelecer os limites e a estrutura corretos para alcançá-los. Só comemoram quando atingem esses marcos.

Os virginianos são trabalhadores por natureza e adoram servir. Muitos têm a ideia de que vão retribuir ou doar tempo para caridade quando tiverem segurança suficiente, mas não percebem que retribuir à humanidade pode ser uma decisão de momento a momento, que não requer ideais grandiosos. Se não perceberem que ajudar os outros os deixam felizes, podem ficar rabugentos e até mesmo obcecados consigo mesmos, o que pode ser um pesadelo em termos de convivência.

A palavra *corretos* é a mais importante para esses dois signos, e raramente avançarão juntos sem um selo de oficialidade, razão pela qual um caso descompromissado não durará muito para nenhum deles. Só aceitarão embarcar em encontros secretos se já estiverem pensando em deixar o cônjuge atual. Ambos se importam demais com o que os outros pensam deles. Os virginianos geralmente não são do tipo que trai, a não ser que sejam impulsionados por um planeta em Libra, e mesmo assim o fazem com a rede de segurança de um novo parceiro em que possam cair rapidamente.

ALCANÇANDO O NIRVANA

Descontrair-se e não levar a si mesmos e nem a vida muito a sério é essencial para os dois. Isso elimina o risco de envelhecerem cedo demais e de se desiludirem injustamente um com o outro, quando na verdade estão sentindo um desencantamento com a vida em si.

Não se tornar complacente e encontrar maneiras de desfrutar dos pequenos prazeres é uma jogada inteligente, assim como praticar a lei da gratidão. Esses dois têm sucesso quando cultivam um espírito de generosidade e um amor puro e incondicional. Os capricornianos sabem ser gentis e pacientes, e os virginianos florescem sob esse feitiço de aceitação.

Os capricornianos se tornam mais jovens à medida que amadurecem com o passar dos anos, e os virginianos possuem uma inocência que garante que raramente envelheçam. Quando aceitam o calor do convívio e um encantamento recente diante do potencial da vida, eles permanecem juntos... para sempre.

Notas Amorosas

Se você é um virginiano que ama um capricorniano, pense no seguinte:

- Você leva a vida muito a sério? Se sim, consegue deixar de lado a necessidade de controlar tudo? Consegue se entregar à magia de cada momento?
- Você é propenso a ser cético? Se sim, pode tentar aceitar o otimismo sem ter medo?
- Se você sofre de ansiedade, tente permanecer no presente e evite pensar demais no futuro.

Notas Amorosas

Se você é um capricorniano que ama um virginiano, pense no seguinte:

- Você consegue enxergar a pureza do coração de seu parceiro? Tente, porque ela está lá.
- Vocês sabem como relaxar juntos?

Capricórnio — Capricórnio
REGIDOS POR SATURNO

Quando os capricornianos se olham no espelho, veem o único reflexo em que já conseguiram confiar — até que os astros se alinhem e eles se encontrem. Mas não em algum planeta distante, esquivando-se de meteoros, como os signos de ar fazem para se encontrar. Não, eles se encontram com seus pés bem cobertos (os capricornianos têm uma predileção por sapatos de qualidade), solidamente plantados em terra firme por completo. Não são conhecidos por apostar em nada que não for 100% certo, razão pela qual levam muito tempo para se abrir e confiar em outra pessoa. Esse processo é acelerado, mas não evitado, quando encontram outro capricorniano.

Parceiros que fazem drama ou que os afastam de suas responsabilidades importantes, seja na carreira, seja em sua vida organizada, já foram deixados para trás há muito tempo. Os capricornianos não somem sem deixar rastros; saem de cena para recuperar a compostura e os pensamentos e então voltam para lhe dizer, em um tom frio, calmo e firme, que isso (ou seja, você) simplesmente não está funcionando. Assim como seu signo oposto, Câncer, eles estão aprendendo a dominar as emoções. O canceriano é controlado *por* elas, mas o capricorniano se certifica de estar *no* controle delas, a não ser que se sinta seguro, e só então deixará que seu entusiasmo ou sua paixão se manifeste. Isso pode fazê-los parecer frios, mas as coisas não são tão simples assim. Eles são regidos por Saturno, que eu chamo de "Rainha", e, se você sabe alguma coisa sobre soberania, saberá que demonstrar emoção em público é um sinal de fraqueza, e fraqueza muitas vezes significa ruína. Os astrólogos antigos chamavam Saturno de "Senhor do Tempo", e isso também se encaixa porque os capricornianos valorizam seu tempo como um bem precioso e não tendem a desperdiçá-lo com qualquer pessoa que possa fazê-los se desviar de sua busca pela dominação mundial.

Os capricornianos, quando em par, são os melhores pais e parceiros porque têm aspirações semelhantes e raramente entram em acordos pessoais ou profissionais sem realizar um exame minucioso e se preparar para todas as eventualidades possíveis. Como todos aqueles que não são capricornianos sabem, a vida é uma caixinha de surpresas, e eles provavelmente terão de lidar com filhos aquarianos rebeldes ou talvez arianos espontâneos demais para aprender isso. Mas você pode ter certeza de que, quando um capricorniano faz uma promessa, ele irá até o fim do mundo para cumpri-la. Essa é a maneira, silenciosa e reconfortante, de eles dizerem que amam, respeitam e valorizam você. Apenas não espere demonstrações intensas de afeto — exceto no quarto, onde liberam tudo o que têm guardado, o que torna essa união extremamente deliciosa em lugares privados.

UM AMOR CONFIÁVEL

A não ser que um dos capricornianos tenha um ascendente num signo de fogo ou de ar ou um planeta próximo ao seu Sol, eles serão confiáveis quando comprometidos, mas permanecerão sempre cautelosos e atentos caso seu companheiro caia de seu pedestal surpreendentemente alto. A falecida astróloga Linda Goodman descreveu os capricornianos de modo perfeito: eles nascem sérios, sábios e criteriosos e depois desafiam completamente o processo de envelhecimento ao ficarem mais jovens à medida que envelhecem. Por esse motivo, não é incomum que os capricornianos encontrem seu verdadeiro amor mais tarde na vida, quando aceitaram o fato de que na vida nada é certo. Quando compreendem que a impermanência é a única constante, eles deixam de levar a si mesmos e a dança do amor e da vida tão a sério.

Se eles se casaram por *status*, o que é muito comum, ou se ficam apertados financeiramente com um financiamento interminável que pende como uma pedra de moinho em torno de seus pescoços elegantes, eles encontrarão uma maneira de escapar (no fim das contas), mas somente se tiverem pagado todas as dívidas e garantido que todos os outros estejam bem. Eles valorizam a honra, a reputação e as responsabilidades acima de tudo.

ALCANÇANDO O NIRVANA

Eles têm a vantagem de saber como o outro funciona, o que pode acelerar o exame minucioso, processo que geralmente é longo.

Ambos precisam contemplar a impermanência da existência, o que os levará a adotar uma perspectiva mais leve e espiritual. Encontrar o caminho certo para a fonte universal da vida aumentará a fé deles, e essa palavra, ou conceito, é algo com que os capricornianos têm dificuldade de lidar desde o primeiro dia de sua existência terrena. A fé de que um poder superior existe os ajuda a se conectarem de forma muito mais profunda e emocionante, o que leva a uma união e a uma atitude repletas de paz e recompensas nesta vida... e além.

Notas Amorosas

Se você é um capricorniano que ama outro capricorniano, pense no seguinte:

- Você é um parceiro que perdoa?
- Você consegue aceitar as coisas como elas são? Ou sempre está em busca de mais?
- Você conhece a lei do karma e da impermanência?
- Você fica na defensiva se seu parceiro fica emotivo? Se sim, tente ser mais paciente.
- Você dá importância aos seus próprios sentimentos?

Combinações de Signos de Ar

Gêmeos — Gêmeos

REGIDOS POR MERCÚRIO

Vamos falar sobre o signo de gêmeos. Existem dois tipos, obviamente. Primeiro, há os pensadores com um conhecimento extenso, imortalizado em bronze por Auguste Rodin. Esses mensageiros engenhosos agem inconscientemente como intermediários entre os seres humanos e o universo. Há também os geminianos voláteis, astutos e, no pior dos casos, ignorantes, os trapaceiros do zodíaco, que distorcem a verdade dependendo do que querem ou do que estão vendendo.

Como os seres mais intercambiáveis do cardápio do zodíaco, os geminianos podem mudar do primeiro tipo para o segundo num piscar de olhos. Essa união raramente é fácil ou tranquila. Qualquer geminiano que acredite ser direto e descomplicado é tão confuso para si mesmo quanto para o resto de nós. Está sempre em movimento, se não for fisicamente, então decerto em seus pensamentos, com um cérebro que permite a um companheiro ou amigo experimentar por um momento sua viagem ao "fantástico luminoso" ou, ao contrário, entrar em curto-circuito; raramente há um meio-termo. Se você realmente acha que conhece um geminiano, pense bem — nem eles conhecem a si mesmos. Um encontro com um desses seres mercuriais pode fazer você prender a respiração, admirado, ou correr em direção à porta em busca do oxigênio necessário para conseguir respirar de novo. De qualquer maneira, esse encontro será intenso.

Companheiros sem planetas fortes em Gêmeos no mapa ficam fascinados porque o geminiano consegue viver uma vida que não perde em nada para uma viagem alucinógena. Mas, para que essa união dure, eles vão precisar ser de um signo de ar ou pelo menos ter um planeta no signo de Gêmeos. Quando você multiplica tudo por dois, ou quatro (como gêmeos), prepare-se para ficar deslumbrado e cativado, mas nunca entediado; essa energia pode se tornar exaustiva para pessoas com menos ar e agilidade mental. Com outro geminiano, os geminianos sentem que voltaram para casa. Mas nunca sabem por quanto tempo. E, se você for o gêmeo com mais água ou terra em seu mapa e inocentemente questionar o outro, as penas multicoloridas dele ficarão arrepiadas e ele se tornará defensivo ou sairá de cena, pensando que perguntar "Que horas você quer comer?" é uma tentativa dissimulada de sufocar sua liberdade.

É difícil encarar a nós mesmos quando estamos sempre em trânsito. Vocês dois (ou quatro) devem estar atentos à esterilidade da vida demasiadamente ocupada, pois o tempo passará por vocês, por mais que tentem fingir que são os mestres dele. Essa é uma ótima união para a diversão, mas não é fácil para a longevidade. Só resistirá às provas do tempo e da realidade se um ou os dois tiverem feito um sério trabalho de autoaperfeiçoamento *e* se ambos forem capazes de cavar fundo em busca de uma boa dose de paciência.

ESTÍMULOS EM DOBRO

Se um geminiano for evoluído o bastante, é porque se cansou de encontros superficiais ou porque tem um planeta ou ascendente de terra em destaque em seu mapa — ou, ainda, porque fez uso de Diazepam ou de outras drogas ou medicamentos na tentativa de desacelerar os movimentos rápidos de seu corpo e de seu cérebro inquieto. Mesmo assim, a não ser que seja incrivelmente evoluído, isso será apenas uma solução a curto prazo que levará a outros problemas mais tarde. A solução definitiva é desintoxicar sua vida e treinar o cérebro para ficar em silêncio e no presente.

Os geminianos não evoluídos se deliciam com fofocas e qualquer outra coisa que diminua as vibrações por tempo suficiente para evitar que seus maiores medos — a realidade, a profundidade e a intimidade emocional — venham à tona. Eles se entregam a qualquer coisa ou qualquer pessoa que os distraia do fato de que o tempo pode estar se esgotando para eles. Mas, lá no fundo, eles sabem disso, é esse o motivo pelo qual uma união entre geminianos tem todos os ingredientes para o sucesso. Se eles estiverem preparados para enfrentar seus medos juntos, podem se tornar mais sábios e fortes juntos.

Agilidade mental, humor ácido e sagacidade são seus superpoderes, fundamentais para alcançar um amor duradouro que lhes permitirá levar a vida a sério — mas nunca a sério demais.

O geminiano evoluído é um ser totalmente diferente, alguém que dominou a arte de ficar quieto e percebeu os benefícios da contemplação séria. Eles fazem isso por meio do treinamento do cérebro e da meditação e então se tornam os maiores pensadores e os mais inteligentes realizadores da Terra. O potencial deles não tem limites, e talvez sejam um dos signos mais propensos a resolver os enigmas complexos da vida; a alcançar o entendimento e a salvar todos os seres do sofrimento cíclico da vida, do envelhecimento, da doença, da morte e do renascimento. Quando ficam quietos por um determinado tempo, conseguem ver o que está por trás do véu da superficialidade, e quando se unem, podem multiplicar esse potencial por quatro e um pouco mais. Até lá, eles são encontrados vagando por grupos sociais, reunindo estímulos, meias-verdades e outros prazeres. Quando finalmente encontram alguém como eles, desaceleram o suficiente para prestar um pouquinho mais de atenção. Você pode ver as estrelas se formando sobre as cabeças de ambos antes que um ou outro corra novamente em busca de uma nova experiência em sua busca eterna por emoção. Eles podem voltar um para o outro, ou talvez não. De qualquer forma, é improvável que se esqueçam do encontro.

ALCANÇANDO O NIRVANA

Para que esta união funcione a longo prazo, é necessário que as duas partes queiram se estabelecer e se fixar, o que requer compreensão, paciência e amor incondicional. Como os dois necessitam de várias interações sociais, sentir-se inseguro não é o ideal e o flerte pode se tornar problemático. Se o casal estiver de acordo com um relacionamento aberto, talvez o ciúme não seja um problema, mas isso geralmente funciona melhor para um dos dois geminianos e pior para o outro. A comunicação aberta e honesta é fundamental; caso contrário, mal-entendidos e jogos mentais provavelmente surgirão.

Novamente, o treinamento mental é essencial. O exercício físico também os ajudará a colocarem os pés no chão e a perceberem que todos os estímulos que procuram já estão lá.

Notas Amorosas

Se você é um geminiano que ama outro geminiano, pense no seguinte:

- Você se sente confortável com o silêncio?
- Você ouve sua voz interior silenciosa? Ouve o seu parceiro?

- Você sabe como relaxar sem usar substâncias que entorpecem o cérebro?
- Você se conhece? Se sim, reserva tempo para conhecer seu parceiro?
- Você já praticou alguma forma de treinamento mental? Se sim, continue! Se não, experimente fazer isso com seu parceiro e acompanhe o progresso de vocês após algumas semanas.

Gêmeos — Libra
REGIDOS POR MERCÚRIO E VÊNUS

Quando um belo libriano, filho de Vênus, cheio de graça e serenidade, encontra um cativante geminiano, afiado como uma navalha, eles formam uma dupla encantadora que vive feliz para sempre — só que não. Pode parecer um conto de fadas no começo; e, com bastante honestidade, paciência e compaixão, poderia durar "para sempre", embora falte paciência ao libriano, e ao geminiano — bem, honestidade e compaixão são desejos distantes demais para a maioria deles.

Os librianos são conhecidos por serem talentosos ou pelo menos muito interessados nas artes, bem como bonitos de rosto, o que também é válido para pessoas com Lua, Marte, Vênus e ascendente em Libra. Mesmo que não sejam convencionalmente bonitos, quando irradiam sua luz sobre o objeto de sua afeição, possuem uma energia cativante, atraindo o bom, o mau e o feio. Os librianos não parecem ser fortes, mas o são, sem agressividade, e também são astutos. Eles sabem o que querem — ou melhor, pensam que sabem — e não hesitam em usar sua beleza, doçura e gentileza charmosa para consegui-lo.

Mas eles não têm interesse em bajuladores como parceiros e no fundo amam um desafio (a não ser que sejam mais maduros emocionalmente ou em idade, caso em que se contentarão, tranquilos, com um parceiro que amplie sua serenidade).

As duas partes querem o pacote completo, mas se o libriano sentir que não estão dando certo, ou que seu parceiro está perdendo o interesse, ele vai procurar o próximo interessado em participar de seu jogo de romance assim que o tempo estiver favorável. O geminiano é muito parecido nesse aspecto, mas ele simplesmente pula de galho em galho. Se decidir renunciar à sua liberdade tão estimada, será apenas com alguém que tenha vivacidade, inteligência e carisma em abundância — como um libriano. Mas ele pode achar o libriano um pouco exigente demais. A "necessidade" do libriano de estar sempre num relacionamento pode metê-lo em problemas de todo tipo enquanto pula de uma pessoa para outra ou se contenta com algo pior do que merece. A pessoa de que mais precisa é de si mesmo, e até aceitar quem realmente é e perceber que seu verdadeiro parceiro de vida é sua própria alma, corre o risco de pular de uma tragédia para outra ou de se contentar com alguém que só servia para um caso passageiro.

O geminiano muitas vezes também é agradável aos olhos, o que, junto com sua mente brilhante e sagacidade rápida como um raio, dá a ele uma capacidade de seduzir quase tão grande quanto a do libriano. Mas o geminiano não evoluído é inconstante, escorregadio e até desonesto, e isso não dura muito com os librianos. A maioria é bastante convencional, e um parceiro respeitável e "íntegro" raramente é algo de que eles vão prescindir por muito tempo. Mesmo se o geminiano estiver agindo com base no seu lado ignorante e indesejável, sua natureza contraditória faz com que ele espere que seu parceiro seja melhor do que ele e o ajude a crescer. Em particular, se os dois tiverem a Lua em signos de terra, isso torna a união estável e fascinante.

APOIO MÚTUO

Esses signos de ar são compatíveis de muitas maneiras, mas seus relacionamentos nem sempre serão longevos se eles não entrarem em sintonia com a realidade ou não trabalharem com os signos de terra mais sólidos de seus mapas de sinastria. Dependendo da combinação entre as versões completas desses dois mapas, o relacionamento pode navegar tranquilo ou ser jogado contra as rochas de tempos em tempos. Gêmeos é um signo mutável e muda de ideia dependendo da pessoa com quem estiver conversando e de quão poderosa for a influência da razão ou da tentação. Ele dá a sua palavra e depois esquece a conversa toda, o que enfurece o libriano, que confia no que as pessoas dizem e é quase tão literal quanto um aquariano.

O libriano leva tempo para analisar todas as possibilidades antes de chegar a uma decisão, e é por isso que muitas vezes os librianos são injustamente vistos como indecisos, embora isso nem sempre seja verdade. Assim como a balança representada nas mãos de sua regente Vênus, eles conseguem ver os dois lados de uma questão. Serão rápidos em desculpar seu parceiro geminiano, que está ocupado perseguindo uma nova ideia, e o defenderão para seus amigos e familiares, que acreditam que o geminiano é pouco confiável ou está tentando escapar do compromisso.

O libriano apoiará os planos sempre mutáveis e as novas ideias profissionais do seu geminiano, oferecendo dicas dos prós e contras. Em troca, o geminiano oferecerá ao libriano um vislumbre de como a vida é fascinante quando se tem fé no universo.

Se alguém tentar controlar um geminiano, ele vai se rebelar. Pode retrucar com palavras duras ou simplesmente decidir que não vale a pena seguir em frente. O geminiano é imune a jogos mentais, físicos ou emocionais; pode se deixar envolver pelo seu parceiro porque é divertido ver outra pessoa usar as manobras que ele já domina há muito tempo, e até pode aprender algumas novas habilidades, mas, para um relacionamento íntimo, apenas a abertura e a honestidade ajudarão essa união a resistir aos testes de um amor entre dois jogadores competentes.

O libriano acredita que está procurando um parceiro que o adore, faça dele uma prioridade e o persiga até os confins da Terra quando necessário. Mas, quando tem esse tipo de parceiro encantado e bajulador, rapidamente perde o interesse porque a sedução para ele é a coisa mais fácil do mundo — até encontrar seu peculiar geminiano, que se recusa a se submeter e tem múltiplas personalidades, tornando impossível para o libriano se tornar complacente.

ALCANÇANDO O NIRVANA

O libriano precisa de equilíbrio e fará movimentos hábeis para corrigir quaisquer aspectos de sua vida que estejam fora de sintonia. Se sentir que tudo está muito desequilibrado, no entanto, ele logo abandonará o relacionamento, deixando o geminiano chocado com sua frieza.

Para que essa união funcione, ambos devem estar prontos para formar uma parceria genuína e serem honestos desde o início a respeito do que estão procurando, ou discutirem com franqueza quando os objetivos precisarem ser ajustados. Os dois devem evitar jogos mentais ou manipulações de qualquer tipo e abster-se de tentar mudar o parceiro para adequá-lo às próprias convicções. Esses signos de ar precisam ouvir e *compreender* um ao outro. Não devem se irritar com a perspectiva de mudança, pois ela leva ao crescimento. É primordial que tenham interesses em comum; se não tiverem nenhum, devem encontrar algum em que os dois possam participar.

O libriano anseia por se entregar ao amor, mas isso não manterá a atenção ou o afeto do geminiano por muito tempo. Então, se agirem com inteligência, construirão uma vida juntos, mas conservarão cada qual sua vida individual.

O autoaperfeiçoamento e a consciência de si mesmos os ajudarão a alcançar a felicidade plena e um amor duradouro.

Notas Amorosas

Se você é um geminiano que ama um libriano, pense no seguinte:

- Você é honesto com seu parceiro a respeito do que quer e do que sente que pode oferecer?
- Você pretende firmar um compromisso? O que acha disso?

- Isso está alinhado com as necessidades de seu parceiro?
- Você se conhece?
- Experimente meditar em casa com seu parceiro e praticar exercícios de aterramento.

Notas Amorosas

Se você é um libriano que ama um geminiano, pense no seguinte:

- Você está satisfeito com seu parceiro? Está tentando mudá-lo?
- Seu relacionamento atende às suas expectativas? (Sei que você tem uma lista delas!) Se sim, ótimo. Se não, tente adaptar-se e chegar a um meio-termo, sem esperar que seu parceiro mude.
- Você se comunica honestamente, sem egoísmo ou manipulação?

Gêmeos — Aquário

REGIDOS POR MERCÚRIO E SATURNO/URANO

Essa união é abençoada desde o início e tem todos os ingredientes de um relacionamento mágico. Esse feitiço mútuo durará enquanto durar a conexão e é provável que o amor deles seja "para sempre", desde que os dois estejam dispostos a se esforçarem o máximo possível.

Em geral, existem duas versões de aquarianos: um regido pelo lógico e conservador Saturno, e o outro pelo imprevisível Urano — embora provavelmente protestem contra a associação deles com qualquer coisa "geral", declarando, indignados, que são diferentes de todos os outros mortais. Essa dualidade é bastante adequada ao geminiano porque ele mesmo tem (no mínimo) dois rostos dicotômicos.

O aguadeiro era governado por Saturno muito antes de Urano ser descoberto, e essa versão é, em geral, a mais conservadora e reservada, capaz de se comprometer com qualquer coisa ou qualquer pessoa que valha a pena e assim permanecer por muitas luas.

Depois, surgiu a versão regida por Urano, um rebelde imprevisível. Eu os chamo de "criadores de ondas", que têm a missão de nos acordar de nossa inércia, ganância e ignorância. Os criadores de ondas acham difícil se comprometer porque estão ocupados demais salvando o planeta para gastar sua energia preciosa em apenas uma pessoa. A não ser que essa pessoa esteja disposta a seguir o mesmo caminho, eles acham difícil se estabelecer, e, no mesmo instante em que o parceiro demonstrar possessividade ou os aspectos mais feios do relacionamento vierem à tona, eles encontrarão a rota de fuga mais próxima.

O aquariano pode oscilar entre as opções acima, mas, sendo um signo fixo, é mais provável que encontre seu caminho e permaneça nele, obrigando todos os outros a seguirem pelo mesmo rumo ou darem no pé. E é claro que ele quer elevar a consciência de cada um dos parceiros ou amigos (estes dois são a mesma coisa para um aquariano) que já teve; e, em razão de sua natureza aventureira, ele provavelmente teve vários.

De qualquer maneira, as duas versões do aquariano têm uma forte tendência rebelde; um impulso consciente ou inconsciente para promover o progresso; e o desejo ardente de trabalhar por uma causa maior do que ele próprio.

O criador de ondas é menos refinado do que o aguadeiro e às vezes gera caos e perturbação apenas porque pode. Ele luta contra si mesmo e contra o tédio, as normas e qualquer pessoa que ele ache, correta ou incorretamente, que está oprimindo a ele ou a algum outro grupo que está em desvantagem. Ele nunca permanece num só lugar por tempo suficiente para experimentar qualquer intimidade real ou acolhedora. O geminiano pode ser muito semelhante, é por isso que, no momento em que se encontram, há um lampejo de reconhecimento e uma empatia quase instantânea. Independentemente de decidirem perseguir algo que dure mais do que essa faísca inicial, a experiência desse encontro não será esquecida nem repetida.

O MUNDO DOS SONHOS COLORIDOS

Quando um geminiano e um aquariano interrompem sua dança com as fadas e decidem enfeitiçar um ao outro, eles veem o que está por trás da lente caleidoscópica um do outro e sabem que este não é um amor comum. Finalmente, parece que esses dois seres únicos encontraram outra alma afim que compreende suas visões excêntricas. Ambos sabem que fora dessa existência em preto e branco (e às vezes monótona e cinzenta), há um mundo de sonhos coloridos a ser explorado.

A não ser que tenham outros planetas mais sólidos próximo aos signos solares (ou seja, Lua/Marte/Saturno em signos de terra), ou tenham tido uma infância restritiva ou traumas precoces que prejudicaram seu fluxo livre, eles desafiarão as convenções sociais e se apaixonarão loucamente — e, o que os surpreenderá ainda mais, permanecerão apaixonados. Todos os dias são repletos de oportunidades para aprender e crescer.

Os dois têm mais camadas para descascar do que uma cebola, o que os mantêm interessados um no outro. O geminiano fica fascinado com a força pura com que o aquariano flui, pois ele consegue mesclar o poder com luz e compaixão. O aquariano, por sua vez, fica encantado em estar com uma alma tão semelhante, mas diferente o suficiente para oferecer uma vida inteira de descobertas. Ambos se encantam com a bondade que sabem existir por trás de um manto de magia e brincadeiras. Mas o relacionamento dificilmente será muito tranquilo ou estável, e, no momento em que um ou os dois se tornarem complacentes ou muito cheios de si, as bombas começarão a cair sobre esse ninho de amor.

ALCANÇANDO O NIRVANA

Esses signos de ar têm muito em comum. Por isso, essa combinação tem todos os ingredientes necessários para um relacionamento de almas gêmeas. Ambos desejam independência, o que não significa que sejam incapazes de fidelidade ou de se entregarem à intimidade; significa apenas que devem ser capazes de ter sucesso dentro da união e de se sentir livres. Se essa porta metafórica ficar aberta, eles permanecerão comprometidos e leais.

Cada um deve apoiar o outro no crescimento e no cultivo de sua luz. O geminiano deve aceitar a verdade e não pode permanecer num estado de ser não evoluído. O aquariano deve colocar a paciência e a tolerância em prática e demonstrar um amor incondicional; e o geminiano deve se mostrar grato por isso e investir do mesmo modo no relacionamento.

Como signos de ar, suas incessantes acrobacias mentais devem ser aterradas por meio de exercícios e de outros hábitos saudáveis. Meditação e outras formas de treinamento mental elevarão a consciência deles e proporcionarão resultados incríveis.

Se ambos desacelerarem e valorizarem a contribuição única que o parceiro traz, o relacionamento evoluirá para novos níveis de intimidade e crescimento espiritual. Isso ocorrerá em tantos aspectos que é impossível de listar todos aqui.

Notas Amorosas

Se você é um geminiano que ama um aquariano, pense no seguinte:

- Você encoraja e apoia seu parceiro?
- Você trata seu parceiro como gostaria que ele o tratasse?
- Você se sente livre nesse relacionamento?
- Esse relacionamento destaca seus aspectos positivos?

Notas Amorosas

Se você é um aquariano que ama um geminiano, pense no seguinte:

- Você reconhece a luz em seu parceiro? Você a aumenta?
- Você está disposto a colocar a paciência e o amor incondicional em prática?
- Você é grato pelo lado divertido do seu geminiano?
- Você sente que podem crescer juntos?

Libra — Libra
REGIDOS POR VÊNUS

Libra, a balança, é um signo masculino e cardinal. O fato de ser cardinal geralmente indica uma capacidade poderosa de liderança, e isso pode ser contraditório porque os librianos adoram fazer concessões e não vivem sem paz e harmonia. Quando confrontados com tensões ou conflitos constantes, isso pode provocar males mentais e, às vezes, até físicos. Eles simplesmente não conseguem lidar com o conflito por muito tempo (a não ser que tenham o ascendente ou a Lua em Áries/Leão e adorem uma boa discussão).

Se o signo solar for mais forte no mapa dos dois librianos, essa união terá um potencial grande. Mas se um ou os dois se inclinarem para uma manifestação não evoluída dos signos de Escorpião ou de Virgem por meio da Lua, de Vênus, de Marte ou do ascendente, a parceria será repleta de problemas de controle, ciúmes, infidelidade e ressentimento. O libriano valoriza a justiça, o equilíbrio, a paz e a igualdade. Qualquer coisa que não chegue a esse patamar pode atrair a atenção dele por um curto período, mas, a longo prazo, sua alma o impulsionará a terminar com o relacionamento, consciente ou inconscientemente, e encontrar algo mais harmonioso.

Os librianos raramente ficam sozinhos por muito tempo, mas a grande lição para eles é se sentirem confortáveis na própria pele, se apaixonarem por si mesmos primeiro. A não ser que sejam conscientes de si, eles não saberão disso, e, na tentativa reiterada de saciar seus desejos insaciáveis (de prazer no nível físico e de amor verdadeiro no nível da alma), pularão de relacionamento em relacionamento. Quando dois librianos se encontram, e se ambos já estiverem cansados da esteira rolante de parceiros inadequados, eles vão se *esforçar* para fazer a relação funcionar... e é muito provável que funcione.

Seu planeta regente é o feminino Vênus, e, por isso, dois librianos juntos talvez sejam as pessoas de gênero mais fluido na Terra, capazes de alternar rapidamente entre *personas* e energias femininas e masculinas.

JUSTIÇA PARA TODOS

Como casal, dois librianos são o auge do amor compassivo, do charme e da justiça. Raramente são divisíveis. Preferem curar divisões e ajudar todos a se darem bem, e muitas vezes serão mediadores em disputas. Param para avaliar os prós e contras de quaisquer palavras ou ações, analisando o comportamento do parceiro (bem como de amigos e familiares) tanto para o bem quanto para o mal porque desejam de fato entender o que faz cada pessoa falar ou agir de determinada maneira. Tal comportamento infunde essa combinação amorosa de bondade e solidariedade reconfortantes para os dois.

ALCANÇANDO O NIRVANA

Unir forças e trabalhar por uma sociedade mais inclusiva é uma aposta certa para manter esses dois crescendo como casal. Se conseguirem fazer isso profissionalmente, melhor ainda. Se não, começar de onde estão e trabalhar dentro da vida pessoal e comunitária será eficaz da mesma maneira. Esse relacionamento deve ser equilibrado, e as duas partes devem estar preparadas para dar e receber na mesma medida. Se a balança pender demais para um lado, a comunicação clara será fundamental para restaurar a harmonia.

Manter o romance vivo também é um pré-requisito. A complacência prejudica qualquer relacionamento, mas é fatal para uma combinação de librianos.

Yoga é uma das melhores práticas para esses dois manterem seus yins e yangs em equilíbrio, e a meditação os ajudará a evitar a indecisão, conhecida por afligi-los.

Notas Amorosas

Se você é um libriano que ama outro libriano, pense no seguinte:

- Você sacrifica suas próprias necessidades em prol da paz?
- Você é honesto a respeito do que deseja ao entrar num relacionamento?
- Você ouve sua voz interior? Ouve seu parceiro?
- Tente meditar diariamente e treinar seu cérebro para se transformar num guerreiro decisivo, como um Jedi.

Libra — Aquário

REGIDOS POR VÊNUS E SATURNO/URANO

O libriano é romântico, e o aquariano é muito mais lógico, mas é fascinado pelo charme e pela diplomacia de Libra, algo que muitas vezes lhe falta. Essa parceria começa com toda a empatia, energia e romance que se poderia esperar de dois signos de ar cerebrais e emocionalmente inteligentes... e depois cai no caos se nenhum deles for evoluído o bastante ou se não caminharem com cuidado.

À primeira vista, eles têm muito em comum: ambos se esforçam para criar uma utopia na Terra e são impulsionados a contribuir com uma sociedade justa e igualitária em que todos os seres são respeitados e julgados de acordo com suas qualidades e caráter. Mas o libriano pode ser carente e cutucar seu parceiro humanitário, o que faz o rebelde criador de ondas lutar para se tornar livre e/ou questionar suas crenças, moral e integridade.

O aquariano tem opiniões fortes, mas raramente irá admitir suas próprias falhas, preferindo, em vez disso, argumentar habilmente e distorcê-las, dando-lhes a aparência de boas qualidades. Quando o criador de ondas está em equilíbrio com o aguadeiro regido por Saturno, ele acabará apreciando esse tipo de questionamento e admitirá sua impaciência e, às vezes, sua compaixão anamórfica e seletiva. O libriano, com toda gentileza, abrirá a mente de seu parceiro e o ajudará a amadurecer e se tornar a pessoa sincera, bondosa e compassiva que estava destinada a ser. Mas se o ego resistir — e ele resistirá —, eles discutirão, brigarão e se envolverão na única coisa que o libriano refinou e transformou em uma forma de arte: o debate racional. Quando perde o debate, o aquariano fará o que faz de melhor e sairá de cena, muitas vezes deixando a mansão, os filhos e todas as outras posses mundanas para o libriano sem olhar para trás, parando apenas para pegar algum animalzinho que ele tenha.

Brincadeiras à parte, um aquariano, quando está fluindo, não se preocupa excessivamente com bens ou *status* (a não ser que tenha influências de Capricórnio, Leão ou Touro) e sem pensar duas vezes devolverá tudo em troca de sua liberdade, que para ele é apenas um estado de espírito. Se seu parceiro ousar questionar sua integridade ou autenticidade, mesmo que ela de fato seja questionável ou inconsistente, a simples indignação o levará a reservar uma passagem só de ida para ser voluntário num orfanato distante ou se inscrever para trabalhar num grupo de ajuda humanitária em uma terra devastada pela guerra — qualquer coisa menos enfrentar as batalhas que rugem em seu próprio lar ou coração.

A não ser que sofram interferência de Escorpião no mapa, nenhum deles guarda rancor e os dois amam um ao outro o suficiente para perdoar e esquecer. A infidelidade, que é uma traição aos olhos deles, é a exceção. Nenhum dos dois vai querer manter um compromisso com quem pula a cerca, a não ser que se trate mesmo de um carneirinho de quatro patas. O libriano planeja dividir a mesma casa e fazer tudo como um casal, e o aquariano "brinca de casinha" por um tempo, mas o libriano provavelmente ficará ofendido quando o aquariano planejar viagens para escalar o Monte Everest sozinho ou escapar para um retiro silencioso de meditação. O libriano gosta de fazer as coisas junto, e a não ser que o aguadeiro também tenha bastante Libra em seu mapa, ele gosta de se sentir livre o suficiente para explorar sozinho. Isso pode causar problemas se o libriano levar para o lado pessoal, o que ele não deveria fazer. Os librianos em geral dominam as soluções justas; os aquarianos, decerto, não.

IDEAIS COMPARTILHADOS

Esses dois, de início, são iguais a ímãs. Eles passam horas conversando, trocando ideias, ouvindo música e discutindo livros, arte e pontos de vista, e se surpreendem com seus ideais e sonhos semelhantes por uma sociedade mais justa. O libriano mantém essa postura independentemente de qualquer coisa, mas o aquariano é menos propenso a ser tolerante se certa pessoa for corrupta, ignorante, preconceituosa, egoísta ou imoral. O libriano mergulhará no histórico da pessoa, examinando o potencial racional por trás de seu comportamento, e então tomará um curso de ação justo, o que enfurece o intolerante criador de ondas, que acha que o libriano deveria tomar o partido dele, aconteça o que acontecer.

De uma perspectiva positiva, o aquariano muitas vezes tem ideias geniais que servem a um propósito maior, e o libriano fornecerá a estrutura e o pragmatismo necessários para construir uma base sólida, ajudando a concretizar o intangível, o que encanta muito o aquariano. Por esse motivo, quando eles se unem, podem transformar sonhos grandiosos em realidades tangíveis.

ALCANÇANDO O NIRVANA

O libriano em geral é aquele que cede e faz concessões em prol do relacionamento. Ele tem um coração com grande amor e compreensão por seu contraditório aguadeiro, mas, a longo prazo, ele precisa de equilíbrio. Por isso, o aquariano deve ficar estático e calmo o suficiente para engolir seu orgulho e ouvir a razão. O aquariano transborda compaixão, mas ela precisa ser evocada com um coração igualmente aberto. Comunicação aberta e sincera, autorreflexão, compromissos mútuos e evitar culpar um ao outro são coisas necessárias para que esse relacionamento evolua de um amor passageiro para algo duradouro. Encontrar uma causa justa que os encoraje a servir a um propósito maior ou aos menos afortunados também é uma maneira de uni-los em um nível espiritual.

Notas Amorosas

Se você é um libriano que ama um aquariano, pense no seguinte:

- Você permite que seu parceiro embarque em aventuras sozinho?
- Você é carente? Se sim, consegue refletir sobre isso e fazer concessões?
- O que você ama em seu aguadeiro?
- Vocês têm objetivos em comum?

Notas Amorosas

Se você é um aquariano que ama um libriano, pense no seguinte:

- Você abre mão de sua necessidade de independência para atender às necessidades de seu parceiro?
- Você é teimoso? Se sim, isso é orgulho? Você acredita que sempre tem razão?
- Pelo que você é grato nesse relacionamento?

Aquário — Aquário
REGIDOS POR SATURNO E URANO

Quando esses dois se encontram, você pode ver as faíscas voando do espaço — sendo o espaço sideral o *habitat* natural deles porque qualquer criador de ondas/aguadeiro que se preze logo confessará ser descendente de alienígenas. (Este é o signo da genialidade e da insanidade.) Os dois têm um vínculo tácito e instantâneo e se reconhecem como amigos íntimos de longa data. As amizades vêm em primeiro lugar para esses dois, e mesmo que sejam fiéis até demais, não se sentem confortáveis com as emoções (a não ser que tenham Mercúrio, Vênus ou a Lua em Câncer/ Escorpião, ou esses signos como ascendentes), preferindo a lógica e a racionalidade. Eles começam como amigos, testando de brincadeira a capacidade mental um do outro e, se passarem no teste, a sedução será furtiva e absoluta.

O verdadeiro aguadeiro é completamente insensível a choques, e este é o teste: se ele se ofende com facilidade, não passa no quesito de autenticidade; e o outro deixará a conversa e, no fim das contas, o relacionamento (pelo menos mentalmente, se não também fisicamente). A combinação pode ter parecido excepcional no papel, mas agora que vê que o outro não é um alienígena puro-sangue, nunca conseguirá seduzi-lo para algo mais íntimo do que uma amizade.

Muitas pessoas dizem que conhecem um aquariano, mas o único ser que poderia de fato conhecê-lo é outro aguadeiro. (Ou uma pessoa com o mesmo signo lunar/ascendente, ou outro planeta em Aquário na versão completa de seu mapa astral.) É fascinante assistir a esses dois em ação porque, com gentileza, cutucam um ao outro, fazendo declarações ultrajantes e empregando vários outros métodos peculiares para garantir que seu potencial parceiro seja tão tolerante, de mente aberta, humanitário, evoluído e digno quanto eles pensam que são.

Alguns signos ignoram sinais de alerta com medo de ficarem sozinhos, mas não os aquarianos. Eles não têm medo porque sabem que esta vida é apenas uma de muitas, e outra encarnação é uma certeza. Quando algo não funciona, simplesmente dão de ombros e seguem em frente. Podem tentar novamente, mas acabarão seguindo em frente com total confiança de que, se uma união de almas gêmeas não ocorrer nesta vida, haverá muitas outras, então essa questão não é um grande problema.

Ambos gostam de estar sozinhos e raramente se sentem solitários. Não se importam com a pressão da sociedade ou dos pais para se estabelecerem — a simples ideia dessa expectativa os ofende. No entanto, juntos, eles respeitam os interesses individuais e o espaço um do outro, o que é difícil para outros signos, que interpretam isso como rejeição ou indiferença. Eles só considerarão sacrificar sua independência se a outra pessoa tiver a autoconsciência, a compaixão e a empatia como força motriz. Alguns signos assumirão esse risco. Mas, ao contrário do que diz a fama de serem descontraídos, os aquarianos não assumem compromissos de forma leviana. Quando fazem promessas, fazem de tudo para cumpri-las; por isso, costumam ser cautelosos nesse aspecto.

FIÉIS

O aquariano tem uma coleção eclética de amigos, e alguns podem ser namorados ou ex-namorados. Os mais evoluídos entre eles não se importam com gênero, *status*, etnia ou credo; se apaixonam por almas ou mentes; que importância têm essas superficialidades? Toleram qualquer pessoa desde que tenha um bom coração e boas intenções. Como casal, os aquarianos lutam pela liberdade. No pior dos casos, são extremistas e fanáticos, mas, no melhor, abrem com gentileza os corações e as mentes preconceituosos porque veem o medo por trás do ódio e da intolerância.

Quando se comprometem, ser infiel não é uma opção. Se o forem, não são aquarianos autênticos. Eles oferecem e esperam respeito, confiança e honestidade. Por essa razão, se decidirem se envolver, se comprometerão por completo e trabalharão duro para manter uma união saudável que honre o direito do outro de crescer. Os limites são claros e os desentendimentos são resolvidos com compaixão e bondade. Quando funciona bem, é uma combinação emocionante, com o potencial de conquistar até mesmo o mais avoado de todos e trazê-lo de volta à terra por tempo suficiente para construir uma parceria duradoura, embora não tenda a seguir o padrão social. Para esses dois, se conformar com a percepção do que a sociedade considera normal seria uma traição absoluta.

O par Aquário-Aquário é popular como casal e gosta de socializar e embarcar em aventuras intensas que em geral envolvem um plano para resgatar os necessitados ou talvez prender piratas que matam baleias. Seja como for, embora a vida deles nunca tenha sido monótona, quando se juntam ela se torna uma experiência cheia de ação que tem a mesma duração do relacionamento deles.

ALCANÇANDO O NIRVANA

Em geral, esses dois são seres evoluídos e sintonizados que nascem nesta Terra para elevar as vibrações e mostrar a outros mortais como construir uma sociedade iluminada. Por essa razão, preferem levar uma vida não convencional. Sabem muito bem os motivos pelos quais aqui, no Ocidente, temos mais pessoas que tomam antidepressivos do que em qualquer outro lugar.

Ambos são propensos a sofrer de superestimulação e esgotamento, razão pela qual têm mais probabilidade de escolher retiros remotos, casas em árvores e comunidades afastadas como lar do que uma casa geminada com um belo jardim e uma cerca branca.

A meditação e o desligamento do bombardeio diário de informações são essenciais tanto para a longevidade desse relacionamento quanto para a sanidade deles.

Notas Amorosas

Se você é um aquariano que ama outro aquariano, pense no seguinte:

- Vocês têm uma causa em comum? Se sim, ótimo. Se não, encontrem uma para os unir e os colocar no caminho da missão de vida de vocês.
- Vocês se desconectam regularmente das redes sociais e da internet em geral? Se não, precisam fazer isso para proteger a energia um do outro, que está sempre ligada e receptiva.
- Vocês meditam? Se não, precisam aprender a domar a mente e sintonizar-se com a consciência superior.

Combinações de Signos de Fogo e Água

Áries — Câncer

REGIDOS POR MARTE E PELA LUA

Um carneiro e um caranguejo! Você pode se perguntar como isso vai funcionar — eles também se perguntam, mas isso não os impedirá de tentar. O ariano sente que o canceriano é o escolhido, e, quando o coloca como alvo, acabou. A não ser que o ariano tenha signos de água em seu mapa ou consiga falar a língua dos cancerianos (alguns conseguem, mas são muito raros), lhe falta inteligência emocional. Assim como um recém-nascido, ele quer o que quer e quem quer, e quer *agora* — paciência não é o seu forte. Os arianos se recusam categoricamente a desacelerar, ler entre as linhas ou seguir sinais porque essas coisas são toques do universo e da própria intuição, e ele muitas vezes é cego aos sinais e imune às emoções — a menos, é claro, que sejam as dele próprio, e nesse caso, como ousa alguém ser insensível? A única vez que provavelmente alguma dessas coisas surja para o ariano é quando ele não está conseguindo o que quer.

Os dois seres são mestres da agressão passiva, e, quando não estão fluindo, podem ficar obcecados por suas crenças e determinados a conseguir o que querem. O canceriano provavelmente irá desencadear o melodrama do ariano e então ficará sentado ali com cara de inocente ou cantando uma triste melodia de autopiedade. Se não tiverem cuidado, isso mostra os sinais de alerta de uma batalha kármica que durará por várias vidas. Por outro lado, os cancerianos evoluídos não gostam de drama. Eles são gratos pela paz, pela tranquilidade e pelo tempo para sentar-se à praia e fazer castelos de areia.

O ariano tem uma missão. Ele é enérgico e vigoroso, a não ser que seja mais velho e esteja exausto das rejeições da vida, ou seja evoluído e esteja em paz com seu próprio coração. Então, somente assim essa união se transformará em algo mágico. A chave é o compromisso.

INTERAÇÕES CONSCIENTES

A resposta vem quando ambos agem com cautela e têm paciência um com o outro. O ariano precisa relaxar e parar de tentar forçar o canceriano a fazer tudo do seu jeito, e o canceriano precisa se comunicar com franqueza antes de chegar ao ponto de explodir ou de se comportar de maneira manipuladora.

Independentemente do gênero, todos nós exibimos tendências femininas e masculinas em diferentes momentos e situações da vida, e o ariano, que tende mais à vibração masculina, é muitas vezes heroico. Um líder nato que defenderá os vulneráveis sem pensar em sua própria segurança ou conforto. Quando encontra um canceriano, sente uma onda de empatia quase instantânea e quer cuidar dele, e é exatamente disso que o canceriano gosta.

O canceriano, quando está fluindo, é firme e também lutará até a morte para defender e proteger seus entes queridos, mas não se impressiona muito com a busca implacável do ariano por mais felicidade, mais dinheiro, mais aventuras. O ariano o cansa, e o canceriano se recolherá dentro de sua concha para escapar. Isso enfurece o ariano à procura de uma briga, se não fisicamente, pelo menos com palavras letais. Mas o canceriano se lembra de tudo que foi dito, inclusive da pontuação, e, se você o ferir, ele nunca mais se esquecerá disso. Então, após uma mensagem vinda de Marte ou uma explosão de fúria excessiva, é provável que ele deixe o ariano. Este sentirá que saiu perdendo, e isso o enfurecerá ainda mais. Se estiverem juntos por razões familiares ou profissionais e o canceriano se afastar de alguma maneira, a raiva que ferverá sob o sorriso do ariano será palpável e destrutiva.

ALCANÇANDO O NIRVANA

Este não é um relacionamento amoroso fácil; no entanto, já vi essa união ser feliz e bem-sucedida (ou seja, harmoniosa, equilibrada e duradoura) quando o ariano tem um planeta proeminente em Câncer (ascendente/Lua/Vênus/Marte). O canceriano será muito mais tolerante com as neuroses do ariano se também tiver um posicionamento de Áries no mapa.

O relacionamento pode funcionar bem se os dois se amarem o suficiente para trabalharem nele, se o ariano não estiver excessivamente preocupado consigo mesmo e se o canceriano for perdoador e paciente. Nenhum deles deve focar muito no sucesso material e em ganhos mundanos; esse não é o caminho para o entendimento.

Enfrentar as próprias falhas os ajudará a crescer, e ambos precisam de senso de humor, leveza e amor incondicional. Um desejo mútuo de autoaperfeiçoamento ajudará cada um a compreender o outro. A meditação é útil para todos nós, mas a prática espiritual reflexiva garantirá que esses dois se comprometam com a união e com o amor mútuo por muitas vidas.

Notas Amorosas

Se você é um ariano que ama um canceriano, pense no seguinte:

- Você é honesto com seu parceiro?
- Você sente que se compromete?
- Você leva em consideração a sensibilidade de seu parceiro?

Notas Amorosas

Se você é um canceriano que ama um ariano, pense no seguinte:

- No fundo, você admira a inteligência de seu ariano? Se sim, elogie-o.
- Você assume a responsabilidade por seus próprios sentimentos e bem-estar emocional?
- Você é excessivamente sensível?

Áries — Escorpião

REGIDOS POR MARTE E MARTE/PLUTÃO

Esta união desafiadora requer as mesmas quantidades de devoção mútua e maturidade para funcionar a longo prazo.

A química inicial entre o ariano e o escorpiano provavelmente seguirá um dos dois caminhos possíveis, e a opção depende completamente de seus níveis de autoconhecimento e espiritualidade. Se eles se conhecem, entendem as leis do karma e da causa e efeito e enfrentam suas fraquezas com coragem sem culpar os outros, este relacionamento pode ser surpreendente. Eles são o casal mais poderoso que existe, e se os outros não quiserem *ser como* eles, certamente *se aproximarão* deles na esperança de receber um pouquinho da energia deles.

Funciona bem se o ariano tende mais para a energia masculina e o escorpiano, para a feminina. Isso ocorre porque o primeiro tem de aprender a se tornar mais emocionalmente maduro e inteligente, e quando o escorpiano combina seu próprio poder sobre os reinos emocionais com características femininas mais suaves, o relacionamento é mais equilibrado, evoluído e amoroso. Quando ambos são abertos e capazes de trabalhar mesmo em meio a seus altos níveis de apego e desejo, eles podem construir um relacionamento duradouro que os mantém alertas, mas comprometidos um com o outro.

O ariano é atraído pelo escorpiano e se entrega, indefeso, ao poder e à atração sexual dele. Ele logo se comprometerá e praticará feliz o que não lhe é tão natural: a fidelidade. Os arianos em geral são muito sinceros, e seus desvios raramente são premeditados — é mais provável que se trate de paixões momentâneas. No entanto, eles são os primeiros a confessar suas traições, para que possam fazer o que fazem de melhor: seguir em frente, seja sozinhos ou acompanhados do escorpiano. O ariano pelo menos logo tentará perdoar e esquecer, mas, por mais que o escorpiano acabe perdoando, ele nunca esquece. Se o ariano for infiel, é como se uma dinamite tivesse sido acendida sob a casa. O escorpiano, embora conhecido por ter casos extraconjugais, é mais propenso a se envolver em relacionamentos clandestinos. O ariano criará desculpas para a infidelidade de seu parceiro — o que é inútil porque o escorpiano começará a perder todo o respeito por essa versão conformada de seu ariano e se envolverá em traições ainda mais públicas, até que a união acabe se desfazendo em chamas.

QUÍMICA

Marte é o planeta da guerra e, por isso, a primavera pertence ao ariano, a estação que os romanos acreditavam ter as batalhas com melhores resultados. O ariano gosta de entrar com paixão e rapidez, visando apenas a vitória, enquanto o escorpiano é o governante do inverno e da escuridão; a maioria das batalhas dele são furtivas, premeditadas e mortais.

Uma reação química como a deles não precisa ser violenta ou perigosa, mas pode ser. Se essa união der errado, o escorpiano vai expelir gases tóxicos porque é isso que ele faz para envenenar o inimigo. O ariano então vai explodir, o que significa que inevitavelmente alguém vai se machucar. Isso pode parecer radical, e se o ariano tiver uma quantidade maior de signos calmos na versão completa de seu mapa ou se o escorpiano tiver um forte senso de propósito e autoestima, tudo ficará bem. Mas o mais provável é que os dois sejam tudo menos estáveis ou pacíficos por muito tempo.

A paixão deles é inegável, e, se forem evoluídos, não há aliança mais forte ou combinação mais pura de força de vontade que possa corrigir os erros da sociedade, lançar luz sobre a ganância e a ignorância, defender os vulneráveis e construir uma vida encantadora baseada no serviço à humanidade. Se eles não forem evoluídos, usarão a combinação de suas forças para propósitos egoístas, para obter *status* e poder e para destruir qualquer obstáculo ou pessoa, imaginários ou reais, que acreditem estar no caminho deles. É aterrorizante.

Ambos são extremamente fortes, mas o ariano é habilidoso em ações espontâneas e prefere resultados rápidos para que possa fazer sua dança da vitória na volta para casa. O escorpiano, por outro lado, é um mestre em estratégia, paciência e aniquilação.

O ariano que guarda um trauma do passado ou da infância é capaz de ser mais defensivo do que o canceriano, e é exaustivo para qualquer um dos outros signos ter de lidar por muito tempo com isso. Ele ataca sua própria sombra até se envolver num frenesi e ser consumido pelas próprias chamas. E aqui é que as coisas ficam interessantes: o escorpiano enxerga o que está por trás da fachada, vê o coração brilhante do ariano e o ajuda a se acalmar. O ariano talvez seja a única pessoa que de fato se sentirá segura com um escorpiano. Ele tem coragem e um forte senso de si mesmo para se manter firme em qualquer batalha, e o escorpiano adora lutar por uma causa — se não houver uma, ele a criará. Isso pode ser incrível ou devastador, raramente há um meio-termo.

ALCANÇANDO O NIRVANA

Esses dois têm sucesso quando estão apaixonados, sentimento que sabemos que acabará por se extinguir. Mas quando cada um for capaz de reconhecer a contribuição que o outro está dando à sua vida, eles trabalharão o tanto que for preciso para garantir uma vida feliz juntos.

A espiritualidade é fundamental, e compreender o funcionamento do mundo, do karma e da lei da causa e efeito os impedirá de entrar em padrões de comportamento inúteis e negativos, como culpar um ao outro, agir de modo defensivo e se vingar.

Ao escorpiano são oferecidas muitas oportunidades de aprender uma grande lição de vida, o perdão. Por essa razão, o ariano é seu copiloto supremo. Este adora se sentir livre e sabe que qualquer acúmulo de ressentimentos e rancores é um atraso, o que ele ensina ao escorpiano sem hesitação. O escorpiano está no processo de dominar a inteligência emocional e a sabedoria, processo do qual o ariano se beneficia muito.

Isso deixa o relacionamento vivo, e o crescimento, como tema, ajudará a uni-los para a vida toda.

Notas Amorosas

Se você é um ariano que ama um escorpiano, pense no seguinte:

- Você leva os sentimentos de seu parceiro em consideração?
- Você tem acessos de raiva (internos ou externos)? Se sim, isso é tóxico, procure ajuda.
- Tente não ficar muito preocupado consigo mesmo e pense nas necessidades de seu parceiro também.
- Seu escorpiano o faz sentir ciúmes? Se sim, reflita sobre o motivo.
- Você tenta ter uma alma evoluída? Se sim, como você faz isso?

Notas Amorosas

Se você é um escorpiano que ama um ariano, pense no seguinte:

- Você faz jogos mentais?
- Você é paciente sem ter interesses pessoais?
- Você é grato pela coragem, pelo toque especial e por todas as coisas boas de seu ariano?
- Você sofre de ciúmes? Se sim, isso é um veneno. Você precisa examinar os gatilhos e trabalhar os motivos.
- Estude a lei do karma, da causa e efeito e da impermanência, o que ajudará a elevar sua consciência acima de desejos puramente mundanos.

Áries — Peixes
REGIDOS POR MARTE E JÚPITER/NETUNO

Um carneiro e um peixe, juntos, evocam uma cena bíblica, e essa união certamente pode fazer com que os dois sintam como se o relacionamento deles tivesse sido previsto por um antigo profeta. Esses dois são atraídos um pelo outro de maneiras que desafiam a lógica. À primeira vista, eles parecem apenas dividir a mesma cama, mas o pisciano tem um superpoder de envolver com bondade que atravessa essa superfície, levando o ariano a uma jornada emocional nas profundezas do amor e oferecendo uma rara chance de experimentar sentidos que nem sabia que possuía.

O ariano, em troca, mostra ao pisciano como o perigo pode ser convertido em oportunidade quando se tem coragem suficiente. No fundo, o pisciano tem medo de perder o controle, mas anseia por se perder, e o ariano, no fundo, deseja poder ser outra pessoa, mesmo que seja apenas por um dia. Assim, esses dois têm uma rede de segurança de diferenças que os mantém firmes.

O ariano tem o potencial de persuadir o pisciano a um comprometimento sólido e onírico, e o pisciano ajuda o ariano a desacelerar o suficiente para conhecer cada estrela do céu e apreciar as flores do jardim. As flores estão lá desde que se mudaram há dez anos, e as estrelas, desde sempre, mas quando o ariano dá as mãos ao pisciano, ele percebe a magia da simplicidade e da natureza de maneiras que nunca tinha percebido.

Áries é um signo masculino e tem uma vibração masculina também, e, a não ser que tenha influência forte de Peixes nos planetas na versão completa de seu mapa astral, o ariano, agressivo, irá atrás de tudo o que deseja, avançando com vigor. Peixes, por outro lado, é mais fluido. Os piscianos levam tempo para primeiro avaliar o clima e depois avançam lentamente em direção ao objeto de seu desejo ou afeto. Isso muda se o pisciano tiver a Lua ou o ascendente num signo de fogo; nesse caso, ele mudará rapidamente da assertividade para a conformidade. O estado de humor do pisciano muitas vezes é indecifrável, o que mantém o ariano atento e interessado, pois, no fundo, ele adora um desafio. Essa regra muda com arianos com a Lua/Vênus ou ascendente em Câncer, caso em que tudo o que eles querem é estabilidade — mas, ainda assim, uma estabilidade interessante.

O ariano vai lhe dizer que, lá no fundo, ele é sensível, e isso pode ser verdade, mas essa sensibilidade só se manifesta quando alguém ofende o ego dele ou de seus entes queridos, que muitas vezes ele vê como uma extensão de si mesmo; então tudo se resume novamente a *mim*, *meu* ou *eu*. Ele não quer ficar tão centrado em si mesmo; ele raramente relaxa por tempo suficiente para se envolver em qualquer reflexão séria sobre si mesmo, e é aí que o pisciano, em seu fluxo positivo, vem em seu socorro. O pisciano pode, com gentileza, despertar o carneiro e fazê-lo querer se tornar uma pessoa melhor e mais ponderada.

Não se deixe enganar pelos piscianos. Na verdade, eles são muito mais controladores do que o carneiro, característica que eles têm em comum com seu signo oposto, Virgem. Os piscianos apenas fazem isso de uma maneira muito mais criativa: eles desaparecem, se fazem de vítima, fingem estar machucados ou cutucam o ariano e então vencem. O carneiro se sente uma pessoa terrível e passa as próximas horas se desculpando excessivamente. Você vê o jogo? Acredite em mim, é um jogo de fato.

COOPERAÇÃO

Os arianos devem aprender a cooperar em qualquer relacionamento, mas, desta vez a cooperação é essencial. Ficar em segundo plano não é o seu normal, mas, em parceria com um pisciano, quando eles aprendem a respeitar a arte da sutileza e levam em consideração a comunicação e os sentimentos de seu parceiro, suas estrelas se alinham.

Em troca, o pisciano reservado não pode ter a expectativa de que essa parceria seja calma e coesa se esconder coisas de seu ariano, o que levará a todo tipo de problema. Todos nós podemos sintonizar a energia masculina e feminina, e um pisciano com um ariano formam uma combinação equilibrada quando conseguem temperar a assertividade deles com a gentileza. Se o pisciano ainda não conseguiu dominar a primeira, o ariano pode ensiná-lo exatamente como dominá-la e como não dominá-la, e vice-versa.

Os arianos têm má reputação no amor. São conhecidos como infiéis — e eles, como pessoas de todos os signos, podem sê-lo —, mas quando decidem que encontraram "a pessoa certa", se entregam por completo.

O pisciano em geral tem muitas opções com potencial, mas pode ser muito exigente. Ele aceitará a atenção, mas escapará antes que quaisquer expectativas sejam estabelecidas para prendê-lo.

ALCANÇANDO O NIRVANA

No fundo, ambos são românticos; então quando se unem, abrem uma caixa de Pandora de deleites. Demonstram seu amor e afeto de maneiras diferentes, mas harmoniosas, e se complementam.

Os dois se beneficiam a um nível espiritual da autorreflexão e do desejo de melhorar. A meditação, a oração e uma prática espiritual forte os unirão, tornando-os mais fortes tanto como casal quanto indivíduos.

Se o ariano aprender a aceitar e o pisciano evitar se fazer de vítima, tudo ficará bem, permitindo que esses dois construam um castelo de fantasia longe de olhares curiosos ou de predadores.

Notas Amorosas

Se você é um ariano que ama um pisciano, pense no seguinte:

- Você é grato por seu lado bondoso quando está com seu parceiro?
- Este relacionamento ajuda você a relaxar?
- Você tem pavio curto? Se sim, examine os gatilhos e certifique-se de que não são baseados no ego.

Notas Amorosas

Se você é um pisciano que ama um ariano, pense no seguinte:

- Você posa de mártir? Se sim, examine os motivos e tente parar.
- O que você ama em seu ariano? Liste os motivos.
- Você expressa e assume suas emoções sem atribuir culpa?

Sagitário — Câncer
REGIDOS POR JÚPITER E PELA LUA

Quando o sagitariano encontra o canceriano, eles começam a dançar mambo que alegremente os leva — com o tempo — aos braços e corações um do outro.

Essa é uma união baseada no crescimento da alma, repleta de potencial para transformações mútuas e significativas em níveis profundos.

Esses dois têm muito a ganhar e a aprender um com o outro. O canceriano faz o coraçãozinho do sagitariano cantar de alegria porque sua sede por conhecimento (igualada apenas a de seu signo oposto, Gêmeos) é tão inexaurível quanto sua necessidade de aventura. O canceriano evoluído inventou uma impressionante mistura de sensibilidade e sabedoria, o que o torna um parceiro incrível e uma pessoa íntegra. Os dois estão cientes de que, sem a verdadeira sabedoria, a sensibilidade é simplesmente um apego ao ego, que desencadeia a armadilha da defensividade do ego inferior. Muitos pensam erroneamente que o ego é arrogância e orgulho, mas, no verdadeiro sentido da palavra, é uma preocupação consigo mesmo.

Esse relacionamento durará apenas se o canceriano for evoluído, ou pelo menos estiver tentando não levar a vida tão a sério, além de perceber que nem todas as palavras ou ações dirigidas a ele têm o objetivo de machucá-lo. De qualquer modo, um relacionamento com uma versão não evoluída do defensivo canceriano exaure a paciência do sagitariano e o faz correr para as montanhas ou para o aeroporto mais próximo, desde que ele se afaste o máximo e o mais rápido possível. Da mesma maneira, o canceriano evita sagitarianos carentes de autoconhecimento ou de simples atos de bondade. Eles são raros, mas existem.

O sagitariano evoluído sabe que falta a ele um pouco de tato e diplomacia, com sua afirmação intransigente da verdade, que muitas vezes é uma versão um tanto distorcida. Uma lição que ele deve tentar dominar nesta vida é a empatia. Nenhum ser humano pode fazer isso sem querer entender e compartilhar os sentimentos de outro. Sentimentos! Aí há um novo conceito para o sagitariano. Claro, ele sabe tudo de indignação, fúria e autocomplacência, mas empatia? Leva tempo. Ele não sai machucando os sentimentos das pessoas, mas muitas vezes tem uma atitude intransigente, especialmente quando seu regente, Júpiter, o "juiz", está fora de controle e ele acredita que a humilhação foi, de alguma maneira, merecida. Tudo isso é natural para o sagitariano até que ele se apaixone pelo canceriano. É quando ele para de mirar a flecha, inclina a cabeça para o lado e presta atenção em como suas ações, palavras e comportamento de bravata afetam seu gentil parceiro. Então, ele vai tentar de novo e de novo até acertar essa nota harmônica, que soa como anjos cantando nos céus. Esse relacionamento pode ser brilhante para os dois se a curiosidade, o respeito e a paciência permitirem que eles discutam as coisas com um espírito de concessão e transigência e sem colocar a culpar no outro.

Os cancerianos são os cuidadores do zodíaco; eles têm o instinto de fornecer conforto emocional aos outros, o que é uma beleza de se ver e um prazer de encontrar. Quando um canceriano simpatiza com você, essa simpatia o aquece até os ossos. Mas há aqueles que têm a expectativa de receber algo em troca, e, quando não recebem nada, se tornam rabugentos, irritadiços e amargos.

CRESCIMENTO MÚTUO

Ninguém, nem mesmo um canceriano, consegue de fato passar da superfície do próprio poço inesgotável de emoções. O sagitariano, com sua natureza caprichosa e inocente, não compreende totalmente as águas calmas e profundas de Câncer, que se esconde por trás de uma aparência suave. Isso se torna ainda mais interessante, quando o canceriano oferece um vislumbre dessas profundezas, e completamente desconcertante, quando ele se mostra de repente.

O sagitariano está aprendendo o poder da palavra proferida e, embora pessoas que não são cancerianas protestam que paus e pedras (ou quaisquer objetos contundentes) são as únicas ferramentas capazes de machucar os outros, um relacionamento amoroso com um canceriano logo mostrará ao sagitariano o quão errado é esse pensamento. Juntos, eles se aproximarão, se fortalecerão e ficarão mais seguros.

ALCANÇANDO O NIRVANA

A comunicação, sem a necessidade de determinar quem está certo ou errado, é necessária para que um relacionamento sobreviva. Esses dois seres são muito diferentes, e, a não ser que o canceriano tenha um planeta em Sagitário; ou o sagitariano tenha um planeta em Câncer, eles terão de trabalhar duro para se explicarem sem que se sintam reprimidos emocionalmente.

O sagitariano precisa suavizar sua abordagem e examinar a maneira como se comunica e como isso às vezes pode ser prejudicial. O canceriano deve saber que quase nada é totalmente pessoal; tem mais a ver com onde a outra pessoa está em termos de crescimento espiritual. A prática espiritual é o tônico revitalizante para esses dois, não importa como eles escolham fazer isso. Yoga, meditação, oração e retiros funcionam maravilhosamente.

Notas Amorosas

Se você é um sagitariano que ama um canceriano, pense no seguinte:

- O *mindfulness* (atenção plena) foi inventado para os sagitarianos, que falam primeiro e pensam depois. Tente praticá-lo com afinco. Isso o ajudará em todos os relacionamentos que você tiver.
- Tente desacelerar e levar em consideração os sentimentos de seu parceiro.
- A prática regular de atividade física é o caminho para você aprimorar o equilíbrio mental, físico e espiritual.
- Medite.

Notas Amorosas

Se você é um canceriano que ama um sagitariano, pense no seguinte:

- Tente não levar as palavras do seu sagitariano para o lado pessoal, especialmente se forem diretas ou reativas. Em vez disso, observe as ações dele.
- Você assume a responsabilidade pelos seus próprios sentimentos?
- Você está disposto a trabalhar sua tendência arraigada de levar as coisas para o lado pessoal?

Sagitário — Escorpião

REGIDOS POR JÚPITER E MARTE/PLUTÃO

Se você ler a mitologia por trás do nome e do símbolo do sagitariano na página 72, lembrará que ele é representado com um arco puxado e uma flecha apontada diretamente para o coração do Escorpião, caso este último precise ser neutralizado rapidamente. O sagitariano se sente compelido a conter o Escorpião, mantendo-o sob controle e chamando a atenção para qualquer comportamento que possa ser considerado lascivo.

No início, o escorpiano tende a observar o sagitariano como uma presa ou uma brincadeira momentânea... até se apaixonar, o que só acontece se o sagitariano for considerado perspicaz e educado e nunca, jamais, expuser seus problemas pessoais em público. Os sagitarianos devem estar cientes: não podem continuar avançando aos trancos e barrancos pela vida se valorizam o relacionamento que estão construindo. Discrição e privacidade são tão vitais para a longevidade desse relacionamento quanto o amor, e se o sagitariano quiser permanecer vivo, é inteligente da parte dele colocar o cérebro para funcionar antes de acionar qualquer alarme. Se não o fizer, será excluído de qualquer relação de intimidade com o escorpiano.

A não ser que o sagitariano tenha Escorpião no mapa, será um aventureiro nato, honesto e despreocupado, com uma natureza ingênua, e se acreditar que o escorpiano é uma pessoa boa, mas equivocada, ele ficará perto dele e o impedirá de tomar decisões que possam ter sérias repercussões kármicas, como destruir a reputação de um colega que represente uma ameaça ou manipular a avó doente para que herde toda a fortuna dela. Em resumo, o sagitariano age como a bússola moral que o escorpiano nem sempre possui — e, a menos que tenha trabalhado a autoconsciência com afinco, ele, em geral, não a possui mesmo. Isso também se aplica àqueles com planetas como Vênus/Lua/Júpiter/Marte em Escorpião; a bondade *está* lá, só que muitas vezes está firmemente envolta em sua percepção distorcida de que todos são inimigos até que provem o contrário. A aniquilação de qualquer um que represente uma ameaça é algo natural para o escorpiano, que ataca primeiro e (talvez) se arrepende depois. A morte ou o cancelamento da oposição é a única opção no que lhe diz respeito. O sagitariano oferece uma plataforma sábia para reflexão e muitas vezes está ciente das leis do karma e da causa e efeito, o que ajuda a deter o escorpiano em sua busca obstinada de poder e controle.

EQUILÍBRIO

O escorpiano se encanta com o entusiasmo e otimismo de seu sagitariano, que muitas vezes contrastam fortemente com sua própria mente superanalítica e sua natureza desconfiada. Tudo isso é anulado se o escorpiano for evoluído ou tiver o ascendente ou um planeta como Vênus, Mercúrio ou a Lua em Sagitário; o mesmo vale para o sagitariano, caso em que seu entusiasmo sem limites pela vida é diminuído e substituído por reflexão. O escorpiano, com uma pitada de Sagitário em seu mapa astral, desperta uma energia vibrante no seu jeito de andar.

O sagitariano e o escorpiano são uma ótima combinação porque, quando se unem, equilibram e fundamentam as instabilidades e deficiências um do outro. Isso leva a uma maior consciência de si mesmo, e a vida é observada mais como uma aventura do que como uma tarefa de contagem de pontos.

Se o sagitariano for um puro-sangue, ele quer se sentir livre e não tolerará ciúmes, possessividade ou qualquer tipo de comportamento que possa ser percebido como controlador. Isso nem sempre é injustificado; no entanto, como o sagitariano não evoluído é um sedutor, isso não será aceito pelo escorpiano, que teme a traição e fica indignado com a infidelidade.

Se o sagitariano estiver *realmente* comprometido, ele pode ficar e tentar argumentar com seu escorpiano ciumento, mas logo a indignação toma conta se o escorpiano se envenenou com o que já foi mencionado, e a relação então se torna impossível. O sagitariano vê o que está por trás desse comportamento escorpiano e trabalhará para assegurar sua fidelidade por um período de tempo. Mas se não estiverem progredindo, ele em geral sai de cena com o coração pesaroso. Da mesma maneira, se o escorpiano acreditar que o sagitariano carece de devoção, inteligência ou ambição, começará a procurar sua próxima vítima desprevenida.

ALCANÇANDO O NIRVANA

Ambos precisam deixar o passado para trás e construir um futuro novo e limpo. Se a infidelidade é ou foi um problema, isso é mais difícil de superar para o escorpiano do que para o sagitariano, que tem uma natureza mais compreensiva. O perdão é a maior lição de vida para os escorpianos, e a vida os ama tanto que oferece muitas oportunidades para praticarem-no de maneira disfarçada nos relacionamentos pessoais e profissionais. Um escorpiano evoluído trabalha seus próprios problemas e tem simpatia e empatia infinitas. Ele abre o coração e a mente para seu parceiro, e, quando se compromete e faz um juramento oficial ou secreto de amar e apoiar o sagitariano nos momentos de alegria e adversidade, é para sempre. Esse nível de compromisso e respeito proporciona ao sagitariano um amor e uma aceitação como nenhum outro parceiro que ele já tenha tido antes.

A honestidade é uma característica atribuída ao sagitariano, mas ela precisa ser combinada com discernimento e confiança. A honestidade é a única política com a qual esses dois precisam concordar.

Buscar refúgio numa visão superior, praticar a espiritualidade e ter uma vida honesta é o caminho para que esse relacionamento floresça e perdure. Ambos acabarão percebendo que o amor puro é o mais próximo de Deus que chegarão.

Notas Amorosas

Se você é um sagitariano que ama um escorpiano, pense no seguinte:

- Você honra a profundidade dos sentimentos do seu escorpiano?
- Você julga seu parceiro de maneira severa?
- Você é fiel? Se sim, seu parceiro confia em você e vice-versa? Nesse caso, a união de vocês é evoluída!
- Você consegue aceitar seu parceiro como ele é?

Notas Amorosas

Se você é um escorpiano que ama um sagitariano, pense no seguinte:

- Quão fácil é para você confiar?
- Se você já se magoou no passado, consegue deixar essa dor para trás e ver quem magoou você como um professor?
- Você respeita seu sagitariano?
- O que você aprecia em seu parceiro?

Sagitário — Peixes

REGIDOS POR JÚPITER E JÚPITER/NETUNO

E assim se unem o sagitariano e o pisciano. Ou, num dia ruim, um moralista infiel e um mártir autoflagelador — tenho certeza de que você consegue adivinhar quem é quem. Embora eu esteja brincando, essa piadinha está impregnada de uma verdade potente. O sagitariano, como a pessoa que procura a verdade até o limite, não interrompe sua busca pelo significado da vida, de Deus e do universo na Terra. Ele vai muito além em sua jornada para encontrar a razão e, quando acredita ter descoberto o que pensa ser a verdade, o pregador surge e todos os outros devem ouvi-lo. Felizmente, o pisciano, quando está fluindo plenamente, é um ouvinte nato; ele tenta se identificar, se solidarizar e entender seu sagitariano, que lutará para encontrar alguém que queira ouvir o que tem a dizer e valorize as opiniões dele. Essas opiniões podem ser iluminadas, se ele tiver viajado por terras distantes, estudando as culturas e as religiões nativas, o que significa que suas deduções são formalizadas ou, pelo menos, informadas, se não forem totalmente corretas. Mas é inútil dizer a ele que está errado.

O pisciano reescreve a história, e coloca a si mesmo como o perseguido, e isso enlouquece o sagitariano. Os sagitarianos são 100% intolerantes com pessoas que se entregam ao sofrimento ou pintam um quadro que não representa sua amiga favorita, a verdade. Os piscianos têm um histórico de fazer esse tipo de coisa.

Então temos nosso gracioso e quase sempre belo mártir de Peixes, que, no fundo, sonha em ter uma união de almas gêmeas e uma visão superior que desperte a fé, seja por meio da espiritualidade ou da religião, e estar em sintonia com o universo e com todos os seres.

Os milhares de mapas de clientes que já interpretei indicaram que esses dois têm uma forte conexão kármica, o que às vezes funciona muito bem, com um reconhecimento reconfortante e instantâneo. Mas raramente é confortável por muito tempo. Talvez eles tenham se reunido para resolver alguns problemas de vidas passadas ou finalmente formar algo duradouro. Apenas suas almas seriam capazes de saber a resposta para isso. Eu sei que aqueles com certas combinações de planetas com Sagitário (principalmente Netuno, o regente de Peixes) embarcaram, numa vida ou outra, em cruzadas como defensores de alguma fé, jurando lutar por uma religião ou outra. E em vidas passadas, os piscianos fizeram votos de celibato e sacrifício para se alinharem com sua fé, se comunicarem com sua percepção de Deus e rezarem pela nossa salvação.

Nesta vida, essa memória da alma leva o sagitariano a encontrar paz e significado em sua própria versão da verdade espiritual ou a adotar uma atitude de total niilismo. De qualquer maneira, você saberá como ele se posiciona porque ele nunca hesita em expressar suas crenças ou descrenças.

COMPATIBILIDADE

O pisciano, se estiver fluindo plenamente em seu signo, ainda consegue fazer sacrifícios pelos outros. Com delicadeza ou relutância, ele é uma pessoa que consegue curar naturalmente, é capaz de consertar as asas quebradas de pássaros frágeis apenas para assistir, com melancolia, ao momento em que eles voarão para longe. É difícil ser um pisciano nesse aspecto, mas eles têm sua missão na vida, e ela não é egoísta nem em benefício próprio. Em sua próxima encarnação, é provável que nasçam sob o signo que vem depois, o de Áries, e então poderão seguir o próprio ritmo. Por enquanto, como o signo oposto ao deles, Virgem, tudo se trata de serviço. Se conseguirem se livrar do vitimismo ou da pena de sua condição, a bondade deles traz as maiores recompensas de todas.

Quando as estrelas se alinham e esses dois se encontram, o pisciano fica deslumbrado pelo sagitariano inteligente e emocional, que possui uma força e um senso de propósito inatos. O sagitariano é o defensor da verdade e o guardião da fé do zodíaco — não conseguimos dizer com certeza que fé é essa, mas quando encontram um pisciano, os sagitarianos ficam encantados com tanta delicadeza de espírito, a qual tem o efeito calmante de uma cachoeira.

ALCANÇANDO O NIRVANA

Em resumo, o respeito mútuo e a tolerância devem estar sempre presentes. No entanto, é a fé e o amor pela cultura e pelas artes que podem separar ou unir esses dois. Sem isso, o relacionamento pode ser difícil.

Se cada um tiver a intenção de oferecer ao outro um amor puro, ambos se fortalecerão de maneiras que beneficiarão a eles e a todos os outros que possam encontrar.

Se o sagitariano tender para a espiritualidade, ele respeitará os pontos de vista de seu pisciano, mesmo que sejam diferentes dos dele. Se não, pode intimidar verbalmente o pisciano até que sua fé comece a enfraquecer e ele se sinta perdido. O pisciano não deve cair no vitimismo, mas, se precisar recuar, tudo bem. Ele deve explicar ao sagitariano racional que precisa ter fé em alguma visão superior e, juntos, podem então construir algo superlativo.

O sagitariano deve praticar o *mindfulness* (atenção plena), e, se o pisciano desenvolver a coragem de suas convicções, isso os manterá interessados e ansiosos para agradar um ao outro. A oração, o retiro e talvez o estudo dos antigos textos de sábios e profetas são uma jogada inteligente para os dois. O pisciano têm tudo armazenado nos recônditos de sua mente sábia, e o sagitariano *acredita* que sabe; quando eles leem a sabedoria espiritual em preto e branco, ambos podem processar seu significado supremo e ter algo em comum para discutir, o que é música para os ouvidos do sagitariano, que tem dificuldade para escutar.

O pisciano ensina ao sagitariano fluidez e aceitação, e em troca, ganha confiança e uma sabedoria fundamentada.

Notas Amorosas

Se você é um sagitariano que ama um pisciano, pense no seguinte:

- Você impõe suas opiniões ao seu pisciano?
- Como você define a fé?
- Suas opiniões são fundamentadas?
- Você sabe relaxar?
- Você é gentil consigo mesmo?

Notas Amorosas

Se você é um pisciano que ama um sagitariano, pense no seguinte:

- Você costuma ajudar os outros? Se sim, sabe quando negar?
- O que significa a fé para você?
- Seu sagitariano o inspira? Se sim, você já disse isso a ele?
- Sua alma é gentil? Se sim, honre isso e evite pessoas ou palavras tóxicas e rígidas.

Leão — Câncer

REGIDOS PELO SOL E PELA LUA

Quando o nobre e poderoso leonino encontra um canceriano forte, mas de casca mole, eles se acariciam e massageiam as barrigas delicadas um do outro para sempre. Isso pode acontecer porque esse par tem um potencial incrível como casal, com a capacidade de gerar uma união duradoura e abençoada pelas estrelas... *se* — e é um grande *se* — eles tiverem trabalhado a autoconsciência e forem bondosos e evoluídos. Nesse caso, a memória da alma de vidas passadas dá ao leonino a capacidade instantânea de ter empatia, de tolerar (na maioria das vezes) e de entender os humores sempre mutáveis e os modos irritantes do canceriano, o que o ajuda a se tornar um parceiro dedicado e um feroz defensor público de seu amigo ou companheiro canceriano. Em troca, o canceriano emocionalmente inteligente não deixa nada passar e adorará o leonino até que a morte os separe.

A adoração é exatamente o que o leonino gosta (para não dizer do que ele *necessita*). Dito isso, os leoninos quase sempre ficarão irritados porque os cancerianos tendem a desaparecer, quer emocionalmente, quer fisicamente ou das duas formas. Os leoninos não devem levar isso para o lado pessoal, mas levam. O canceriano não estará disponível para ouvir os detalhes de cada indignação e injustiça que o leonino enfrentou no dia, desde o atendimento ao cliente que o tratou mal e ousou deixá-lo esperando ao telefone até o vizinho que roubou sua vaga na garagem. É fácil para um signo lógico como Aquário se desligar, ou para um pisciano desaparecer na melodia dentro de sua cabeça, mas os cancerianos são as esponjas psíquicas do zodíaco e não conseguem escapar facilmente de serem sugados pelo drama.

Para que esse relacionamento dure mais que três meses, o leonino deve entender que o canceriano precisa de momentos sozinho para recarregar sua vitalidade e seu chi. O leonino deve distribuir esses desabafos dramáticos entre o restante de seus amigos e familiares — ou melhor ainda, deixá-los passar e seguir em frente. Não estou dizendo que todos os leoninos são assim. Na verdade, o nobre leonino é mais propenso do que a maioria das pessoas a lutar contra grandes injustiças por meio de causas e tribunais, mas também tem a tendência de se lembrar de insultos ou de outras banalidades várias vezes, e isso não cai bem com os cancerianos. Eles suportam tudo isso por um tempo, internalizam tudo e depois sofrem um grande colapso emocional.

Após uma inspeção minuciosa, em geral, é o canceriano evoluído que se torna o protetor supremo desse relacionamento. Ele cuida silenciosamente da segurança, das emoções e do bem-estar geral de seu leonino, o que ajuda a tornar essa dupla uma equipe coesa que facilmente alcança sucesso material e elimina qualquer oposição. O leonino provavelmente comanda à frente, diante de todos, com todos os olhos voltados para ele, mas o canceriano planeja todos os movimentos. As pessoas erroneamente supõem que o canceriano é mais submisso, mas isso só acontece até que haja uma ameaça à sua segurança ou alguém mexa com seus amigos ou familiares. Então, é guerra total. Ele entra de cabeça na lama emocional e em geral vence a batalha pela supremacia. É possível ver de longe um leonino guerreiro — primeiro o grito de guerra, logo depois a pompa e a cerimônia — mas, como o Escorpião, outro signo de água, não se vê o canceriano até que a picada ou o ataque lateral seja fatal.

O EGO E O EGO INFERIOR

Esse relacionamento é transformador para o bem e para o mal. Se você estudar os mapas astrais do leonino e do canceriano e não encontrar nenhum forte indício de Câncer no mapa do leonino (ou seja, um planeta, um ascendente ou um Meio do Céu) ou indícios de Leão no mapa do canceriano, o sucesso a longo prazo pode ser mais difícil. A única maneira de superar a falta de empatia ou de pontos em comum é por meio de um trabalho reflexivo e de uma prática espiritual eficaz.

O leonino precisa trabalhar seu egocentrismo e seu orgulho alimentado pelo ego, e o canceriano precisa entender que a sensibilidade é o ego inferior disfarçado de algo mais agradável. Então, vamos esclarecer isso de uma vez por todas: a sensibilidade é o ego ativado, que leva as palavras ou as ações de outra pessoa para o lado pessoal. (E isso é cansativo!) É aí que entra a defensividade. A sensibilidade é útil *somente* quando está associada à sabedoria. Então, e apenas nesse momento, é ativada por meio da empatia, do sentimento e da compaixão por outros seres e nada tem a ver com o eu. Tanto o canceriano quanto o leonino, quando não estão fluindo bem, adotam a atitude mafiosa de baixa vibração "minha família contra o resto do mundo". Então, quando esses dois se unem, isso pode ampliar essa mentalidade de "eles contra nós". Se isso acontecer, eles buscam batalhas externas para vencer. Quando elas acabam, guerras acontecem dentro das paredes de seus próprios corações fechados e egos inflados.

Me perdoem, leitores de Câncer e de Leão, mas, por favor, continuem lendo, porque isso é importante. Se vocês já estudaram a lei espiritual, e mesmo que não tenham estudado, o que estou prestes a dizer deve ressoar a um nível profundo da alma. Todos nós estivemos neste planeta tantas vezes que cada ser já foi seu parceiro ou sua mãe. Somos todos uma única família. Lutar contra ou não perdoar um de nós só machuca a nós mesmos a longo prazo. Contemplar as leis da impermanência e do karma, da causa e efeito ajudará vocês a crescerem e se tornarem os seres incríveis que estão destinados a ser. Perdoem os outros e a si mesmos e sigam em frente. A vida é curta e é um jogo. Mas esse jogo da vida não é para ser *vencido*; é apenas um jogo de autoaperfeiçoamento.

Os leoninos são poderosos por natureza, mas, se forem inseguros, é mais provável que se tornem obcecados consigo mesmos e tenham pouco interesse em construir algo além de um exército de fãs bajuladores. O canceriano não é do tipo que finge afeto por alguém por muito tempo, especialmente se o leonino for muito presunçoso ou arrogante. O canceriano só suportará a obsessão do parceiro com ele mesmo se este estiver cuidando dele em algum nível. Então, se essa tendência irritante proporcionar uma casa enorme, roupas escolhidas por um *stylist* de acordo com a estação e sua própria caverna com fechaduras nas portas, ele permanecerá no relacionamento, mas por questões de segurança e conveniência.

Tudo isso é anulado se o canceriano tiver posicionamentos fortes em Aquário ou Leão. Nesse caso, nada poderá comprar sua liberdade. A não ser que o leonino se torne o ser generoso, confiante e amoroso que nasceu para ser, o canceriano se afastará para o castelo de areia mais próximo e esperará que a maré o leve para longe, deixando o leonino lambendo as feridas do orgulho, rugindo para quem estiver disposto a ouvir.

ALCANÇANDO O NIRVANA

A maioria dos leoninos e cancerianos tem um ótimo senso de humor, e, como casal, eles vão precisar disso para superar egos e orgulhos enormes que ambos possuem. Rir da vida juntos é o melhor caminho. Nesse humor reside grande sabedoria, pois tudo é impermanente e toda dor é transitória, assim como todo prazer; então, não leve nada muito a sério. Com sinceridade? Sim. Mas nunca com muita seriedade.

Esses dois estão aqui para servir, como todos nós, mas ambos devem superar o hábito de servir apenas a si mesmos e àqueles que amam. Por isso, praticar meditação, encontrar um professor autêntico e estudar a mente superior serão coisas importantes. Se assim fizerem, juntos, serão capazes de dar passos em direção ao progresso. Todos nós precisamos de orientação neste mundo de ilusão, e caminhar de mãos dadas com uma alma gêmea é uma verdadeira bênção.

Notas Amorosas

Se você é um leonino que ama um canceriano, pense no seguinte:

- Você leva para o lado pessoal quando seu canceriano precisa de espaço? Se sim, pare com isso!
- Vocês riem juntos com frequência? É importante ter uma vida bem-humorada.
- Você ouve seu parceiro e percebe as necessidades dele? E ele as suas?

Notas Amorosas

Se você é um canceriano que ama um leonino, pense no seguinte:

- Você critica seu parceiro? Se sim, experimente o amor incondicional em vez disso.
- Você consegue expressar seus sentimentos sem ficar na defensiva?
- Você sabe como ou quando curar sua energia?

Leão — Escorpião

REGIDOS PELO SOL E POR MARTE/PLUTÃO

Um leão e um escorpião — isso parece divertido!... disse ninguém, nunca.

Esse casal vem com um sinal de advertência. Eles são mais compatíveis quando o leonino é o mais masculino do casal e o escorpiano se inclina para uma vibração feminina. Dessa forma, o poder flui igualmente entre o yin e o yang e nenhum dos dois se sente ameaçado, o que pode levar ao tipo de caos terreno que envia ondas de choque até o *habitat* do escorpiano, o submundo.

O leonino em geral assume a liderança nesse relacionamento, enquanto o escorpiano prefere afirmar seu poder de maneira mais discreta. Ele prefere estar no controle financeiro, mas dinheiro em geral não é problema para um leonino apaixonado, que é mais descontraído e generoso com o escorpiano do que com pessoas de qualquer outro signo. O leonino fica hipnotizado pelo carisma do escorpiano, que é bastante diferente de seus próprios encantos.

Esse relacionamento demanda muito trabalho. (Mas não é sempre assim?) Paciência, compreensão e tolerância mútua devem fluir livremente, porque os dois são *muito* diferentes entre si. No entanto, uma afinidade sempre presente, tão presente quanto a química sexual deles, é o controle — ambos precisam dele. Isso pode levar a brigas intensas, infidelidade e batalhas por supremacia. Ninguém jamais saberá quem vence essas brigas porque esses dois têm interpretações muito diferentes do que é a vitória. O leonino fica orgulhoso sabendo que estava certo e até se gaba de sua conquista por onde vai. Enquanto isso, o escorpiano já fechou as contas conjuntas, trocou as fechaduras e os números de telefone e arrumou as malas. Tudo o que falta é a lápide marcando a duração do relacionamento.

Como o leonino na maioria das vezes não consegue segurar a língua, o escorpiano em geral sabe o que está por vir, o que está na cabeça do parceiro, o que o irrita, e assim por diante. Em contrapartida, o escorpiano é um assassino silencioso, treinado na guerra emocional. Pode tentar esclarecer mal-entendidos e se comunicar, até certo ponto. Mas, quando uma certa linha é ultrapassada, ele se retira e nada o trará de volta. Esse comportamento incomoda demais o leonino, que protesta dizendo que não percebeu que isso estava para acontecer — mas percebeu, sim, e simplesmente optou por ignorar os sinais de alerta. Diz aos seus amigos e seguidores que achava que seu escorpiano estava apenas mais calado que o normal no último dia, na última semana, no último mês ou no último ano, mas este *é* o sinal de alerta: primeiro vem o silêncio mortal, quando o escorpiano deixa o leonino emocionalmente e, depois, mais tarde, também fisicamente. E se ele algum dia ficar sabendo que o leonino estava falando dele fora da santidade do divã do terapeuta (o leonino precisará de um terapeuta junguiano neste relacionamento), o leonino pode se preparar para um ataque de vingança. Pode levar uma vida inteira, mas ele virá.

Mesmo quando estiverem juntos, o escorpiano manterá um alfinete à mão para estourar o ego inflado de seu leonino, o que pode ajudar o leonino a crescer, mas estará longe de ser algo confortável. Da sua parte, o escorpiano deve constantemente revisar sua motivação, porque o karma é ágil. Com esse poder, como agente de mudança, ele deve ter motivações honrosas impulsionando suas ações. Caso contrário, o universo tomará medidas para silenciá-lo em algum momento, removendo todo o seu potencial de prejudicar os outros e tornando-o impotente — um destino pior do que a morte para os escorpianos.

AMOR E RESPEITO

Leoninos e escorpianos evoluídos são os mais devotos e leais entre todos os signos, o que os faz se apaixonarem em um nível completamente diferente. O Leão, quando está fluindo, é o mais nobre dos signos, tendo integridade e um senso de lealdade inspirador. O leonino não tolera idiotices, joguinhos ou desrespeito, e, se olha nos olhos do escorpiano e vê a mesma bússola moral e os mesmos desejos íntimos, ele fará o relacionamento funcionar. Quando o leonino lhe entrega seu coração, é como se o sol caminhasse ao seu lado todos os dias da sua vida. Da mesma maneira, quando um escorpiano vê sua devoção, força e poder retribuídos, ele oferecerá uma empatia e respeito que domina e derrete o coração até do leão mais feroz. Sexo é uma coisa, mas amor puro unido à admiração e bondade amorosa surpreende profundamente o escorpiano.

ALCANÇANDO O NIRVANA

Para que esse amor perdure, a honestidade deve prevalecer. O escorpiano deve ser corajoso o suficiente para confrontar o leonino sobre qualquer comportamento com empatia (nenhum signo tem mais empatia que Escorpião) e comunicação. Se o leonino tiver um temperamento explosivo ou a língua afiada, ele vai matar esse amor e seu potencial — e eles talvez até matem um ao outro. O escorpiano deve tentar usar formas criativas de autoexpressão, como arte, música, poesia e sensualidade. Entender um ao outro demanda tempo. O leonino deve aprender a ficar quieto e ler as situações com calma. O escorpiano deve progredir além da sua mentalidade básica de olho por olho, tanto no amor quanto na vida. Quando ambos perdoam e igualam a devoção do outro, tudo vai bem. A lealdade manterá esses dois juntos. Quebrar a confiança não é uma opção.

É melhor que procurem refúgio em uma visão superior para que possam elevar sua consciência e ter um impacto positivo nesta vida. Meditação, oração e formas de comunicação terapêutica ajudarão esse casal a crescer e permanecer unido.

Notas Amorosas

Se você é um leonino que ama um escorpiano, pense no seguinte:

- Você escuta seu parceiro? Você consegue entender as emoções dele?
- Você é emocionalmente inteligente? Se não for, peça ajuda ao seu parceiro para aprender.
- O que o orgulho significa para você? Com que frequência ele se esconde por trás de suas palavras ou reações?
- Você acredita em reencarnação? O que isso significa para você e para este relacionamento?

Notas Amorosas

Se você é um escorpiano que ama um leonino, pense no seguinte:

- Seu parceiro desperta sua empatia? Você é paciente com ele?
- Quando você se sente amado, o que muda em você? Agora, pense em dar amor sem expectativas e agarre-se a isso.
- Você sofre com questões de apego? Se sim, tente contemplar a impermanência. Anote pelo menos um ou dois exemplos ou revelações todos os dias durante uma semana e veja como essas mudanças começam a se enraizar em sua psique. Logo perceberá o que realmente importa e o que não importa tanto.

Leão — Peixes
REGIDOS PELO SOL E POR JÚPITER/NETUNO

Imagine um leão forte e belo brincando casualmente com um peixe, que se movimenta para dentro e para fora das garras do leão enquanto ele pondera se deve comê-lo inteiro ou devolvê-lo vivo ao rio. Então vem a reviravolta: o peixe abre sua boca que não parecia grande e revela fileiras de dentes afiados que abocanham as patas do leão. O leão solta um rugido poderoso e puxa as patas para trás, dando ao peixe sua liberdade tão estimada, e ele nada para longe. A moral da história é que os piscianos não são apenas submissos e mártires, então não os subestime. Eles podem levar mais tempo para reagir do que um leonino de pavio curto, mas revidam quando se sentem ameaçados. E mesmo que o leonino seja o rei da selva, ele não tem autoridade sobre os oceanos. Ninguém governa os piscianos, nem mesmo Netuno. Este peixe só será pego se, ou quando, sentir vontade, e, mesmo assim, sempre tem a opção de escapar de qualquer rede e desaparecer na vastidão do oceano. Ele precisa de paz!

Dito isso, os leoninos ficam completamente fascinados pela magnífica criatura, brilhando com uma sabedoria etérea, que é um pisciano. Um pisciano, quando está fluindo, existe humildemente, como um verdadeiro artesão, e é a personificação da graça, gentil, forte e pronto para dar ao leonino a sincera adoração e admiração que esse felino precisa — mas apenas se lhe for dado bastante espaço para recuar e "ser ele mesmo" também.

Essa união, quando funciona bem, é maravilhosa. O leonino é majestoso e nobre, o que lhe confere um ar de desapego tranquilo que o pisciano acha cativante e também complementar ao seu próprio estilo de vida e de amar. Um felino que compartilha demais, que é obcecado consigo mesmo e inseguro não é a verdadeira manifestação do signo de Leão, então apague isso da sua mente; eles são os usurpadores do trono.

LIMITES

Os piscianos estão na Terra para compartilhar conosco sua imaginação, criatividade, arte e capacidade de cura dadas pelas estrelas, mas seu único propósito envolve compreender limites, assim como seu signo oposto, Virgem, embora este último tenha muitos limites e seja propenso a ser rígido. Os piscianos muitas vezes carecem de consistência e perseverança, mas isso pode ser superado por uma Lua, ascendente ou outro planeta importante em um signo de terra em seus mapas astrais. Os piscianos de terra têm mais condições de criar uma vida estável, repleta de profundidade e significado. Eles precisam de rotina e estrutura para alcançar isso, e o leonino pode lhes ajudar nesse processo.

Os leoninos em geral dominaram os limites, mas esses limites também devem incluir compaixão e bondade, ou os leoninos podem desenvolver superioridade e irritação em relação ao pisciano, o que resulta em sentimentos feridos para os dois.

ALCANÇANDO O NIRVANA

Tenho amigos queridos nascidos sob os signos de Leão e Peixes que estão felizes, casados há muitas luas. O segredo parece ser o amor compassivo, ainda assim, o leonino tem limites muito fortes que mantêm o pisciano não apenas sob controle, mas também encantado. Os piscianos precisam que tudo seja real, e isso inclui o amor. E, mesmo que os leoninos tenham deficiências em outras áreas, quando entregam seu coração a um parceiro, é real.

Em todas as uniões, a crença em algo além de uma única existência é útil. Isso nos impulsiona a olhar além da satisfação imediata e mais para um futuro a longo prazo. Resolver problemas juntos dá uma base sólida a esses dois, servir a uma causa de caridade e nobre lhes dá um propósito maior do que o da parceria, e explorar os terrenos naturais dos mares como mergulhadores ou navegantes, ou aventurar-se juntos em selvas, pode proporcionar aventuras que mantêm o relacionamento sempre renovado e empolgante.

Notas Amorosas

Se você é um leonino que ama um pisciano, pense no seguinte:

- Você por acaso costuma assumir uma atitude de superioridade? Se sim, tente agir com empatia e compaixão em vez disso.
- O que você ama em seu parceiro? Mantenha sempre essa lista em mente.
- Vocês embarcam em aventuras juntos? Se sim, ótimo! Se não, planejem alguma.
- A sensibilidade de seu parceiro o irrita? Se sim, por quê?

Notas Amorosas

Se você é um pisciano que ama um leonino, pense no seguinte:

- Você se faz de vítima em alguma ocasião?
- Você às vezes age de forma escorregadia ou desonesta? Se sim, trabalhe essa questão. Se não, bom trabalho.
- Você tem interesses fora do relacionamento? Se não, reserve um tempo para descobrir algo que chame sua atenção. Se tiver, continue assim!
- Você medita? Se não, aprenda, pois isso o ajudará a se sintonizar com sua intuição e mente superior.

Combinações de Signos de Fogo e Terra

Áries — Touro

REGIDOS POR MARTE E VÊNUS/GAIA

O ariano e o taurino em geral ficam contentes de viver no mesmo campo e compartilhar tudo o que a Mãe Natureza tem a oferecer. Só que, por mais tranquilo que o taurino goste de achar que é, ele não gosta de dividir nada. Preferiria que o ariano tivesse seu próprio campo e talvez o visitasse nos finais de semana. Pelo bem do amor, ele cede — até o ariano ir longe demais ou tentar pressioná-lo a mudar. O ariano tentará com toda sua força e atrevimento empurrar o taurino, ou fazer cálculos que garantam que ele consiga o que quer, mas o taurino entretido continua ruminando e não é persuadido a ceder nem um centímetro, o que leva o ariano aos limites de sua sanidade. Esse tipo de cenário se repete regularmente com arianos e taurinos, embora não adiante nada. O ariano fica momentaneamente frustrado por não conseguir o que quer, mas continuará essa dança enlouquecedora para sempre, assim como o karma que os uniu. Isso também se aplica se a pessoa tiver Lua, Marte ou ascendente em Touro (talvez em outro planeta também) em seu mapa astral. Não é possível obrigá-la a fazer algo que não queira. E mesmo que o ariano consiga uma pequena vitória, por concessão do taurino, o ressentimento e a oposição muitas vezes estarão fervilhando embaixo do belo rosto desse último.

Eu já disse que os taurinos costumam ser bem bonitos, sendo regidos por Vênus? Se uma pessoa tem Marte em Touro, ela tem uma energia atraente, até mesmo bela. O ascendente em Touro em geral lhe concede um rosto que irradia a luz de Vênus.

Esses dois podem se amar de maneiras que sirvam a ambos os parceiros e aos seus eus superiores, mas a aceitação sem críticas ou manipulação sempre deve estar presente.

EMPREENDIMENTO CONJUNTO

Os arianos são foguetes dinâmicos que resolvem as coisas, muitas vezes contra todas as probabilidades. Os taurinos também resolvem as coisas, mas levam muito mais tempo e não têm tanto senso de urgência.

A tendência do ariano de ser mandão é amenizada por uma Lua, ascendente, Vênus ou Marte em Touro em seu mapa astral. Nesse caso, o relacionamento tem todas as chances de se tornar incrível, em que o dar e receber em igual medida pode (e deve) ocorrer. O ariano não consegue deixar de ser exigente ou mandão, e se não for do tipo que assume o controle, isso significa que tem a Lua, Marte ou ascendente em Peixes para acalmá-lo.

Os arianos são empolgados por natureza, e os taurinos adoram essa característica deles. O taurino é extremamente inovador de um jeito que desafia a interpretação convencional de "criativo", e o ariano reconhece uma boa ideia quando a vê. Quando os dois se unem, podem realizar muitas coisas. O ariano é empreendedor e pode transformar ideias em oportunidades, e os taurinos gostam demais disso. Enxergam diretamente o coração puro de seu amado e estarão ao seu lado muito tempo depois que o ariano tiver destruído todas as outras pontes.

Um taurino e um ariano têm o potencial de construir uma vida maravilhosa juntos, quando o taurino ocasionalmente cede e o ariano percebe que dois pontos de vista e duas perspectivas são melhores do que um.

O taurino em geral fica encantado com o dinamismo do parceiro e pode, no fundo, temer que o ariano fique entediado, o que não acontecerá se o taurino permanecer firme em seu próprio senso de identidade, mas aberto a fazer sacrifícios e concessões em prol do relacionamento.

Para o ariano, a chama do romance arde brilhante e rápida, mas raramente dura — até que ele conheça um taurino, que o encanta com a forma pragmática e engenhosa de abordar o amor e a vida. Ele pode não ter gestos grandiosos, mas, quando ama, ama com todo o seu coração. Para ele, trata-se de demonstrações humildes e íntimas de afeto. Por isso, o ariano permanecerá ligado ao taurino por toda a eternidade, e em troca, o taurino fornecerá ao ariano apoio, amor e encorajamento que o farão se sentir seguro o suficiente para crescer e ter êxito.

ALCANÇANDO O NIRVANA

Compaixão e empatia um pelo outro os ajudarão a crescer e a se tornarem o tipo de pessoa que estavam destinados a ser. Isso significa que o ariano precisa aprender que o taurino é de um signo fixo e em geral não pode, ou não quer, ser controlado. Ele também vê o que está por trás das tentativas de controle e coerção. Por isso, é muito mais sábio plantar sementes de sugestão e nutri-las com paciência até florescerem.

O taurino precisa ser paciente com seu parceiro impetuoso e evitar ser teimoso por simples rebeldia. Honestidade e comunicação são vitais.

Uma vida saudável, exercícios e a busca pelo meio-termo ajudarão os dois a se aproximarem, assim como a consideração um pelo outro. Meditação é útil para ambos, assim como consciência de si mesmos e aceitação sem culpa. A bondade amorosa faz toda a diferença.

O taurino precisa de paz, rotina e estabilidade, enquanto o ariano gosta de estar no mundo, avançando. Quando cada um cede um pouquinho, eles podem alcançar o que ambos precisam — uma horta para o taurino e um salão de festas para o ariano.

Notas Amorosas

Se você é um ariano que ama um taurino, pense no seguinte:

- Você insiste para que as coisas sejam feitas do seu jeito? Se sim, pense em como vocês podem chegar a um acordo.
- Com base nas suas próprias ideias de como esse relacionamento deveria ser, você acha que é calculista?
- Você consegue desacelerar e aceitar seu magnífico eu ao mesmo tempo que aceita suas falhas?
- Você critica seu parceiro? Se sim, pare agora. Isso cria ressentimentos, que desestabilizam os fundamentos da união. Tente fazer sugestões positivas em vez disso.
- O que deixa você feliz nesse relacionamento?

Notas Amorosas

Se você é um taurino que ama um ariano, pense no seguinte:

- Você é capaz de fazer concessões para seu parceiro? Como seria isso?
- Você consegue se colocar no lugar de seu ariano?
- Você tem ideias que poderia desenvolver com seu parceiro?
- Você oferece seu apoio ao seu parceiro?

Áries — Virgem
REGIDOS POR MARTE E MERCÚRIO/QUÍRON

O ariano e o virginiano combinam-se surpreendentemente bem em muitos aspectos, mas, em outros, pertencem obviamente a planetas completamente diferentes. A maioria das pessoas não sabe que os arianos são inocentes e ingênuos e permanecem otimistas acerca da vida e da humanidade, não importa a idade ou as dificuldades experienciadas na vida. Os virginianos acham isso encantador, sobretudo porque também possuem uma franqueza juvenil.

É claro, tudo isso é verdade apenas quando os dois são evoluídos (ou estão evoluindo), no fluxo positivo de seus signos, e não permitiram que a desilusão endurecesse seus corações ou que o cinismo se enraizasse.

A combinação química deles pode muito bem se transformar em algo incrível, e se derem a esta relação tempo suficiente, o respeito mútuo crescerá à medida que ambos reconhecerem um espírito afim, outro ser que deseja que toda a humanidade seja tão direta e franca em seus diálogos quanto eles são. A vida seria muito mais fácil! Em geral não há segundas intenções ou batalhas secretas pelo poder, o que torna o relacionamento harmonioso e menos desafiador do que qualquer outro que possam ter tentado solidificar e falharam.

ESTABILIDADE

O ariano pode preferir algo mais animador do que seu virginiano sólido e simples, mas se ele estiver de fato pronto para se estabelecer, apreciará muito essa estabilidade. Quanto ao virginiano, ele se deleita com a coragem de seu ariano e o apoiará e incentivará a alcançar coisas incríveis, sem o menor traço de ciúme.

É claro que os dois signos, se não forem evoluídos ou se apenas estiverem tendo um dia, uma semana, um mês ou uma vida ruim, podem resultar em algo completamente diferente. Muitos acreditam que o ariano é o mais forte dos dois, mas o virginiano tem o potencial de dominar completamente o ariano se quiser. Quando não está fluindo, o virginiano é calculista, controlador e crítico, o que, ao longo do tempo, pode apagar até mesmo o brilho do ariano e fazê-lo ficar submisso. Se esse for o caso, o ariano deve trabalhar sua autoestima e empoderamento, o que restaurará o equilíbrio.

ALCANÇANDO O NIRVANA

O virginiano precisa aprender a transformar sua necessidade de perfeição em aceitação e elogiar seu parceiro impetuoso o máximo que puder. Qualquer hábito de criticar ou de focar em minúcias deve ser enfrentado e superado, pois isso corrói o amor que certamente estava presente.

Os arianos devem reconhecer e depois discutir seus sentimentos feridos sem culpar ou ficar com raiva. Enterrar qualquer problema não é a solução, pois o vulcão entrará em erupção, e nem o inferno tem uma fúria como a de um ariano que sente que não está sendo cuidado.

A saúde é de suma importância para todos nós, assim como o propósito, mas ambos são vitais para que o virginiano possa prosperar e oferecer apoio em qualquer parceria. Uma prática espiritual também ajudará esses dois a transcenderem os problemas que possam enfrentar. Juntos, podem começar a construir um forte senso de fé na vida, no universo e em qualquer que seja a percepção deles de Deus.

Notas Amorosas

Se você é um ariano que ama um virginiano, pense no seguinte:

- Você aprecia e elogia seu virginiano?
- Você já se sentiu criticado alguma vez? Se sim, você fala sobre isso?

- O exercício físico faz parte da sua vida? Se sim, ótimo! Se não, experimente estabelecer uma rotina de exercícios por algumas semanas e perceba a mudança no seu nível de felicidade.

Notas Amorosas

Se você é um virginiano que ama um ariano, pense no seguinte:

- O que você ama em seu ariano? Você fala isso a ele?
- Você é perfeccionista? Se sim, como isso se manifesta? E de que maneira isso é útil ou não?
- Você já tentou meditar ou se distanciar das distrações? Se sim, ótimo. Se não, tente. Veja como esses métodos impactam seu parceiro, seus entes queridos e você.

Áries — Capricórnio

REGIDOS POR MARTE E SATURNO

O capricorniano e o ariano compartilharão a mesma pastagem, desde que tenham espaço suficiente para vagar de modo independente (os capricornianos em geral vão mais longe) e não sejam obrigados a ficar um ao lado do outro 24 horas por dia, sete dias por semana. Ah, e os dois já devem ter removido seus chifres; caso contrário, é provável que batam a cabeça um no outro. No entanto, eles também podem criar juntos um sistema eficaz de manejo de pastagens, o que significa que desenvolvem um relacionamento simbiótico benéfico e talvez até lucrativo.

A não ser que os capricornianos tenham uma boa dose de Aquário ou Sagitário no mapa, eles envelhecem antes do tempo e ficam bastante sérios com tudo. Mas mais do que isso, se concentram em seu próprio futuro: o acúmulo de segurança, sucesso e um relacionamento fortuito que ofereça mais do que abraços.

Os arianos são igualmente impulsionados a alcançar a grandeza, mas eles não têm tempo ou paciência para esperar por nada e por ninguém, embora isso mude à medida que vão envelhecendo. Os capricornianos também têm a tendência a se tornarem mais espontâneos à medida que amadurecem, embora muitas vezes já tenham feito seu nome ou fortuna até esse momento e possam se dar ao luxo de preocuparem-se menos. Nesse aspecto, essa parceria pode funcionar muito bem quando os dois parceiros estiverem um pouco mais avançados no caminho.

Se o ariano tiver a Lua em Capricórnio ou outro planeta em um signo de terra na versão completa de seu mapa, isso diminuirá sua impaciência e neutralizará as possíveis explosões e os dramas amadores.

SOCIÁVEIS

Contrariando a opinião popular, os capricornianos não são figuras sombrias e solitárias; na verdade, eles gostam de socializar. Os arianos amam o social. Provavelmente se conheceram num evento ou numa festa na qual, pode-se presumir, o ariano deixou o capricorniano encantado com seu humor, dinamismo e inteligência descontraída. Os capricornianos aproveitarão de bom grado a oportunidade para relaxar e, se estiverem se sentindo seguros ou entre conhecidos, podem fazer brincadeiras brilhantes com o ariano, transmitindo uma energia leve e atraente.

Os arianos ficam maravilhados com a confiança e a força do capricorniano porque são traços que eles desejam ter. Quando os capricornianos se sentem respeitados, eles baixam a guarda e deixam-se levar pela empolgação que os arianos têm a oferecer. Embora os capricornianos transmitam a ideia de serem confiantes e cheios de si, muitos deles estão apenas fingindo. Assim como os cisnes, podem parecer tranquilos na superfície, mas por baixo estão batendo os pés feito loucos. Os arianos, por sua vez, não sentem a necessidade de manter as aparências dessa maneira, a confiança deles, mesmo sendo, em geral, equivocada, é bastante real.

ALCANÇANDO O NIRVANA

Quando um capricorniano está verdadeiramente confortável em sua própria pele, nada pode desestabilizá-lo, nem mesmo um ariano. Quando o ariano desenvolve maturidade, essa união funciona bem, inclusive a longo prazo. Quando o ariano não se sente controlado, ele pode se comprometer e ser fiel, o que é primordial para o capricorniano, que se importa demais com o que os outros pensam para aceitar a infidelidade, a não ser que tenham feito um acordo prévio.

Reconhecer a contribuição única que cada um traz para a união é importante e pequenos gestos ajudarão a manter os corações brandos e afetuosos, evitando, talvez, até mesmo a competitividade. Se os dois conseguirem perceber o quanto podem se preocupar consigo mesmos, eles se esforçarão para crescer e fazer o outro feliz.

Quando o ariano desacelerar e talvez incorporar o *mindfulness*, o relaxamento e as técnicas de respiração em seu dia a dia, ele conseguirá ter harmonia com seu capricorniano e com a própria vida. Quando eles estão presentes no momento, desfrutando do próprio ápice juntos, os dois podem se beneficiar.

Notas Amorosas

Se você é um ariano que ama um capricorniano, pense no seguinte:

- Seu capricorniano sabe se divertir?
- Você sabe quando deve ser verdadeiro?
- Você é capaz de levar em consideração os sentimentos, objetivos e sonhos de seu parceiro? E ele os seus?

Notas Amorosas

Se você é um capricorniano que ama um ariano, pense no seguinte:

- Você consegue equilibrar a necessidade de momentos tranquilos com a animação?
- Você acha que seu parceiro é egoísta? Se sim, você também não é um pouco egoísta? Em muitos casos, é um reflexo.
- Você faz pequenas surpresas para seu parceiro? Se não, tente.

Sagitário — Touro
REGIDOS POR JÚPITER E VÊNUS/GAIA

Esses dois se deleitam em proporcionar medidas iguais de inspiração e prazer (a inspiração é presente de Sagitário e o prazer, de Touro) para os mundos um do outro, os quais são muito diferentes.

Os sagitarianos fascinam os taurinos, independentemente da idade. Muitas vezes são brilhantes e sempre inquisitivos, iluminando todos os nossos dias com sua inteligência única. Para um taurino, eles são simplesmente irresistíveis. Os taurinos querem os sagitarianos e o brilho que vem deles para suas vidas previsíveis.

Em troca, o taurino traz uma estabilidade calma para a mesa, e, a não ser que tenha um planeta problemático em Gêmeos ou Leão, ele é um ser honrado e perspicaz que se orgulha de sua confiabilidade e idoneidade. Os sagitarianos sabem que acertaram em cheio nesse aspecto e encontraram um bom confidente. Isso funciona bem para os laços familiares porque um está preso ao outro pelo karma e são obrigados a resolver suas diferenças, mas no que diz respeito a um amor duradouro, isso exigirá muito trabalho dos dois. O sagitariano precisa estar num momento em que realmente deseje um relacionamento. Touro não é o signo para namorar se você está procurando relacionamentos casuais. O taurino só permanecerá se contemplar um futuro com seu parceiro impetuoso.

Os sagitarianos são generosos e talvez um pouco pródigos, o que é aceitável se eles derem o que de fato pertence a eles e não a outra pessoa. Mas os taurinos valorizam o dinheiro; em geral, trabalham duro para obtê-lo e podem ser um pouco avarentos. Também gostam de conforto material e podem ser momentaneamente comprados, ou apaziguados, por objetos brilhantes — um fato que os sagitarianos usam a seu favor, especialmente quando ofendem o taurino. Isso não quer dizer que os sagitarianos não gostem de dinheiro — eles o adoram —, mas apenas que não têm o mesmo apego a objetos materiais (a não ser que tenham a Lua, o ascendente ou outro planeta em Câncer ou outro signo de água ou tenham tido uma infância instável financeiramente).

Os sagitarianos têm mais sorte do que a maioria, frequentemente têm sucesso em suas empreitadas e atraem sempre mais do que precisam, sobretudo com experiências esclarecedoras em vez de simples ganhos materiais.

ESTÍMULOS

Se o taurino estiver em uma faixa de vibração baixa e for ciumento ou possessivo, o relacionamento não funcionará para o sagitariano, por melhor que seja todo o restante. A não ser que eles tenham constituído família, o sagitariano deixará o parceiro ao primeiro sinal de possessividade ou ressentimento.

O sagitariano, assim como seu companheiro de luta pela liberdade, o aquariano, precisa sentir que sua necessidade intrínseca de liberdade e independência é reconhecida e respeitada. Se o taurino for evoluído, não sofrerá nas mãos do monstro dos ciúmes e recompensará o sagitariano com sua confiança e amor. E os sagitarianos *são* confiáveis, desde que sejam estimulados e desafiados.

O sagitariano ajuda o taurino a abrir a mente para novas possibilidades, e sua sabedoria inata encanta o taurino até o ponto da empolgação. Bem, quase. Os taurinos são mais propensos a levantar uma sobrancelha, mas manter seus cascos firmemente fincados na lama.

O taurino oferece estimulação física e sensualidade, que o sagitariano considera inebriante, e talvez não haja signo tão leal quanto o de Touro, sendo essa uma experiência nova e bem-vinda para um sagitariano.

A combinação do sagitariano mutável e do taurino fixo não tende a produzir um romance meloso, mas, sim, uma interação terrena entre dois amigos diferentes ou dois oponentes poderosos. Se eles, um dia, se tornarem oponentes, o taurino teimoso e constantemente obstinado empurrará o sagitariano até um ponto de onde ele não poderá retornar e de onde não lhe restará outra opção senão lançar as flechas da verdade sobre a dura pele do taurino. O taurino, então, se sentirá obrigado a apontar a hipocrisia que compõe o sagitariano e sua versão mutável de verdade e integridade. Assim, a dança continuará sem que nenhum dos dois saia ileso.

ALCANÇANDO O NIRVANA

Para despertar o potencial dessa união, o diálogo é fundamental. O sagitariano precisa ter cuidado com a forma como expressa as duras verdades e deve fazê-lo no momento certo (talvez após o jantar), e o taurino deve deixar para trás histórias fracassadas de relacionamentos passados, aprender a confiar e agir com o coração aberto. Uma atitude de dar e receber é necessária. O equilíbrio deixará que essa parceria tenha sucesso, assim como o estudo da espiritualidade e da natureza da impermanência, que ajudará o taurino a superar seus desejos materialistas e colaborará para frear a busca incessante do sagitariano por algo além do que ele já tem.

Notas Amorosas

Se você é um sagitariano que ama um taurino, pense no seguinte:

- Você é paciente com seu parceiro?
- Você é fiel? Se sim, isso é uma base sólida para a longevidade do relacionamento porque os taurinos precisam de fidelidade. Se não, pergunte a si mesmo por quê.
- O que você ama em seu taurino?

Notas Amorosas

Se você é um taurino que ama um sagitariano, pense no seguinte:

- Você é uma pessoa que confia nos outros? Se sim, excelente. Se não, por quê?
- Você pratica a lei da gratidão?
- Você é grato pelas contribuições de seu parceiro para sua vida?

Sagitário — Virgem

REGIDOS POR JÚPITER E MERCÚRIO/QUÍRON

Essa combinação funcionará bem se tanto o sagitariano quanto o virginiano forem devidamente educados e irradiarem inteligência. No que diz respeito ao virginiano, ninguém tem desculpa para ser ignorante na era de hoje com o avanço da informação, o que significa que, se as opiniões do sagitariano (ou de qualquer outra pessoa) forem embasadas de maneira superficial, o virginiano lamberá os lábios e disparará chamas de verdades nuas, que atingem até os ossos — exceto os do sagitariano, que tem uma pele à prova de fogo.

A atração costuma começar como um encontro de duas mentes e só se torna física se os dois julgarem ser igualmente inteligentes na arena do debate verbal. Embora o sagitariano em geral esteja disposto a vivenciar algo íntimo mais cedo, o virginiano tende a fazê-lo esperar. Felizmente, os sagitarianos gostam de um desafio; então, eles esperam e cortejam, usando quaisquer recursos que tenham. Isso é anulado se o sagitariano tiver a Lua em Câncer ou outros signos de água na versão completa de seu mapa astral; nesse caso, ele é mais defensivo e é menos provável que tenha a força de espírito ou a resistência necessária para superar a multidão de respostas inteligentes enviadas pelo virginiano. No entanto, sem dúvida, o virginiano fica encantado e intrigado pelo fato de sua língua afiada e suas verdades duras, além de não serem eficazes para ferir o sagitariano astuto, também serem respondidas em igual medida.

Para o observador casual, especialmente cancerianos, piscianos ou escorpianos, essa batalha linguística é brutal, mas para o sagitariano e o virginiano, é um jogo amoroso. Finalmente encontraram seu par: um parceiro que não se ofende facilmente nem reage com uma raiva orgulhosa. Mesmo que seja improvável que o virginiano admita isso, o sagitariano reconhece a compatibilidade, fica hipnotizado e determina-se a guardar seu arco e flecha e dar uma chance a esse relacionamento. O problema é que os sagitarianos se entediam, podem ser preguiçosos emocionalmente e não serem fiéis, o que é um ponto de ruptura para os virginianos, que demandam dedicação total e seriedade.

Os sagitarianos têm opiniões fortes, mas nem sempre pesquisam os fatos, a não ser que tenham sido prejudicados publicamente ou sejam do tipo acadêmico; no entanto, mesmo esses são predispostos a não ter inteligência emocional e tato. Os virginianos entendem isso num nível profundo, porque podem ser iguaizinhos no departamento de falta de tato, embora em geral tendem a analisar demais e se sentirem mal depois de dizer o que queriam dizer. Ao contrário de seu par, eles se preocupam em não magoar os outros com seus comentários afiados. Também preferem pesquisar os assuntos usando várias fontes porque têm medo do escuro; e não gostam disso. O sagitariano, por sua vez, não se sente mal com nada (a não ser que tenha planetas compassivos ou emocionais em seu mapa). Nativo do signo mais destemido ou imprudente, ele aceita tanto a luz quanto a escuridão se houver potencial para pontuar em seu jogo da vida. Emoção e aventura valem o dobro de pontos.

DESTRUIDORES DE MENTIRAS

Nenhum dos outros signos poderia verdadeiramente deter o título de "destruidor de mentiras", embora os sagitarianos (assim como seu signo oposto, Gêmeos) sejam conhecidos por ocasionalmente contornar ou distorcer a verdade se ela atrapalhar uma boa história ou se mostrar muito inconveniente do ponto de vista pessoal. Os virginianos em geral veem a sua versão da verdade de maneira muito clara. Mas existem áreas cinzentas, e o simples fato de algumas pessoas serem mais criativas ou econômicas com a verdade não significa que sejam mentirosas. Contudo, tente dizer isso a um virginiano. Eles são inflexíveis nesse aspecto, e, se considerarem que alguém não é totalmente sincero, vão ignorar cada palavra dessa pessoa. Se acabarem numa situação em que não possam ser 100% honestos, talvez para poupar os sentimentos de alguém, por exemplo, apresentam para si mesmos uma montanha-russa de justificativas. É por isso que o sagitariano pode ajudá-los, pode ensiná-los a rir de si mesmos. É exatamente disso que eles precisam.

Os dois, quando estão fluindo, são pessoas honestas, lógicas e boas, que não têm interesse em ferir ou controlar ninguém. Os virginianos têm má reputação por controlar as coisas de maneira obsessiva, mas esse controle em geral se refere apenas ao seu próprio ambiente e é principalmente em razão de seus próprios medos e inseguranças, os quais os sagitarianos perfuram numa fração de segundo, quase nunca dando a eles qualquer atenção e muito menos se ofendendo.

Os sagitarianos têm uma aptidão incomum para proferir verdades e palavras de sabedoria e depois seguir logo para o próximo assunto. O virginiano, quando está fluindo, não deixa passar nada, ao ponto de revisar interações inteiras em sua mente, de modo obsessivo, muito tempo depois que tudo passou. E este é o ponto: os virginianos devem aprender a deixar de lado o medo e a estar presentes no momento, o que contraria a neurose e a ansiedade das quais virginianos não treinados são propensos a sofrer. E os sagitarianos — ora, eles são profetas, e grande parte de sua sabedoria vem do cosmos e raramente é revisitada. Por esses motivos, os dois parceiros têm muito a aprender e ganhar um com o outro. O sagitariano precisa se tornar mais atento ao que diz e quando diz, e o virginiano precisa abandonar o impulso de controlar as interações; precisa ainda abrir o coração e a mente para o momento presente, que é tudo o que realmente temos.

ALCANÇANDO O NIRVANA

O sagitariano tranquiliza seu virginiano para que se preocupe menos com insignificâncias, encorajando-o, em vez disso, a abraçar a liberdade encontrada em aproveitar o momento e seguir em frente.

O virginiano em determinado momento revela seu coração puro ao sagitariano, que promete cuidar dele e protegê-lo para sempre. Nenhum deles provavelmente foi rotulado como "doce" por qualquer outro amigo ou companheiro, mas é exatamente isso que, juntos, eles são. Essa combinação tem o potencial de extrair o néctar, transformando limões azedos numa limonada açucarada que conforta os dois e resulta numa aceitação tranquila. Com a verdade nua, paciência e bondade amorosa, essa combinação pode se desenrolar por muitas vidas.

Notas Amorosas

Se você é um sagitariano que ama um virginiano, pense no seguinte:

- Você vê o que está por trás das palavras duras de seu parceiro até a suavidade do âmago dele?
- Você ajuda seu parceiro a se desligar?
- Você é tão verdadeiro quanto dizem? Consigo mesmo? Com os outros?

Notas Amorosas

Se você é um virginiano que ama um sagitariano, pense no seguinte:

- Você é duro com seu parceiro? Consigo mesmo? Se sim, reflita sobre o motivo e tente ser mais gentil.
- Você confia em si mesmo?
- Quais são seus maiores medos? Agora, considere que tudo é impermanente e resista a eles.

Sagitário — Capricórnio
REGIDOS POR JÚPITER E SATURNO

Quando se trata de uma união entre o sagitariano e o capricorniano, é possível supor, erroneamente, que o sagitariano sairá por cima, atingirá o velho capricorniano com sua flecha em chamas ou com o arco do cupido, dependendo do humor no dia e, então, levantará as mãos, declarando-se o vencedor. Mas os capricornianos são tão espertos quanto os taurinos. Só que eles são bem mais astutos e reservados.

Os sagitarianos não têm uma gota de astúcia; se orgulham de serem livros abertos e se perguntam por que todos os outros não podem ser tão honestos, diretos e sem rodeios. Na verdade, eles são muito mais complexos, especialmente se tiverem Lua, Marte ou Vênus no signo vizinho de Escorpião; nesse caso, *desejam* que as coisas sejam tão simples assim.

Se o capricorniano tiver planetas em signos de fogo em seu mapa, será mais fácil para esses dois formarem e sustentarem uma união. É improvável que essa combinação comece como um encontro de mentes superiores — ela é mais básica e física. Haverá muita paixão e, se forem compatíveis sexualmente (os sagitarianos gostam de um sexo intenso), o sagitariano provavelmente se esforçará mais. Mas se forem com calma, dando espaço (sagitariano) e respeito (capricorniano) um ao outro, eles têm a chance de construir algo incrível.

Nenhum dos dois é particularmente criativo por natureza, por isso, são ávidos por inspiração. Os sagitarianos muitas vezes *transbordam* de inspiração. Têm um entusiasmo e um ardor pela vida e recebem com alegria cada novo dia, o que é rejuvenescedor para os capricornianos, que se empolgam com esse tipo de animação. Claro, existem sagitarianos que não sabem como acessar essa energia, cortesia de seu chefe, Júpiter. Eles deveriam sair para explorar ou fazer trilhas com o capricorniano, passando mais tempo brincando na natureza, longe das preocupações do mundo, talvez sentados tranquilamente no topo de uma montanha. Isso deve resolver o problema.

O capricorniano, quando não está fluindo bem, pode sugar o chi das pessoas, como um vampiro que suga a energia (um traço que compartilha com o signo oposto, Câncer, e com Escorpião).

ASPIRAÇÃO

Essa união traz para os dois aquilo que de fato, por natureza, desejam possuir. O capricorniano fica fascinado e com uma invejinha do sagitariano, com seu espírito livre e amante de aventuras, e o sagitariano — ora, ele gosta dos fortes valores morais aos quais aspira, e, se tiver uma boa dose de Capricórnio no mapa, provavelmente manterá padrões à altura dos de um capricorniano — por outro lado, se tiver a Lua em Gêmeos ou Leão, a aspiração pode ser tudo o que conquistará. De qualquer modo, ambos têm poucas chances se não estiverem comprometidos com o aprimoramento de si mesmos e não perceberem o quão árida pode ser uma vida agitada. A não ser que, é claro, se apaixonem, se regozijem em suas diferenças e invistam em fazer um ao outro feliz.

ALCANÇANDO O NIRVANA

Os dois amam aprender, e os capricornianos gostam de ser professores. A sabedoria do sagitariano é mais esporádica, com momentos de profecia entrelaçados ao puro mundanismo. Encontrar um professor autêntico e um caminho para explorar o funcionamento do cérebro os ajudará a progredir como estudantes da vida. Ambos podem buscar ter poder sobre o outro, por isso, a igualdade é importante para que evitem o ressentimento e dialoguem com o coração aberto.

O fato é que os dois têm muito a ganhar um com o outro, e, embora essa parceria tenha o potencial de dar certo, exigirá tempo e muita tolerância. A simples paciência não será suficiente. A bondade e a compaixão lhes permitirão reconhecer a vulnerabilidade por trás de uma aparência dura, abrindo acesso a um novo nível de compreensão e amor verdadeiro.

Notas Amorosas

Se você é um sagitariano que ama um capricorniano, pense no seguinte:

- Vocês compartilham valores semelhantes? Pense nisso e faça uma lista desses valores. Talvez, juntos.
- Você consegue mesclar seu otimismo com a cautela de seu capricorniano?
- Você está pronto para esse compromisso? Qual é a sua percepção disso?

Notas Amorosas

Se você é um capricorniano que ama um sagitariano, pense no seguinte:

- Você se considera pessimista? Você esconde isso por trás da sua percepção da realidade? Reflita sobre isso.
- Tente ser positivo por metade do dia e observe como se sente.
- Se você não acha que é pessimista, você atrai pessoas que se beneficiariam dessa postura? Se sim, compartilhe-a com elas.
- Você passa algum tempo na natureza? Isso é importante para seu bem-estar; então, torne-o parte da sua rotina e perceba os benefícios.

Leão — Touro

REGIDOS PELO SOL E POR VÊNUS/GAIA

Um majestoso leão e um elegante touro. Certamente, o leão devoraria o touro no café da manhã! Isso pode acontecer na natureza, mas não se engane, este é um embate equilibrado de forças que tem o potencial de despertar paixão e criar um amor totalmente devocional. Se ambos forem evoluídos, esse amor proporciona nutrição emocional e material e uma paixão que os dois parceiros valorizarão.

O taurino, em geral, é um provedor incrível e, contanto que o leonino não seja muito interessado em receber, ficará contente e agradecido, o que significa que o taurino terá o que mais precisa: sentir-se valorizado e estimado.

Os leões são orgulhosos. Isso vale tanto para as feras mais silenciosas e nobres quanto para os tipos mais extravagantes, que demandam e comandam na mesma medida — exceto que nenhuma pessoa inteligente tentaria mandar num touro. Se o leonino não reconhecer isso, certamente acabará lambendo suas feridas. Ele pode lançar o ataque, mas o taurino permanecerá parado estoicamente até que o leão se canse fisicamente. Então o touro lhe dará um golpe com seus chifres, e o leão será derrotado. Se o leonino insistir demais para conseguir o que quer, não terá volta. Por isso, é melhor que o leonino seja cuidadoso e não dê como certo o amor ou a gentileza do taurino. O leonino também é generoso até demais e de coração tão aberto que aquece os corações até dos seres mais frios, mas sua necessidade de reconhecimento e elogios pode irritar o taurino humilde.

Esse parece ser um trabalho árduo, certo? Com esses dois, muitas vezes é. Os taurinos gostam de desafios — na verdade, eles os enfrentam. Domar um leão pode ser algo que não estava na lista de afazeres deles; e podem reclamar ou hesitar para aceitar o desafio, mas, se o fizerem, ficarão totalmente comprometidos e o leonino ronronará de prazer com a atenção.

Se o taurino tiver a Lua ou o ascendente em Leão e o leonino tiver a Lua ou o ascendente em Touro, essa parceria pode entrar em harmonia mais rápido do que descrevi, mas mesmo assim haverá tensão e atrito até que tenham tido a chance de testar os limites um do outro e decidir que desejam torná-la permanente.

ADMIRAÇÃO

Os taurinos valorizam o carinho e a sensualidade, e os leoninos anseiam por admiração e atenção, mas, no caminho, eles podem conseguir conciliar seus interesses de modo que as necessidades de ambos sejam atendidas. Até alcançarem sua própria versão da Suíça neutra; no entanto, pode haver uma luta constante. Quanto mais o leonino demanda, mais oposição e teimosia encontra, e o número de vezes que pode conseguir resolver as coisas com beijos e carícias é limitado.

Não há nada que o leonino goste mais do que uma boa discussão que se transforma num encontro apaixonado, mas os taurinos acabam se cansando dessa dinâmica e vão tirar as garras de seu leão do pescoço e seguirão em direção à porta em busca de paz.

ALCANÇANDO O NIRVANA

Taurinos e leoninos podem ser materialistas, e isso não será bom para eles em relacionamentos a longo prazo, a não ser que o dinheiro seja infinito e os bens materiais continuem crescendo. Os leoninos são, às vezes, pomposos e extravagantes e os taurinos em geral são um pouco mais astutos com seus recursos, então isso pode ser motivo de discussão. Moderar o apego aos ganhos materiais, assim como retribuir e ajudar os menos afortunados, permitirá que eles vejam quem realmente são, por trás de tudo. Com um propósito maior, esses dois podem enfrentar o mundo e torná-lo um lugar melhor.

A prática regular da meditação também pode ajudar os dois a saírem de seus ciclos de pensamentos.

Notas Amorosas

Se você é um leonino que ama um taurino, pense no seguinte:

- Você provoca seu parceiro para ver as reações dele? Se sim, por quê? Ou é o contrário?
- Liste as coisas boas deste relacionamento.
- Você precisa ser muito elogiado e ter grande reconhecimento? Se sim, você sabe como isso é superficial? Sua alma lhe dará tudo isso e muito mais, se você tirar um tempo para ouvi-la.

Notas Amorosas

Se você é um taurino que ama um leonino, pense no seguinte:

- Você enxerga o coração carinhoso e receptivo de seu leonino por trás da arrogância dele?
- Seu leonino faz tudo parecer mais bonito? Você diz isso a ele?
- Se seu parceiro precisa ser elogiado e reconhecido constantemente, você pode tentar fazê-lo enxergar que precisar menos disso seria melhor para ele?
- Você é teimoso com seu parceiro ou sente ressentimento? Se sim, por quê? E quando?

Leão — Virgem

REGIDOS PELO SOL E POR MERCÚRIO/QUÍRON

Leão e Virgem estão lado a lado no círculo do zodíaco; Leão vem primeiro (é claro!) e depois vem a virgem, que está pronta para servir o monarca.

Bem, até certo ponto. Se essa união durar mais do que um anúncio do Super Bowl, regras precisarão ser estabelecidas. Embora o leonino tente estabelecer essas regras, o virginiano não se deixa controlar por ninguém por muito tempo, não importa quanto o ame.

O leonino pode tentar usar seus encantos felinos e sua astúcia para dobrar o virginiano, mas isso não vai colar a longo prazo. O virginiano é tão brilhante quanto Sirius, a estrela mais brilhante, e o que lhe falta em astúcia é compensado por sua perceptividade. Se o leonino perceber isso, e se o virginiano não se deixar engabelar pelos truques dele e decidir ficar mesmo assim, a magia pode começar.

Mercúrio e Vênus são como a comitiva do Sol, e em qualquer mapa astral nunca estarão mais do que dois signos de distância do astro-rei. O leonino e o virginiano parecem provir de galáxias diferentes e precisarão ter um planeta no signo do outro para estabelecer pontos em comum. Felizmente, quase sempre eles têm. É provável que o leonino tenha planetas em Virgem e que o virginiano tenha a Lua ou pelo menos algum outro planeta em Leão, o que significa que eles são capazes de se entender em vários níveis: mental (conexões de Mercúrio), físico (Marte), espiritual (Lua, Saturno e Nodo Norte), ou talvez todos os três. Se for assim, juntos, podem enfrentar qualquer tempestade que a vida lhes envie.

Se não tiverem planetas ou ascendentes correspondentes, é improvável que tolerem as falhas um do outro por muito tempo, por mais deslumbrante que seja a luz do leonino. O leonino é, ou acredita ser, descendente da realeza, e se um parceiro recebe mais do que ele oferece, ou tem um egocentrismo que rivaliza com o seu próprio, em geral, vai rumo à guilhotina.

Felizmente para o leonino, o virginiano é totalmente dedicado ao serviço e à generosidade, mas, se o leonino for grosseiro, vulgar ou muito vaidoso, os bons momentos logo se desvanecerão. O leonino adora drama e atenção, e, se sentir que foi injustiçado ou que seu orgulho foi ferido, arrastará seu virginiano para todo tipo de batalha. Com o tempo, o virginiano irá embora ou ficará exausto, crítico e até cruel. Será melhor para o leonino evitar isso, trabalhando conscientemente com o coração em vez do ego.

QUANDO AS ESTRELAS SE ALINHAM

Quando os dois parceiros são evoluídos, o leonino se torna protetor de seu virginiano, independentemente de quem tenha a energia mais masculina ou feminina. Ele consegue ver o que a maioria dos parceiros do passado não viu: a honestidade verdadeira e reluzente e o brilho puro de Virgem. O amor de um virginiano pode fazer que qualquer outro desapareça na insignificância. No entanto, se o leonino não for evoluído, trata-se simplesmente de uma encenação, e o virginiano acabará percebendo a abnegação falsa do leonino e verá como ele é maquiavélico, o que literalmente partirá seu coração.

Nenhum parceiro pode curar as feridas do outro como esses dois, e é por isso que ambos precisam caminhar com muito cuidado e respeito, lembrando-se sempre da lei do karma: aquilo que você planta, você colhe.

O leonino é o felino esperto que se esforçará ao máximo para conquistar o virginiano. O leonino também é o felino descolado, que não é o mais fácil de conquistar. Mas quando ele se apaixona, abre o coração, a vida e a conta bancária — sendo esta última a declaração de amor mais importante, na visão dos virginianos. Se o virginiano sentir que o leonino é muito egoísta, porém, isso deve ser abordado com amor e rapidez; caso contrário, ele começará a criticar ou menosprezar o leonino ou negligenciá-lo ao ponto de ele rugir com indignação, e então todos os tipos de rivalidade e maldade podem surgir enquanto eles buscam ganhar poder um sobre o outro.

Uma boa comunicação e corações abertos são essenciais para esses dois, assim como a autoconsciência.

ALCANÇANDO O NIRVANA

Os virginianos tendem a possuir uma energia mental excessivamente nervosa e hesitam em confiar. Se foram feridos gravemente ou traídos no passado, o leonino terá um trabalho árduo pela frente e deverá ser paciente, gentil e generoso.

Se o leonino sofre de inseguranças profundamente enraizadas e age de modo estranho para compensar isso, o virginiano pode ser capaz de ajudá-lo a ganhar confiança de uma maneira mais autêntica, enquanto o leonino ajuda o virginiano a rir e sentir alegria. Se considerarmos o panorama geral, é imprudente esperar que qualquer pessoa nos cure ou nos faça sentir melhor a longo prazo; somente nós mesmos podemos fazer isso com fé numa sabedoria, num ser ou numa energia universal e superior. Quando sabemos que esta vida é apenas uma entre muitas, nossa confiança cresce, reduzindo a urgência de nos apegarmos a coisas que não importam de fato.

A meditação é valiosa para todos nós, mas para o virginiano, esse tipo de treinamento mental é imensamente benéfico. Se o leonino e o virginiano puderem, como casal, praticá-la como parte de uma rotina conjunta, seus apegos serão saudáveis, permitindo que o amor e a confiança floresçam.

Notas Amorosas

Se você é um leonino que ama um virginiano, pense no seguinte:

- Você dá na mesma medida que recebe?
- O que você ama em seu virginiano? Liste os motivos.
- Você tende a ser um pouco egocêntrico?

Notas Amorosas

Se você é um virginiano que ama um leonino, pense no seguinte:

- Vocês riem juntos? Lembre-se de que é importante não levar a vida muito a sério.
- Você é uma pessoa ansiosa? Se sim, já tentou meditar?
- Esse relacionamento está equilibrado? Pense sobre isso e tome medidas para corrigir as coisas se não estiver; caso contrário, você terá problemas no futuro.

Leão — Capricórnio

REGIDOS PELO SOL E POR SATURNO

O capricorniano e o leonino se encontram e vivem felizes para sempre. É assim que deveria ser, e é assim que costuma acontecer. Para eles, essa combinação parece ser celestial (pelo menos para o leonino; o capricorniano em geral está mais interessado em como a combinação vai se desenrolar aqui na Terra) porque eles têm muito em comum. No entanto, é necessário bastante trabalho duro e negociações pragmáticas para saber como exatamente essa união vai se desenrolar. Não parece muito romântico, não é? Mas para os dois, planejar o futuro de forma pragmática é o máximo de romantismo que conseguem atingir nessa situação e devem levar em consideração as necessidades de ambos.

O leonino traz mais raios de sol, diversão e leveza para o mundo de sombras do capricorniano (a não ser que o capricorniano tenha a Lua ou outros planetas em Leão).

O capricorniano traz respeito, *status* e disciplina, que são coisas de que o leonino muitas vezes carece. O leonino também precisa sentir orgulho de seu parceiro, e os capricornianos têm o tipo de conquista que impressiona seus leoninos.

Quando se unem, são capazes de potencializar a força um do outro, influenciando outras pessoas e o mundo. Mas para esses dois sobreviverem, deve haver uma causa comum ou um tema que os impulsione. Não pode ser apenas ter filhos; precisa ser viver uma vida baseada no altruísmo, em vez de simplesmente criar mais leões ou cabritos à sua semelhança. O leonino precisa de um palco mais significativo do que uma sala de estar, mesmo que essa sala esteja em uma mansão luxuosa. Os dois precisam de um panorama geral para permanecerem comprometidos. Dito isso, provavelmente terão filhos porque ambos se preocupam em deixar um legado, mesmo que não estejam cientes disso.

O capricorniano em geral é ambicioso e também pode ser esnobe. Se seu parceiro não tem uma coroa, poder, classe, dinheiro ou posição social, precisará ser famoso, ter a capacidade de fazê-lo parecer bem de alguma maneira ou ter um *potencial* absoluto para a grandeza, no mínimo. O leonino é brilhante o suficiente e, se acabar sob os holofotes em razão de quem seu parceiro é, melhor ainda.

Pode haver lutas pelo domínio quando a situação se acirra. A não ser que o leonino tenha Lua, Marte ou ascendente em Capricórnio, o capricorniano estará no controle na maior parte do tempo.

ALMAS BRILHANTES

Em um nível superficial, a razão pela qual essa combinação pode funcionar bem está no fato de que o capricorniano é extremamente preocupado com a forma como é visto pelos olhos do público (mesmo que não seja famoso). Ser percebido como bem-sucedido muitas vezes é tão importante para ele quanto ser bem-sucedido de fato. Ter um leonino brilhante, deslumbrante e regido pelo Sol ao seu lado faz parte disso.

Essa combinação em geral funciona melhor se o leonino for o centro das atenções quando estão começando a se conhecerem (ou se ficar decidido que será assim) e o capricorniano for quem mantém o barco navegando, traçando o rumo e oferecendo conselhos sábios. O capricorniano talvez precise fornecer apoio financeiro, além de estratégias perspicazes e inteligentes sobre quem deve assumir cada papel, qual é o objetivo comum e como pretendem alcançá-lo.

Se o leonino for uma versão forte e nobre de si mesmo, estará preocupado com uma causa maior, como lutar contra a injustiça ou defender os necessitados, e muitas vezes será inspirado pelo capricorniano a ir ainda mais longe. Se os leoninos não tiverem esse propósito maior, muitos acabam apenas seguindo a correnteza.

ALCANÇANDO O NIRVANA

Os capricornianos e os leoninos tendem a ser egoístas. Tudo se resume ao mesmo problema de baixa vibração de quando não estão tentando ser pessoas melhores. Direi mais uma vez: para que esses dois formem uma parceria duradoura e sobrevivam às tempestades da distração e da inércia, é imperativo que considerem uma visão mais elevada, que tenham uma crença que os livre de si mesmos e de suas próprias necessidades de curto prazo. Por esse motivo, explorar a espiritualidade até encontrar uma versão que ressoe com eles é a melhor maneira de alcançar um amor duradouro. Entregar-se a causas genuínas que sirvam à humanidade e acabem servindo a eles a longo prazo também é benéfico.

Notas Amorosas

Se você é um leonino que ama um capricorniano, pense no seguinte:

- Você tem o desejo de fazer uma contribuição positiva para o mundo?
- O que você ama em seu capricorniano? Você o respeita?
- Você é capaz de dar e receber amor nessa união?

Notas Amorosas

Se você é um capricorniano que ama um leonino, pense no seguinte:

- O que inicialmente chamou sua atenção em seu parceiro?
- Você apoia seu leonino, ajudando-o a alcançar seus objetivos, ou é ele que faz isso com você?
- Você é generoso no que diz respeito ao amor e ao afeto?
- Você respeita seu parceiro? Defina esse respeito.

Combinações de Signos de Fogo e Ar

Áries — Gêmeos

REGIDOS POR MARTE E MERCÚRIO

Um carneiro e os gêmeos galopando pelos campos e perseguindo uns aos outros pelos prados é a melhor maneira de imaginar esses dois signos juntos. Eles destacam a inocência infantil e a pureza de espírito um do outro, e isso pode acontecer em qualquer estágio de suas vidas. Ficam felizes por terem encontrado um parceiro com a mesma quantidade de energia *e* uma paixão contagiante pela vida. Embora provavelmente tenham exaurido os parceiros do passado com suas brincadeiras intensas, é improvável que isso aconteça desta vez. A única preocupação dos céus com eles seria o receio de que um poderia levar o outro ao extremo, aos limites da capacidade humana, porque nenhum deles sabe como pisar no freio em qualquer coisa que façam. Precisam aprender a fazer isso, ou vão se desgastar rápido.

Os arianos regidos por Marte têm colapsos físicos, independentemente da manifestação, e os geminianos regidos por Mercúrio têm implosões mentais — tudo isso pode ser bastante perigoso, até mesmo violento. Os geminianos (e aqueles com ascendente, Lua ou Mercúrio em Gêmeos) são conhecidos como botijões de gás por uma boa razão: se você se aproximar deles com uma chama acesa, e é exatamente isso que o ariano é, provavelmente ele vai explodir e levar você junto. Então, embora essa união tenha todos os ingredientes para ser bem-sucedida, também tem o potencial de incendiar a casa, o quarteirão ou o bairro inteiro.

O ariano se sairá muito bem na vida quando adotar conscientemente o mesmo objetivo que seu signo oposto, Libra, está buscando subconscientemente: o equilíbrio. O geminiano, assim como seu signo oposto, Sagitário, também está em busca de aprender a ser mais moderado. Se os dois conseguirem, as estrelas brilharão para eles.

Quando não evoluído, o geminiano é ignorante e, de maneira errônea, acredita ser um comunicador habilidoso apenas porque consegue falar mais do que o homem da cobra, mas a verdade é que ninguém aguenta mais ouvir. Os geminianos, quando não estão fluindo, só ouvem metade da história ou da instrução e a esquecem no segundo seguinte porque ficaram tão empolgados que quase explodiriam se não contassem a piada, a história engraçada ou a fofoca recente que ficaram sabendo. Falar é bom, mas ouvir é melhor e, quando você dominou a arte de falar menos e ouvir e estudar mais, isso é a verdadeira comunicação, que o geminiano tem o dever de dominar.

RIVALIDADE

O geminiano pode se cansar de ser comandado pelo ariano, mas vai ter que aceitar que isso provavelmente não mudará. Os arianos sentem que têm motivos para assumir o controle porque, se deixassem isso para os geminianos, as coisas demorariam muito para se concretizar. Áries é um signo cardinal (de liderança) e é mutável, o que significa que o ariano está em constante mudança — sua mente, seus interesses, seus parceiros — até encontrar o geminiano, identificando, finalmente, um parceiro à sua altura.

É impossível ficar entediado com os arianos; eles são a personificação do entusiasmo. Por isso, os geminianos muitas vezes toleram ser comandados quanto ao que fazer e quando fazer. Os arianos competem com sua própria sombra. Adoram ajudar outras pessoas, mas apenas se elas não os superarem, e, mesmo assim, têm dificuldade em aceitar isso.

O ariano pode ser ciumento, o que o impulsiona a ser ainda mais competitivo, e assim o ciclo se inicia. Não é o ciúme latente e ardente de um escorpiano ou um taurino; é apenas um rápido lampejo de irritação. Portanto, o geminiano deve conter seus flertes e se perguntar se ficaria feliz em aceitar esse tipo de comportamento de seu companheiro. Improvável! Ele também pode ser um pouco possessivo se tiver ascendente em Escorpião/Touro/Leão. Com Marte ou Lua nesses signos, esse potencial é triplicado.

ALCANÇANDO O NIRVANA

O ariano é honesto, e o geminiano *chegará* lá, mas pode precisar de um pouco mais de incentivo. Viver a própria verdade é muito mais importante e é algo que os alinha com seu eu superior. Os dois parceiros precisam acessar a própria intuição ou vozes superiores, o que só pode ser feito se ficarem quietos e em silêncio. Se conseguirem fazer isso, talvez com uma rotina de meditação ou oração, alcançarão equilíbrio e moderação, o que levará a um amor que cresce e perdura.

Notas Amorosas

Se você é um ariano que ama um geminiano, pense no seguinte:

- Você costuma mandar em seu parceiro? Se sim, que tal tentar não fazer isso? Talvez você dê sugestões em vez disso e peça ao seu parceiro para lhe dizer quando sentir que está sendo mandado.

- A paixão ainda está presente? O que você faz para ajudar a manter a chama acesa?
- Sua vida está equilibrada? Se não estiver, faça anotações a respeito das razões e assuma um compromisso para se esforçar mais.
- Você está vivendo a sua própria verdade? O que isso significa para você?

Notas Amorosas

Se você é um geminiano que ama um ariano, pense no seguinte:

- Seu parceiro o excita?
- O que a moderação significa para você?
- Você sabe o momento de ouvir e o de falar?
- Você tem o hábito de ler? O conhecimento alimenta sua alma.
- Você tem crenças espirituais? Quais são elas?

Áries — Libra

REGIDOS POR MARTE E VÊNUS

Os opostos se atraem e reagem, e nada mais precisa ser dito. Ou é isso ou é um experimento de química, realizado apenas para fins de observação, que produz resultados que mudam o mundo ou que explodem o laboratório. Afinal, Áries é um signo de fogo, e não há quantidade de Libra na versão completa de um mapa astral que possa mudar isso.

Para esses dois quererem constituir um relacionamento, é provável que o libriano tenha Áries ou outro planeta em um signo de fogo nessa roda kármica conhecida como mapa astral; e para que o ariano tenha paciência suficiente para lidar com as indecisões do libriano, ele também deve ter algum outro planeta gracioso em algum lugar (como um ascendente ou Lua em Libra, ou talvez Touro ou até mesmo Câncer). O ponto é que, se você está lendo isso, tem muito mais coisas influenciando sua personalidade do que apenas seu signo solar em Áries ou Libra; caso contrário, você nem mesmo iria querer ler essa combinação de signos porque o relacionamento não teria durado mais do que um encontro irritante. É pouco provável que haja um meio-termo aqui, o que é estranho, porque Libra tem tudo a ver com o meio-termo. Os librianos exigem equilíbrio, harmonia e cooperação, assim como os arianos atraem e precisam de um bom desafio.

RESPEITO MÚTUO

Esse relacionamento tem o potencial de ajudar ambas as partes a crescerem e se curarem de dores passadas. Também desencadeia um entendimento mútuo, respeito e compaixão. A balança acomoda a necessidade do ariano por espaço e liberdade de expressão, independentemente do modo como isso se manifesta, e um espaço tranquilo e sem julgamentos é ideal para um ariano crescer.

O libriano permitirá que o ariano desabafe, incentivando-o com paciência e permanecendo ao lado dele enquanto trabalha tanto as questões maiores quanto as menores. O ariano gosta desse apoio e da mente lógica e justa de seu parceiro, o que traz uma sensação de paz e harmonia que talvez ele não tenha encontrado em nenhum outro companheiro. Ele não se sente julgado (a não ser que o libriano seja o lado mais sombrio do signo) e se sente seguro para ser aberto e brutalmente honesto. O libriano o ajuda a enxergar os dois lados de uma versão muitas vezes unilateral da verdade ou da realidade.

ALCANÇANDO O NIRVANA

O ariano pode ficar tão envolvido consigo mesmo que se esquece da enorme contribuição que seu libriano traz. Reservar um tempo para mostrar ao seu libriano que ele é amado é importante, e isso pode ser algo simples, como um jantar em casa à luz de velas, porque pequenos gestos de carinho fazem toda a diferença.

Um ariano não evoluído valoriza apenas ofertas financeiras e tangíveis, mas essa parceria oferece muito mais bênçãos do que isso. Apoio emocional, tolerância e compreensão são muito mais benéficos em um nível espiritual do que qualquer coisa que o dinheiro possa comprar. Dito isso, todas as coisas precisam ser equilibradas para que um possa apoiar o outro a longo prazo.

Trabalhar com a lei da gratidão é importante para os dois, assim como ter encontros regulares para discutir áreas que precisam ser ajustadas para alcançar o equilíbrio.

Notas Amorosas

Se você é um ariano que ama um libriano, pense no seguinte:

- Que contribuições únicas seu parceiro traz para sua vida? Liste-as.
- Você escuta seu parceiro e valoriza os conselhos dele?
- O que incomoda você? Você consegue encontrar soluções para abordar isso, sem culpar nem criticar?
- O que você ama em seu libriano?

Notas Amorosas

Se você é um libriano que ama um ariano, pense no seguinte:

- Seu ariano o inspira? Se sim, de que maneira?

- Esse relacionamento está equilibrado? Se sim, ótimo. Se não, que mudanças você pode fazer para lidar com isso?
- Você dá sem esperar nada em troca?
- Liste os motivos pelos quais você ama seu ariano.

Áries — Aquário

REGIDOS POR MARTE E SATURNO/URANO

Esse não é considerado um encontro ideal; assemelha-se mais a uma montanha-russa intergaláctica. Pode ser visto também como uma trilogia de filmes na qual esses dois giram pelo espaço e pelo tempo de uma saga que abrange várias vidas. Conforme o filme se desenrola, ambas as partes simplesmente querem chegar a um final satisfatório que nunca chega. Ainda assim, eles estão ligados por um certo magnetismo, deleitando-se com a energia e a química que os atingiram quando se encontraram pela primeira vez.

É difícil não notar esses dois em uma multidão, mas eles raramente sentem a necessidade de competir um com o outro, a não ser que seja para medir os níveis de paciência que cada um possui, que são iguais a zero. Eles mantêm um respeito mútuo; reconhecem que trazem habilidades e bênçãos complementares para a mesa e sabem que, quando estão se dando bem, têm o mundo em suas mãos.

O ariano e o aquariano são inegavelmente fascinados um pelo outro (a não ser que um ou ambos tenham uma Libra conformista ou um Capricórnio ambicioso e a Lua, ascendente ou outros planetas em Touro). Ambos são igualmente imprevisíveis e desinibidos, com pouco respeito pelas normas sociais ou pela opinião dos outros, e isso é promissor para uma união duradoura cheia de entusiasmo e vivacidade, mesmo que seja desafiadora e desconfortável às vezes.

Para o ariano, há uma tensão subjacente que torna difícil estabelecer uma rotina com o aquariano. O ariano demanda muita atenção e precisa de estímulos frequentes, algo que o aquariano oferece naturalmente, de forma regular e sem esforço. Esse tipo de união faria um virginiano ou um canceriano torcer o nariz, mas pode funcionar para esses dois, se ambos estiverem confortáveis com as mudanças constantes e as expectativas forem ajustadas de modo amigável quando necessário.

CONTRATOS SAGRADOS

Arianos e aquarianos têm fortes elos kármicos e prontamente prestam auxílio um ao outro sem motivo e sem demora. Mesmo se o relacionamento acabar, muitas vezes permanecerão amigos para a vida toda; nenhum guarda rancor porque estão ocupados demais seguindo em frente. Ambos perdoam logo e ficam perplexos com pessoas que guardam rancor de alguém que um dia professaram amar. Em geral, lutaram no mesmo lado em muitas batalhas ao longo de várias encarnações, o que evoca uma fidelidade que transcende o mundano e desafia a lógica. Na verdade, os dois aceitam comportamentos do outro parceiro que pessoas de outros signos achariam insanos, pois sabem que a vida é uma escola e que aprender por meio da experiência e da tentativa e erro garante uma recompensa para a alma.

Os dois, com frequência, estão inconscientemente ligados à jornada de crescimento espiritual e descoberta um do outro e, por esse motivo, têm muito a aprender como casal ou mesmo como amigos. O relacionamento deles é de fato um amor superior que é descomplicado nesse aspecto. Eles se adoram em um nível espiritual que não precisa de raízes em um amor mundano, que muitas vezes é repleto de expectativas, condições e regras. Nenhum dos dois signos reivindica posse sobre o outro, o que dá a essa união uma chance de se tornar um amor eterno.

Tanto o ariano quanto o aquariano são iluminados por tudo que é novo e empolgante e têm sede de aventura, o que os mantém vivos. No entanto, aqui está o problema: o ariano é regido por Marte e é impulsionado pela paixão, pelo desejo e pelo fogo, enquanto o aquariano tem a cabeça fria e só mergulha nessa paixão desenfreada momentaneamente. Isso muitas vezes deixa o ariano querendo mais, viciado nesses momentos fugazes em que sentiu que tinha toda a atenção de seu aquariano. O ariano mergulha na união de cabeça, e, embora o aquariano seja leal até o fim e defenda seu ariano até o último suspiro, ele nunca está *completamente envolvido*. Enquanto o aquariano permanece tanto apegado quanto desapegado, o ariano fica cada vez mais frustrado. Isso pode levá-lo a agir em busca de atenção ou a tentar fazer seu aquariano sentir ciúmes, o que raramente funciona com os aguadeiros, que são a personificação da razão serena.

O aquariano tem uma compreensão aguçada do comportamento irracional de seu ariano e trabalhará intelectualmente para acalmar seus medos, mas o ariano nunca conseguirá se sentir 100% confortável nesse relacionamento nem será o "dono" de seu parceiro. No momento em que o aquariano sente que o ariano está tentando controlá-lo, ele pisa no freio e resiste ou simplesmente se rebela. Isso não é falsidade nem uma tentativa manipuladora de manter o interesse do ariano; simplesmente é o que é. Como resultado, o ariano permanece preso à teia, a não ser que escolha seguir em frente com alguém que o satisfaça nesse aspecto.

ALCANÇANDO O NIRVANA

Quando um ariano e um aquariano estão apaixonados, todas as experiências e regras de antes podem muito bem ser descartadas. Não há estrutura que esses dois possam seguir facilmente; eles têm que criar a própria estrutura com paciência. A paciência não é natural para nenhum dos dois, mas, felizmente, o riso é. Qualquer acesso de raiva, ira, excesso de emoção ou tentativa de controle deixará o ariano sozinho comendo poeira cósmica. Em vez disso, falar honestamente e com franqueza é a melhor maneira de evocar a compaixão de um aquariano. Para que esse relacionamento se torne um amor duradouro, a comunicação é vital. Isso é verdade para todos os signos, mas um ariano não deve esperar muita mudança da parte de um aquariano, ou ficará decepcionado. Em vez disso, deve pedir especificamente o que precisa, porque, embora o aquariano seja uma alma intuitiva e evoluída, sua consciência e empatia em geral são reservadas para a humanidade como um todo, e questões simples precisam ser esclarecidas para ele. Se você é o ariano, não faça joguinhos; apenas fale sua verdade com gentileza e assuma suas emoções sem culpa. O modo como você se sente nunca é culpa de outra pessoa, então examine sua própria reação.

Os dois signos são progressistas; esse relacionamento respeita a necessidade deles de independência e a capacidade de darem um ao outro o espaço que desejam. No entanto, isso só funciona se os dois parceiros tiverem confiança em si mesmos. Caso contrário, o relacionamento pode trazer à tona a criança de 5 anos carente e insegura que habita dentro de todos nós. Se o ariano quiser continuar, precisará aprender a aproveitar a liberdade que lhe é dada, que vem de um lugar de respeito, não de indiferença, e deixar a porta aberta para seu parceiro aquariano. Então ambos podem desfrutar de bastante liberdade para construir sua confiança, cientes de que estão seguros e amados e de que têm a confiança um do outro.

Os dois signos amam causas de serviço à humanidade e acreditam em um propósito maior. Por isso, trabalhar juntos em algo inspirador é uma boa maneira de fortalecer o vínculo além da paixão e de resolver problemas à medida que surgirem.

Notas Amorosas

Se você é um ariano que ama um aquariano, pense no seguinte:

- Você sente que já encontrou seu criador de ondas antes, em alguma outra vida?
- A atração foi instantânea? Essa atração ainda está presente?

- Vocês conseguem se juntar e trabalhar por uma causa nobre para ajudar os mais necessitados?
- Seu parceiro o anima com sua natureza imprevisível ou isso irrita você? Sempre foi assim? Se não, o que mudou?

Notas Amorosas

Se você é um aquariano que ama um ariano, pense no seguinte:

- Seu ariano o anima? Como?
- Você reconhece e respeita os valores dele?
- Vocês dois são honestos um com o outro?
- Vocês conseguem relaxar juntos? Costumam fazer passeios na natureza?

Leão — Gêmeos

REGIDOS PELO SOL E POR MERCÚRIO

O leonino e o geminiano formam uma combinação incrível. Ambos têm um espírito jovem, independentemente da idade, e um relacionamento leve, mas forte e extremamente amoroso. Se o leonino for completamente dedicado, o geminiano fica satisfeito, e vice-versa.

Problemas podem surgir se o olhar vagante do geminiano prevalecer ou se o leonino sentir falta de afeto. Nesse caso, um deles pode sair ou explorar a infinidade de outras opções que, sem dúvida, estão disponíveis. Se o leonino tiver a intenção de trair, em geral, será honesto quanto ao motivo e ao que o geminiano fez para causar o desvio. (A culpa sempre é da outra pessoa.) Se isso acontecer, o leve signo de ar se desligará como um *iceberg* se desprendendo da borda de uma geleira.

Muitas vezes, porém, essa combinação tem a capacidade de resolver quaisquer problemas que possam surgir com paciência e humor. Se eles tiverem filhos, o casal costuma permanecer junto.

Um leonino em pleno fluxo é o felino mais gracioso da Terra e apoia de imediato seu geminiano em todas as suas empreitadas com uma bondade e amor que impulsionam o bem-estar e a confiança. Em troca, o geminiano fluindo plenamente é contemplativo e criterioso, oferecendo ao leonino conselhos sábios que vêm de uma posição de consideração. Se um ou ambos tiverem Lua/ascendente/Mercúrio etc. em signos de água no mapa, isso dará a eles uma sensibilidade que pode ser tocante e sincera. Mas, se forem propensos a se fixarem nos domínios do ego inferior, podem se tornar defensivos, interpretando tudo como uma ofensa e tornando-se muito rápidos para atacar.

Os dois dão conselhos fortes e inspiradores, embora o geminiano não sinta a necessidade de lembrar a todos, a todo momento, de todas as ações bem-sucedidas que foram feitas com base nesses conselhos. O leonino muitas vezes é a antítese disso, o que resulta na recusa do geminiano em pedir orientação ou então em fazer o oposto do que o leonino sugere, simplesmente para evitar a exibição.

Leoninos e geminianos sempre deixam uma marca onde quer que vão, seja boa, má ou feia. Quando combinam toda essa aptidão do ar para a genialidade com o dinamismo e a paixão do fogo, funcionam para proporcionar uma fonte constante de fascínio e interesse que os une para a vida toda — ou os leva a se tornarem inimigos amargos. Ambos podem guardar rancor, não aceite que nenhum deles diga o contrário.

Quando o geminiano machucar o leão, ele rugirá alto e lutará; depois, se recolherá para lamber as patas e rosnar baixinho se o nome de quem o machucou for mencionado ou uma memória associada for despertada, talvez até anos depois.

Mas o geminiano tem uma receita diferente para a vingança. Não estamos falando de vingança no sentido de Escorpião; é muito mais sutil do que isso. Lembre-se de que os geminianos são os mensageiros do zodíaco, e isso pode funcionar bem ou não, dependendo do indivíduo. Algumas palavras sussurradas nos ouvidos certos podem causar muitos problemas, plantando sementes de dúvida que podem impactar o leonino do modo mais profundo possível — principalmente tudo que possa ferir o ego orgulhoso dele, e, com um ego tão grande, não é tão difícil fazer isso.

ABRINDO OS CORAÇÕES

Na maioria das vezes, os leoninos precisam sentir que são *superiores* aos seus semelhantes. Isso resulta de uma memória distante e profunda da alma de serem monarcas pouco generosos. Só se eles se virem como os mais inteligentes, ricos, bonitos etc. é que a pessoa ao lado deles terá a possibilidade de compartilhar o mesmo palco. No momento em que sentem que alguém é tudo isso e talvez mais, ficam irritados e competitivos.

O geminiano também pode ser um pouco assim. Está sempre em movimento para não ter que encarar a si mesmo. Conta histórias para si mesmo e para quem estiver disposto a ouvir e faz de tudo para escapar de responsabilidades e da realidade. Quando se une a um leonino, ambos têm a capacidade de abrir os corações um para o outro. Por quê? Porque secretamente sofrem da síndrome do impostor, comparando suas vidas com as dos outros. Assim, sua simpatia mútua perdura e pode até ajudá-los a sair do fosso de gladiadores da rivalidade e da ilusão.

ALCANÇANDO O NIRVANA

O leonino e o geminiano evoluídos são legais como indivíduos e ainda mais como casal. Se destacam em sua luz e a compartilham generosamente com outros que possam precisar de um pouco de luminosidade do Sol e de inteligência cativante, sem a necessidade de se sentirem superiores. O geminiano é a ferramenta mais afiada na caixa de truques do zodíaco; quando esses dois se unem como uma força para o bem, a única maneira de descrever a união deles é com a palavra *magnânima*.

Eles não devem permitir que o ego inferior e o orgulho os impeçam de seguirem em frente; qualquer trabalho que possam fazer nessa área para se tornarem mais conscientes os ajudará a longo prazo. O humor é uma ferramenta necessária, porque o geminiano dirá ao leonino a dura verdade e depois o fará rir, e vice-versa. A fé em uma visão superior ajuda a todos nós, mas, no caso desses dois, ela lhes permitirá transcender o ruído mundano e encontrar sua própria versão de Deus.

Notas Amorosas

Se você é um leonino que ama um geminiano, pense no seguinte:

- Do que você gosta nessa relação?
- Você ama sem expectativas?
- Você exige reconhecimento por qualquer conselho que deu ao seu parceiro e ele seguiu? Por quê?
- Qual é a sua interpretação do amor?

Notas Amorosas

Se você é um geminiano que ama um leonino, pense no seguinte:

- Você é sincero, de maneira amorosa, com seu leonino?
- Você assume responsabilidade por sua vida?
- Vocês conseguem rir juntos?
- O que você ama nessa relação?

Leão — Libra
REGIDOS PELO SOL E POR VÊNUS

As estrelas sorriem sobre essa combinação. O deslumbrante leonino é regido pelo Sol e Libra, por Vênus, o que significa que esses signos combinados trazem uma fusão única de coração, força, beleza e amor. Eles são totalmente compatíveis.

No entanto, gastam dinheiro demais, a não ser que um ou os dois tenham Lua, Mercúrio, Marte ou ascendente em Virgem ou Capricórnio para conter tais extravagâncias. Os librianos gostam de arte e de carros ou roupas caras e têm um desejo pelas coisas boas da vida, e os leoninos adoram luxos; então quanto mais dinheiro tiverem para gastar em tapetes persas e pinturas, os quais vão usar para encher sua(s) casa(s) enorme(s), mais harmoniosa será essa combinação. No entanto, não estou dizendo que são superficiais; ambos defenderão um necessitado ou abraçarão causas dignas, mas gostam das coisas boas da vida. Se os dois puderem se mimar regularmente, isso fará com que as notas da harpa em sua sala de estar (aquela que está ao lado do piano de cauda) soem ainda mais adoráveis.

A principal desvantagem é que todos os planetas orbitam o Sol; o fato de Vênus se aproximar mais dele do que a maioria dos outros (exceto Mercúrio) é relevante porque um libriano e um leonino terão que se aproximar o suficiente para constituírem um relacionamento. Mas ninguém pode voar muito perto do Sol sem se queimar. O libriano, regido por Vênus, não tem medo, não se sente intimidado ou preocupado em ser eclipsado. Ele tem sua própria mistura sutil de charme e brilho que pode utilizar como arma, se assim desejar. O leonino não gosta de ser eclipsado por ninguém; então, o fato de o libriano em geral se contentar em ficar em segundo plano e brilhar por si só é bom para o leonino; poucas vezes eles competem entre si.

O leonino espera profundamente que o libriano, assim como Vênus, gire ao redor dele, e todo o restante deve ser secundário. Um libriano não precisa de tanto reconhecimento público quanto um leonino, mas está acostumado a ser bajulado por seu parceiro; então, pode haver problemas no paraíso se isso ficar desequilibrado. E os leoninos podem ficar com ciúmes. Se sentirem que não podem confiar em seu parceiro, eles sairão de cena; se não puderem fazer isso, o caos será instalado.

ATRAÇÃO

Um libriano (regido pela deusa da arte, do amor e da beleza) inicialmente respeita qualquer coisa, ou qualquer pessoa, que tenha uma boa aparência. Todos nós sabemos que a beleza é apenas superficial, mas, para esses seres, ela é muito importante; e dificilmente vão olhar uma segunda vez até que alguém os impressione. Os leoninos quase sempre brilham o suficiente para iluminar até a sala mais escura. Quando o leonino percebe que um libriano reconheceu os aspectos singulares de sua beleza, a atração inicial está estabelecida.

ALCANÇANDO O NIRVANA

Os leoninos ficam impressionados com as maneiras refinadas e a beleza polida dos librianos (mesmo que um libriano não seja fisicamente encantador, ele tem uma energia atraente), e, a não ser que tenham outras características astrológicas desafiadoras, os librianos nunca são grosseiros ou vulgares, evitando explosões barulhentas ou demonstrações públicas e se afastando bem rápido de pessoas que perturbam sua alma gentil. Por esse motivo, o leonino deve ser reservado em público e se esforçar para resolver quaisquer problemas pessoais de forma privada e sem chiliques.

O libriano precisa encantar e domar seu leonino com amor e paciência e nunca deve negligenciá-lo, nem física nem emocionalmente.

Ambos podem se beneficiar de um interesse em comum, como caminhadas, yoga, exercícios físicos ou meditação, para manter a chama acesa.

Notas Amorosas

Se você é um leonino que ama um libriano, pense no seguinte:

- O que o atraiu em seu libriano?
- Se você pudesse mudar uma coisa nele, o que seria?
- O que você acha que ele gostaria de mudar em você?
- Você é capaz de amá-lo intensamente e com compaixão?
- O que significa amor incondicional para você?

Notas Amorosas

Se você é um libriano que ama um leonino, pense no seguinte:

- O que o atraiu em seu leonino? Por acaso algumas das suas razões são puramente superficiais?
- Você se afasta de seu leonino ou o negligencia? Se sim, por quê? Você consegue resolver isso com calma?
- Vocês têm interesses e *hobbies* em comum?
- Você se sente em paz nesse relacionamento? Se sim, ótimo! Se não, o que você pode fazer para lidar com isso?

Leão — Aquário

REGIDOS PELO SOL E POR SATURNO/URANO

Nunca há um momento monótono quando essas estrelas colossais se chocam, como muitas vezes fazem os signos opostos na roda do zodíaco.

Os signos opostos estão aprendendo lições similares na vida e muitas vezes têm traços que beneficiariam um ao outro.

Essa relação é melhor se o leonino tiver um planeta em Aquário e vice-versa porque, assim, eles vão tolerar um ao outro um pouco mais, ou pelo menos ter uma vaga ideia do que o outro está querendo dizer, o que é um milagre com qualquer aquariano. Eles não buscam chocar, mas podem e o fazem, e não há signo que personifique de maneira mais completa a palavra *aleatório* que o deles. O leonino deve sacudir a juba e a cauda para acompanhar o aquariano, e embora isso seja tolerável para amizades, pode se tornar desconcertante a ponto de seus rugidos de indignação serem ouvidos no CEP vizinho.

Imagine a seguinte cena: o leonino está dando uma de suas palestras intermináveis sobre o que aconteceu com ele naquele dia, ou sobre por que o aquariano deveria se comportar mais como ele, ou por que estava certo, esperando que o aquariano concorde, se acalme, simpatize ou o parabenize pelo que disse. Mas o aquariano já entendeu o básico, vestiu seu casaco, colocou seus patins e saiu antes mesmo de o leonino terminar. Resumindo, o leonino raramente terá seu ego inflado ou estimulado pelo aquariano; então, é melhor nem tentar.

O aquariano poderia aprender a ter um coração menos gelado e a como ganhar o respeito e o afeto brincalhão do seu leonino, enquanto o leonino também poderia se beneficiar mesmo de uma pequena dose de humildade, perspicácia, humanidade e irreverência em relação à fama e ao *status* do criador de ondas. Se cada um tiver pelo menos o ascendente, ou planeta, no signo do outro, então, talvez tenham uma amostra do comportamento muitas vezes desconcertante que podem presenciar. Mas a tendência de nos inclinarmos ao nosso próprio signo solar (que também representa nosso ego) costuma ser forte.

Quando qualquer um dos signos é pouco evoluído, muitas vezes ele é feio. O leonino é quase um narcisista, competitivo, ciumento e indiscreto com palavras e com a privacidade alheia. Quanto ao aquariano, se tiver um Mercúrio afligido na versão completa de seu mapa astral, ou se tiver um Gêmeos dominante, ele, com prazer, se unirá ao leonino para difamar as pessoas. Contudo, essa toxicidade é intolerável aos aquarianos evoluídos; eles detestam fofocas ou qualquer coisa impura, enxergando diretamente as motivações cheias de malícia do mensageiro. Embora vejam os leoninos (ou pessoas com Lua/Vênus/ascendente etc. em Leão) afetados por essas explosões mentais com compaixão, eles acabam mantendo distância. Não há chance de qualquer intimidade, muito menos um casamento.

Os leoninos nobres combinam bem com o lado certo dos aquarianos porque são igualmente intolerantes com os humanos de baixa vibração. Tentam ver o melhor da humanidade e defendem com coragem os desfavorecidos. Também permanecerão ao lado do criador de ondas para lutar com bravura contra todos os males e injustiças, sempre unidos.

AMOR COMPASSIVO

Os aquarianos veem o que está por trás do comportamento ruim da maioria dos seres humanos, ou pelo menos eles o analisam logicamente e com compaixão para entender o porquê, o que os leoninos acham estranho, já que eles têm a tendência de reagir primeiro e pensar depois.

A maioria dos leoninos cumpre com a palavra, principalmente aqueles que têm uma tendência maior à energia masculina. Não perdoam comportamentos ruins e são firmes em seus julgamentos. Se alguém está sendo ignorado, é por uma boa razão (segundo eles), e esse alguém continuará sendo ignorado até "aprender a lição", o que pode nunca acontecer se se tratar do aquariano. Nessa batalha de vontades, é improvável que um deles vença, pois ambos preferem passar fome a ceder, e "me desculpe" não é algo que um leonino diga facilmente. Por outro lado, se o aquariano estiver errado, ele admite, ou se estiver se sentindo mal pelo leonino, pode ter a iniciativa de fazer as pazes. Mas se for sempre ele que apazigua a situação, logo ficará cansado e seguirá em frente.

As leoninas perdoam mais, embora menos que os criadores de ondas (a não ser que tenham planetas influenciados por Escorpião), que conseguem perdoar crimes ou traições que a maioria consideraria impensáveis. Os aquarianos valorizam a liberdade acima de tudo, e ficar preso em um estado negativo de raiva não faz sentido para eles. Os leoninos acham isso divertido e admirável também, e podem aprender muito aqui. Essa capacidade de se distanciar da emoção e racionalizar o comportamento humano (a não ser que tenham ascendente, Lua ou outros planetas em Câncer) significa que o aquariano permanece firme diante dos surtos do leonino e não os leva para o lado pessoal. Ele pode simpatizar com a dor de seu leonino ferido, mas raramente deixa de dizer quando ele está errado ou de apontar que é o ego dele que está ferido, não sua mortalidade. Os leoninos adoram e detestam essa responsabilidade em igual medida.

ALCANÇANDO O NIRVANA

Os leoninos nobres são ponderados, sábios, fortes e orgulhosos, bem racionais e são cativados pelas peculiaridades únicas do criador de ondas, sua bondade inata e seu senso de humanidade. O aquariano se apaixona pelo coração do leonino. É improvável que tenha encontrado antes tamanha devoção, lealdade, diversão ou amor em outra pessoa, e isso o encoraja a descer de sua estação espacial para observar de perto essa criatura e tentar entendê-la. É tão doce.

O aquariano exige confiança antes da intimidade e, quando um leonino conquista isso, impedirá que qualquer frieza aquariana entre em ação. O aquariano deve manifestar seu amor e se tornar mais afetuoso, dedicando tempo para acariciar seu leonino enquanto os dois não estiverem salvando o mundo.

Notas Amorosas

Se você é um leonino que ama um aquariano, pense no seguinte:

- Você fica falando de si mesmo o tempo todo? Se sim, você tem consciência disso?
- Você busca reconhecimento? Se sim, por quê? Fazer uma boa ação não é o suficiente? Por que você precisa de elogios?
- O que você ama em seu criador de ondas?

Notas Amorosas

Se você é um aquariano que ama um leonino, pense no seguinte:

- Você é paciente com seu parceiro?
- O que você ama em seu leonino?
- Quais são seus principais defeitos em relacionamentos amorosos?

Sagitário — Gêmeos
REGIDOS POR JÚPITER E MERCÚRIO

O sagitariano e o geminiano não conseguem evitar se aproximar um do outro com uma atração instantânea que transcende o tempo e o espaço. Eles quase se sentem compelidos a formar uma associação; a única pessoa que existe para cada um deles é o outro. É encantador, mas problemático se um deles já estiver comprometido. Se ambos forem evoluídos, não há problema; os dois têm integridade e trabalharão para resolver seus assuntos antes de se envolverem em algo que não seja saudável e serão gentis e honestos com todas as partes. A maioria das pessoas adere às políticas mundanas e sociais, mas as leis que têm consequências muito mais duradouras são as espirituais. É contra a lei espiritual se envolver em qualquer atividade sexual que possa prejudicar a si mesmo ou aos outros. Pode parecer que algumas pessoas (principalmente de Gêmeos ou Sagitário) escapam impunes da infidelidade e de outros comportamentos ruins, mas nem mesmo eles escapam. Esta é apenas uma vida entre muitas, e cada um de nós carrega consigo todas as boas e más ações do nosso passado para o presente e do nosso presente para futuras encarnações. Por isso, é tão importante que o sagitariano e o geminiano (e todos os outros) não permitam que desejos desenfreados e egoístas os levem a tomar decisões ruins.

As principais lições de vida para o sagitariano residem nos domínios da verdade e da espiritualidade; então, nada além da honestidade resultará em alegria a longo prazo. Afinal, os sagitarianos são regidos por Júpiter, o juiz, e os geminianos são regidos por Mercúrio, o mensageiro ou o trapaceiro, dependendo do humor. O geminiano também está aprendendo os efeitos da verdade e o funcionamento interno da mente. Embora aparentemente não receba os efeitos de retribuição do karma tão rápido quanto o sagitariano, o olho onisciente do karma uma hora ou outra o detectará, e é muito melhor para ele que limpe sua vida também.

AVENTURA

Esses dois signos são opostos na roda do zodíaco, o que significa que um costuma possuir traços e qualidades que o outro não possui, mas provavelmente deveriam ter. Eles também estão estudando as mesmas lições na faculdade da vida, apenas de perspectivas diferentes.

O sagitariano é livre e independente, muitas vezes sábio e incrivelmente profético, mas é impotente quando se vê face a face com um geminiano — ou melhor dizendo, quando vê as duas faces de um geminiano.

Ambos despertam entusiasmo um no outro e podem fugir de mãos dadas antes que qualquer um deles tenha tido tempo de considerar as consequências, ou qualquer pessoa ou coisa.

Essa é uma relação incrível e animada quando está funcionando bem. Eles se incentivam a explorar oportunidades melhores, adquirir conhecimento, serem pessoas melhores e talvez até se envolverem em causas nobres. Quando se unem, a vida se torna uma experiência mais emocionante.

ALCANÇANDO O NIRVANA

Quando decidirem trazer as melhores versões de si mesmos com bondade amorosa, compaixão, tolerância e perdão, tudo ficará bem. Isso significa que o sagitariano deve evitar atitudes autocomplacentes ou julgadoras, e o geminiano precisa mostrar paciência e bondade. Os sagitarianos podem exagerar ou ir aos extremos e, por isso, é inteligente que adotem hábitos saudáveis e moderação com quaisquer hábitos que não façam bem a eles. O geminiano deve treinar sua mente para que ela seja menos discursiva e disruptiva; em geral, quanto mais focado o geminiano estiver na lei da gratidão, mais suas razões para ser grato aumentarão.

A fé é um fator importante aqui e, se eles conseguirem encontrar uma versão conjunta de uma verdade superior, melhor ainda. Caso contrário, a busca para encontrar uma verdade desse tipo pode ser uma jornada que os aproxima e que será mais satisfatória para os dois.

Notas Amorosas

Se você é um sagitariano que ama um geminiano, pense no seguinte:

- Você às vezes é moralista consigo mesmo?
- Você costuma ir aos extremos?

- O que você ama em seu geminiano?
- Vocês conseguem rir juntos?

Notas Amorosas

Se você é um geminiano que ama um sagitariano, pense no seguinte:

- Você tenta influenciar seu sagitariano a fazer o que você quer?
- O que você ama em seu sagitariano? No passado e no presente.
- Você é paciente com seu parceiro?
- Se ele tem hábitos ruins, você o orienta a procurar ajuda?

Sagitário — Libra
REGIDOS POR JÚPITER E VÊNUS

O sagitariano e o libriano — podem não parecer ter muito em comum, mas essa é uma combinação muito boa quando se olha além da superfície.

Sagitário é regido por Júpiter, conhecido como o juiz (e às vezes como júri também), e Libra (a balança) é regida por Vênus, representada de olhos vendados, segurando a balança da justiça. Seus olhos estão cobertos para que não seja influenciada ou prejudicada por sua visão, conseguindo, portanto, fazer uma avaliação justa dos fatos. O libriano, em geral, é razoável e racional em todos os assuntos, incluindo os do coração, o que atrai os sagitarianos, especialmente os que podem ter enfrentado parceiros excessivamente emocionais no passado. Se um libriano tiver fortes signos de água na versão completa de seu mapa astral, isso pode ser um pouco menos intenso, assim como ocorreria com uma Lua impetuosa, que pode levar a paixão a superar a lógica.

Evoluído, o libriano abomina qualquer forma de discriminação ou injustiça, nesse caso, o sagitariano pode aprender a se tornar uma versão melhor de si mesmo. Da mesma maneira, quando o sagitariano é evoluído, ele tem a língua afiada e a capacidade necessária para derrubar qualquer preconceito e pode debater de maneiras que abrem corações e mentes para a realidade da nossa igualdade humana. Quando os dois se unem, podem se tornar a combinação mais poderosa da Terra para realizar protestos pacíficos e fomentar o progresso. Claro, as versões não evoluídas são o oposto de tudo isso — mas até mesmo elas têm a chance de se tornarem esclarecidas. A paixão abre a mente deles por tempo suficiente para que consigam acabar enxergando o sentido e a razão.

Essa combinação pode criar dois seres humanos idealistas e incríveis que iluminam cada ambiente que adentram e que têm a sorte brilhando sobre eles onde quer que vão. São capazes de criar sua própria utopia com uma mistura de liberdade, devoção e compromisso que os manterá unidos. Além disso, possuem uma capacidade incrível de sempre se recompor após situações desagradáveis.

EXTRAVAGÂNCIA

Essa combinação de fogo e ar também pode resultar em seres ignorantes, preconceituosos, julgadores e intolerantes que são como o equivalente humano dos *goblins* — aqueles espíritos malignos feitos de fogo e ar enviados para causar brigas e perturbações simplesmente porque é engraçado.

Os sagitarianos podem ser desocupados. Se forem honestos, não se desviarão, ou pelo menos tentarão formar uma união que se adeque ao seu caráter e ainda atenda às necessidades de seu libriano. Os librianos em geral os encantam ao ponto de realmente acreditarem que podem pendurar suas chuteiras. Mas isso dificilmente durará por toda a vida, a não ser que se empenhem em um sério processo de crescimento pessoal. O libriano é mais tolerante do que a maioria, mas espera fidelidade, e o sagitariano terá um caminho difícil pela frente se quiser evitar que a venda seja retirada, revelando o olhar devastador de um libriano decepcionado.

Ambos podem ser excessivamente indulgentes, seja por gastarem demais em presentes caros ou em suas vidas no geral. Eles fretam helicópteros e dirigem os veículos mais ostensivos e poluentes, tudo em nome do prazer. Podem tanto ajudar um ao outro a se tornarem mais moderados quanto mais exagerados no desejo por emoções rápidas; tudo depende da maturidade de suas almas.

ALCANÇANDO O NIRVANA

O sagitariano é astuto, e o libriano é sereno e lógico o suficiente para lidar com ele, apoiá-lo *e* mantê-lo interessado, o que é um milagre. O libriano alimenta as chamas da paixão enquanto encoraja seu sagitariano a alcançar a grandeza, e vice-versa.

O sagitariano se orgulha de seu libriano, sobretudo de sua imparcialidade, de suas maneiras gentis e de suas conquistas. Raramente os sagitarianos são invejosos ou ressentidos (a não ser que tenham Lua, Marte ou ascendente em Escorpião/Touro/Áries), e isso resulta em um relacionamento estável, equilibrado e amoroso.

A ignorância não pode estar presente em nenhum deles, então ambos precisam saciar sua sede por conhecimento, buscando sabedoria superior, tentando viajar com a alma e explorando como é o amor sem expectativas.

Notas Amorosas

Se você é um sagitariano que ama um libriano, pense no seguinte:

- Seu parceiro ajuda você a ser mais objetivo?
- Você está ciente das necessidades de seu parceiro?
- Vocês dois levam um ao outro em consideração ao tomar decisões?

Notas Amorosas

Se você é um libriano que ama um sagitariano, pense no seguinte:

- Seu parceiro o anima?
- Você está apaixonado por seu sagitariano? Se sim, por quê?
- Essa relação é equilibrada? Se não, como vocês podem resolver isso juntos?

Sagitário — Aquário
REGIDOS POR JÚPITER E SATURNO/URANO

Esse é um encontro multidimensional de mentes superiores, e raramente há dúvidas se o sagitariano e o criador de ondas estão completamente fascinados um pelo outro. O sagitariano incendeia as faculdades mentais do criador de ondas com chamas de excitação e paixão, e o aquariano faz essas chamas crescerem mais alto com todo o poder cerebral que pode colocar em prática. A paixão pode ser ardente, mas é muito mais provável que esse relacionamento comece como uma amizade platônica, com os dois constantemente testando a inteligência, as crenças e a credibilidade um do outro. Esse jogo de tênis cerebral pode ser demais para outros signos, mas não para esses dois. Eles continuam, continuam e continuam. Para eles, essa é a melhor preliminar. O sagitariano ensina o criador de ondas a ser tolerante, e ao mesmo tempo aprende com ele o efeito curativo da compaixão.

O sagitariano tem muitas faces diferentes; uma delas é ignorante ou sem educação, e a outra é totalmente acadêmica. E temos também o sagitariano equilibrado, que entende que quanto mais aprende, mais percebe o quanto não sabe nada. Quando essa compreensão se instala, ele se torna verdadeiramente receptivo e capaz de se beneficiar de uma associação com esse ser estranho, mas maravilhoso.

O aquariano não evoluído é tão desagradável quanto um sagitariano ignorante. Eles são inflexíveis, dão opiniões sem embasamento em fatos, são extremistas e elitistas. Isso nos permite ver por que, evoluídos ou não, eles se atrairiam um pelo outro, para o bem ou para o mal.

CAPACIDADE INTELECTUAL

Os sagitarianos não conseguem aceitar o fato de que pode haver outra pessoa, fora do seu próprio signo, com tanto atrevimento, conhecimento aleatório, mas factual, e força de espírito necessária para voar livre diante da normalidade.

Tanto sagitarianos quanto aquarianos são dolorosamente sinceros (a não ser que haja aspectos de Mercúrio na versão completa de seus mapas astrais), o que pode ser visto como prejudicial por outros signos. Isso lhes confere algo em comum e uma rara apreciação mútua. Eles compartilham uma perspectiva otimista e estão prontos para enfrentar o futuro sem medo. Essa falta de medo pode levá-los a correr riscos de arrepiar os cabelos, que muitas vezes compensam, para a surpresa das pessoas mais avessas a riscos.

Eles inspiram e incentivam um ao outro na mesma medida. Qualquer problema que possa surgir está principalmente relacionado ao ego (caso de 99,9% dos problemas de relacionamento), já que ambos lutam pela dominação, liberdade ou pelo título de "estar certo". Eles se deliciam na arte do debate; enquanto todos os outros já adormeceram ou perderam o fio da meada, esses dois continuam, com alegria, recorrendo a informações recebidas de planetas distantes. É assim que em geral se unem, e se um deles não tem a capacidade intelectual para acompanhar o outro, é improvável que o relacionamento dure. A eternidade é tempo demais para passar com um parceiro que carece de inteligência.

ALCANÇANDO O NIRVANA

Com níveis de energia que se equiparam, essa parceria pode ser incrivelmente estimulante. Para que esse relacionamento seja transcendente, desenvolva-se e torne-se um amor duradouro, os dois intelectos devem ser relativamente iguais para garantir o respeito mútuo. A amizade provavelmente durará, mas no que diz respeito à estimulação física, pode ser necessário mais trabalho para combater o tédio ou a vontade de se aventurar, que as duas partes precisarão conter.

Estudar espiritualidade e as obras de sábios e profetas é uma forma para os dois continuarem trazendo algo interessante para a mesa. Eles também precisam de liberdade e confiança, bem como da capacidade de renegociar os termos e condições de sua parceria caso as coisas se tornem desequilibradas.

Notas Amorosas

Se você é um sagitariano que ama um aquariano, pense no seguinte:

- Você sempre acha que está certo?
- O que você ama em seu criador de ondas?
- Você permite que seu parceiro tenha a mesma independência que você espera ter para si mesmo?

Notas Amorosas

Se você é um aquariano que ama um sagitariano, pense no seguinte:

- Você é obcecado por suas próprias crenças? Se sim, isso sufoca seu crescimento?
- Do que você gosta em seu sagitariano?
- Seu parceiro o inspira?

Combinações de Signos de Água e Terra

Câncer — Touro

REGIDOS PELA LUA E POR VÊNUS/GAIA

Você pode se perguntar o que um touro velho de pele áspera e um caranguejo de casca mole têm em comum, mas é bastante coisa. Eles têm naturezas semelhantes, objetivos de vida parecidos e muitas características complementares. São atraídos um pelo outro de maneiras que um canceriano felizmente explicará como sina, karma, destino ou azar puro e simples, dependendo de seu humor regido pela Lua. O taurino dará de ombros e sorrirá, dizendo que o canceriano está sendo "sentimental" ou bobo, mas na verdade, ele também sabe disso.

Intuitivamente, o canceriano sabe que o taurino irá sustentá-lo para sempre se ele der o que ele precisa: coisas boas, um sexo incrível, comidas deliciosas, conforto e regularidade. Os taurinos costumam ser os melhores chefes de cozinha; eles em geral são mão de vaca com seu dinheiro suado (a não ser que tenham a Lua ou o ascendente em Leão ou algum tipo de posicionamento extravagante), mas, com comida, bem, é diferente. Ela é combustível, é prática e faz sentido encher o carrinho com os melhores produtos — e, para eles, a nutrição é fundamental:

orgânica, fresca, de origem local e abundante. Embora o taurino possa ter levado muito tempo perseguindo seu próprio rabo para perceber que a comida que consome afeta sua energia, seu humor e sua força, o canceriano terá descoberto isso há muito tempo e só revelará a quantia que gastaram (da conta conjunta) em roupas depois que o taurino estiver de barriga cheia. Parece antiquado, mas acredite em mim, é um fato astrológico.

VALORES

Esses signos têm valores similares, como segurança, família e o desejo de se estabelecerem em algo que se assemelha à normalidade "respeitável". Em resumo, lá no fundo, são tradicionais.

O canceriano é cuidadoso, intuitivo e gentil e tende mais para a energia feminina divina/criativa. O mesmo vale para o taurino; afinal, ele é regido por Vênus ou pode estar mais alinhado com a corregente Gaia/Mãe Terra. Nesse caso, é vital que viva no campo, longe da poluição e da agitação barulhenta, ou que passe um tempo ao ar livre todos os dias, caminhando na natureza, abraçando árvores e sentindo o perfume das flores.

Se ele estiver confinado numa cidade, pode perder o contato com sua natureza gentil e corre o risco de se tornar um taurino de coração duro, com mais do que um toque de agressividade e raiva. O canceriano vai fazer vista grossa nesse caso porque conhece muito bem as explosões emocionais. Mas enquanto o taurino não for fisicamente violento e se o canceriano estiver recebendo o que deseja (em geral, segurança) dessa relação, ele simplesmente vai dar a outra face.

ALCANÇANDO O NIRVANA

O amor insondável entre esses dois transcende a normalidade. É inexplicável, mas acalma ambas as almas, às quais talvez tenha faltado nutrição ou estabilidade no passado. Eles são simpáticos um com o outro de maneiras que nem eles conseguem explicar totalmente e sentem um chamado kármico para criar uma vida estável juntos.

É possível supor, erroneamente, que o taurino está no comando, mas o canceriano sempre consegue o que quer. Ele pode ser controlador, de maneira discreta. Por esse motivo, o canceriano deve cuidar do taurino e expressar com clareza suas necessidades para que tudo permaneça equilibrado.

Os taurinos se beneficiam de exercícios que liberam energia, como qigong ou yoga, e os cancerianos devem focar em acalmar a mente com meditação diária e oração.

Notas Amorosas

Se você é um canceriano que ama um taurino, pense no seguinte:

- Você expressa suas necessidades nesse relacionamento? Os melhores resultados são alcançados com paciência, consistência, gentileza e amor.
- O que você ama em seu taurino?
- Você percebe como a comida afeta a energia de seu taurino?
- Você medita? Se sim, ótimo. Se não, experimente por dez dias e observe as diferenças.
- Você é controlador? Se sim, por quê? Se não, tem certeza? Nunca mesmo?

Notas Amorosas

Se você é um taurino que ama um canceriano, pense no seguinte:

- O que você ama em seu canceriano?
- Você toma iniciativas para mostrar ao seu canceriano que se importa?

- Você passa tempo na natureza? Se não, deve arranjar um tempo para isso.
- Você pratica exercícios? Já experimentou movimentos suaves? Experimente qigong ou yoga por uma semana e observe as diferenças em sua energia e flexibilidade.

Câncer — Virgem

REGIDOS PELA LUA E POR MERCÚRIO/QUÍRON

O bebê lunar e o virginiano é algo que soa idílico e certamente pode sê-lo. Os virginianos evoluídos são puros de espírito, protegem o amor sem medo e se preocupam profundamente com seus entes queridos, o que combina com a criança lunar sensível, que tende a se sentir abandonada, incompreendida e emocionalmente negligenciada pela maioria dos amores anteriores. Esses dois signos são especiais e, assim como quem é talentoso reconhece outra pessoa talentosa, quem é especial reconhece seu próprio reflexo. Quando um canceriano de coração aberto encontra o belo virginiano, eles constroem uma fortaleza para se defenderem contra os aspectos mais difíceis da vida e se manterem seguros de influências negativas.

Os cancerianos são os seres mais acolhedores do zodíaco, mas de forma sutil, sem sufocar seu virginiano, fazendo de tudo, desde limpar e purificar a energia na casa até desmascarar e eliminar influências tóxicas em suas vidas. Eles sabem como cuidar de um virginiano, sem que seu virginiano sequer saiba o quanto fazem nos bastidores. A verdade, no entanto, é que o virginiano raramente deixa passar algo despercebido; ele simplesmente não costuma falar disso. Como irmãos com sua própria linguagem, o canceriano permite que o virginiano sintonize sua "comunicação energética" e leia vibrações em vez de precisar de palavras. É a forma mais íntima de comunicação.

EXPECTATIVAS

O virginiano tem expectativas extremamente altas (assim como seu companheiro regido por Vênus, Libra), e o canceriano se elevará para atendê-las se também sentir aquele lampejo de reconhecimento instantâneo, como se já tivesse conhecido essa pessoa antes, em uma vida passada não muito distante — talvez uma alma gêmea.

Os dois signos são conscientes da segurança, então, se tiverem bastante dinheiro, isso certamente os ajudará. É importante que trabalhem o dar e receber e concordem desde cedo sobre como questões práticas da vida serão abordadas, para que não haja espaço para discussões ou mal-entendidos.

Quando um virginiano está fluindo, ele fica tranquilo, relaxado, descontraído e confiante. Agora, todos nós conhecemos virginianos que são a personificação da ansiedade e da mania, mas não é para se tornarem isso que foram enviados das estrelas para a Terra. Essa é uma vibração muito baixa, e, se algum virginiano que estiver lendo isso esquecer o quão radiante é o seu brilho, ele deve saber que é importantíssimo para sua vida amorosa e essencial para sua alma que ele se eleve e assuma sua aparência *sexy* de estrela do rock.

Até os virginianos que sofrem com a tagarelice da insegurança ou da preocupação atrairão um canceriano, mas em geral é a versão materna e insegura de Câncer, que não é *sexy* nem sustentável. A *necessidade de ser necessário* é sufocante, e todas as ações são simplesmente reações para aumentar sua própria autoestima. O problema daqueles que sofrem com questões de autoestima é que eles estão tão desconectados de sua energia de origem que subconscientemente tentam roubá-la dos outros. Os virginianos não evoluídos são controladores temerosos com línguas afiadas e maldosas, e, se atraírem o canceriano de baixa vibração, os dois farão comentários maldosos e críticas em conjunto. Eles formam uma combinação "feliz", mas apenas em seu sofrimento mútuo.

Evoluído, o canceriano é uma história completamente diferente. Ele é tão tranquilo quanto um virginiano, intuitivo de forma discreta, firme em sua confiança, gentil e criativo, com a capacidade de rir de si mesmo, da vida e do universo. É a forma definitiva de atração para os virginianos, pois eles podem ser propensos a levar a vida um pouco a sério demais.

ALCANÇANDO O NIRVANA

É como se a própria deusa da Lua, Mercúrio, o mensageiro dos deuses, e Cupido tivessem conspirado para encantar esses dois e abrir seus corações para o amor. É um relacionamento realmente romântico, e isso fica claríssimo desde o início. Se ambos continuarem a se esforçar, esse romance permanecerá vivo e logo será acompanhado por um amor duradouro.

Ambos devem trabalhar seus próprios níveis de confiança, para nunca tentarem ofuscar a luz um do outro, e sintonizar-se com uma fé superior é importante para eles. Não importa se compartilham a mesma fé, mas devem encontrar seu próprio caminho e perceber que a natureza da impermanência, que lhes dará confiança na alma, também impede que qualquer um deles considere o outro, ou um único momento de felicidade, como algo garantido.

Notas Amorosas

Se você é um canceriano que ama um virginiano, pense no seguinte:

- Você nutre seu amor e seu parceiro? Como?
- Como está sua autoestima? O que você faz para mantê-la alta?
- Você tem alguma espiritualidade?
- Qual é a sua definição de karma?
- Seu virginiano é sua alma gêmea?

Notas Amorosas

Se você é um virginiano que ama um canceriano, pense no seguinte:

- Você é evoluído? Ou está trabalhando nisso?
- Às vezes você é controlador? Se sim, por quê? Do que você tem medo?
- Você e seu parceiro riem juntos? Abra espaço para o humor.
- Você tende a ser crítico demais em sua busca idealista pela perfeição? Se sim, pare e elimine esse hábito!

Câncer — Capricórnio

REGIDOS PELA LUA E POR SATURNO

O gracioso capricorniano e o bebê lunar estão destinados a formar uma união que os leve para longe do frio metafórico para aproveitarem a calorosa luminosidade da Lua. Quando estão juntos e decidiram se comprometer, o amor deles ilumina a escuridão do céu noturno.

Como signos opostos na roda do zodíaco, cada um pode dar ao outro o necessário para que cumpram a obrigação ou a missão de suas almas.

Os capricornianos regidos por Saturno estão no escuro por muitas razões, mas principalmente porque seu planeta regente é frio, exigente e austero — até encontrarem sua divindade lunar, quando então tudo começa a adquirir uma nova pátina de possibilidades, anunciando a mudança e o progresso.

O canceriano também se sente sozinho no escuro, por muitas razões. Ele teme ficar sob o brilho intenso do sol, com receio de ser *visto* ou machucado. Usa uma máscara de dureza que esconde sua bondade e generosidade de espírito e se esconde dentro de sua concha, saindo apenas à noite para procurar comida. Ele não sente falta da luz do dia; para ele, a noite é o momento em que o sol se recolhe e permite que a lua brilhe. Ele traz um tipo diferente de luz para a vida de seu capricorniano; é menos intimidadora do que a luz deslumbrante de um leonino, mas ainda assim preenche todo o espaço, o que nutre o capricorniano e revigora sua energia. Ele retribui de bom grado, intensificando o amor incondicional e a gentileza, e faz tudo o que pode para proteger seu canceriano e sua sensibilidade das más vibrações, das pessoas e da vida.

AMBIÇÕES

Se o canceriano tem Aquário ou Sagitário em destaque na versão completa de seu mapa astral, isso faz com que seu desejo por aventura, diversão e liberdade supere todo o restante. Sem um toque de ar e fogo, ele fica muito focado na segurança material e/ou emocional, o que significa que muitas vezes tem necessidades que vão além dos requisitos básicos para uma vida humilde. A mentalidade no momento de nossa morte predetermina nossa próxima encarnação. Muitas vezes, esse desejo está nele antes do nascimento, então ele acaba nascendo em uma família que já é rica, ou que pelo menos tenha fama ou *status*.

Se o capricorniano tiver a Lua ou o ascendente em Capricórnio, isso é bom para o funcionamento da relação a longo prazo porque sua capacidade de sentir é maior do que aquele que não tem essa característica. Isso também acalma a ambição e a natureza implacável que muitas vezes afligem os pobres capricornianos, causando a eles muito sofrimento e resultados kármicos desagradáveis. O mesmo vale para o canceriano. Quando tem a Lua, o ascendente, ou qualquer outro planeta em Capricórnio, ele consegue um nível atraente de reserva e discernimento, para que possa superar a armadilha do ego inferior de levar as coisas muito para o lado pessoal e de reagir de modo exagerado.

Se o canceriano tem a Lua ou Vênus em Leão, é mais provável que se apegue a um capricorniano que já esteja financeiramente estável ou no caminho da riqueza. Mesmo que o canceriano seja bem-sucedido por mérito próprio, ele terá um medo subjacente da pobreza de vidas passadas, seja ela emocional ou material, o que o impulsiona a escolher um parceiro que não o abandone nem o leve à falência de modo algum. O capricorniano está doido para deixar sua marca no mundo e, se seu canceriano puder ajudá-lo nisso, ele ignorará quaisquer sinais de alerta e jurará lealdade.

O canceriano deseja uma vida confortável, e os capricornianos são tão bons em proporcionar isso quanto seu signo companheiro de terra, Touro. Superficialmente, então, a união se torna oportuna. Mas devemos questionar onde está o amor em tudo isso porque ambos precisam dele. O capricorniano deve ter cuidado para que seus passos firmes não atropelem seu canceriano em relação ao desejo dele de obter ganhos, e o canceriano deve dialogar de maneira não emocional, mas sincera, antes que se feche, reaja com exagero e busque consolo em outro lugar.

Os capricornianos podem ser duros e os cancerianos, moles, então a resposta está em algum ponto no meio. Eles devem ter cuidado para não se destruírem, pois o karma é rápido.

ALCANÇANDO O NIRVANA

Para que o relacionamento funcione a longo prazo, ele deve ser equilibrado e recompensador para ambos.

Deixar de lado os apegos é o único jeito. Abrir os corações e dialogar com amor e compaixão os ajudarão a transcender a aridez de uma vida baseada na superficialidade. Reconhecer a beleza do outro e alinhar suas almas os ajudarão, assim como um forte senso de fé espiritual, que só pode ser alcançado de fato após pesquisa e contemplação.

Notas Amorosas

Se você é um canceriano que ama um capricorniano, pense no seguinte:

- O que em seu parceiro o atraiu? O que ainda o atrai?
- Seu parceiro é gentil? Se sim, ótimo. Se não, ele consegue mudar?
- Vocês riem juntos? Isso é importante.
- Você se sente emocionalmente seguro nesse relacionamento? Se sim, faça anotações. Se não, por que não?

Notas Amorosas

Se você é um capricorniano que ama um canceriano, pense no seguinte:

- O que em seu parceiro o atraiu? Foi ele? Ou o que ele pode proporcionar a você?
- O que você ama em seu canceriano?
- Vocês sabem como relaxar juntos? Se sim, como? Se não, por quê?

Escorpião — Touro

REGIDOS POR MARTE/PLUTÃO E VÊNUS/GAIA

Escorpião e Touro são signos opostos e fixos que resultam em uma atração energética palpável. Essa combinação confere à parceria um pico incrível de poder, potencializando a possibilidade de se tornarem grandiosos juntos, e uma oportunidade única para um crescimento espiritual verdadeiro. Se este último não despertar interesse, as coisas podem se tornar um pouco caóticas enquanto os dois competem pelo domínio, o que é uma pena porque ambos têm muito a aprender e a ganhar um com o outro. Usar a combinação de suas forças para alcançar poder e *status* mundanos — o que é relativamente fácil para eles como dupla — é um desperdício de potencial.

As lições transmitidas nem sempre são confortáveis porque envolvem enfrentar suas sombras. Nenhum deles gosta muito de fazer isso, embora os taurinos sejam muito mais honestos e abertos em relação às suas falhas. Quando a pressão aumenta, eles encaram o desafio de frente.

Os escorpianos não são muito bons em pedir desculpas (eles compartilham essa característica com o companheiro fixo de signo, Leão). Sentem que seus defeitos são fraquezas, e isso os aterroriza. Para eles, fraquezas podem ser fatais; por isso, a não ser que sejam escorpianos evoluídos, vão conspirar ou lutar até a morte em vez de enfrentar suas sombras e falhas. O problema é que eles enxergam muito além da face que o outro apresenta — sabem o que motiva uma pessoa e podem interpretar um ambiente em segundos. No entanto, se eles não têm fé para se protegerem, se estão cansados ou não limpam sua própria energia e não se curam, seus olhos penetrantes ficam cegos para a luz e tudo o que veem nos outros é escuridão.

Quando o escorpiano se depara com a honestidade direta de um taurino, isso o inspira a considerar a possibilidade de tornar-se mais parecido com ele, e é aí que está o local de crescimento. O taurino sabe exatamente como se curar; ele se afasta do bombardeio da vida e caminha pela natureza, desconectado e contente, e é exatamente disso que o escorpiano precisa. Claro, se ele tem planetas em Touro, já aprendeu isso e provavelmente conheceu seu parceiro taurino no mercado de agricultores locais.

Se o escorpiano é forte de verdade, ele é honesto, confiante e magnífico, com um magnetismo irresistível que atrai seu taurino e o faz se apaixonar de maneira majestosa. Nada quebrará esse vínculo kármico. Eles prometem, até o fundo da alma, ajudar um ao outro a superar todo tipo de desafio. Essa conexão é mais forte do que a maioria, dando a eles a capacidade de dar as mãos e tirar um ao outro da lama mundana que, de outra maneira, impediria seus olhos de ver um panorama geral e bem mais brilhante.

DISCIPLINA

Quando se pensa na relação entre um taurino e um escorpiano, todos os tipos de qualidades vêm à mente. A única que deve permanecer é esta: ambos guardam rancor e, apesar da diferença de tamanho, o escorpião é provavelmente o mais perigoso.

Se você fizer mal a qualquer um deles, eles não se esquecerão disso. O taurino, no entanto, dará a você a oportunidade de se redimir, se achar que você vale a pena. O escorpião piscará aqueles olhos ardentes e dirá que perdoa, ou que está tudo bem, mas, na verdade, agora, você está na lista negra dele. O único que pode convencê-lo a deixar isso de lado é o seu taurino. Há uma confiança nessa relação que nutre os dois, e é improvável que ela atrapalhe o amor que está crescendo entre eles.

Quando esses dois se unem, um não teme o outro. Se o taurino tem a Lua ou o ascendente em Escorpião, e o escorpiano compartilha um planeta com o taurino, eles têm a chance real de construir um relacionamento baseado em respeito, confiança e uma poderosa atração sexual que dura ao longo dos anos — desde que ambos permaneçam em forma e magros. Nem os escorpianos nem os taurinos têm muito respeito por parceiros que se descuidam ou trocam um estilo de vida saudável por exageros. Ambos se orgulham de sua disciplina, e, quando estão trabalhando com o lado bom de seu signo, possuem uma grande quantidade dessa característica.

No entanto, se não estão trabalhando com o lado bom do signo, são guiados e controlados por seus desejos, o que é uma aposta certa para a ruína. O taurino pode ser ganancioso e o escorpiano, egoísta, e ambos são propensos a sofrer nas mãos de uma inveja horrível. Os taurinos assumem a inveja latente e podem alimentar ressentimento contra os outros ou se tornarem possessivos com seus parceiros. O escorpiano a mascara a todo custo e decide, em vez disso, controlar, menosprezar ou manipular em silêncio.

Em um tom mais leve, quando esses dois são evoluídos, eles amam sem reservas, têm um humor luminoso e valorizam a honra. Então, todo aquele veneno é deixado de lado. Ainda está lá, mas está guardado com segurança.

ALCANÇANDO O NIRVANA

Os dois se apaixonam intensamente e, quando sentem que encontraram sua alma gêmea, dedicam a vida um ao outro — a devoção mútua é inquestionável.

Os taurinos quase sempre têm alguma característica que os deixam bonitos de alguma maneira e também são sensuais, e os escorpianos são *sexy* e cativantes. Ambos são espertos. Embora muitos afirmem erroneamente que os taurinos são agressivos e propensos à intimidação, isso não faz parte do caráter natural deles. Há uma grande diferença entre agressão e assertividade; a primeira é quando uma pessoa nega, pela força, ações, palavras ou direitos de outra, e os taurinos não se preocupam com isso. Os evoluídos são seres graciosos que têm seus próprios planos e maneiras de fazer as coisas; tudo o que os escorpianos precisam fazer é acariciá-los no lugar certo, e eles se renderão para sempre. Eles são assertivos e fortes, e é isso que atrai seus escorpianos como ímãs.

Para superar suas falhas problemáticas, que podem ser ampliadas nesse relacionamento, é vital meditar e encontrar um professor que possa mostrar a eles como fazer isso da forma correta. Ao adotar uma prática espiritual disciplinada e estudar a lei da causa e efeito, eles purificarão seu karma para o presente e para as vidas futuras que passarão juntos.

Notas Amorosas

Se você é um escorpiano que ama um taurino, pense no seguinte:

- O que em seu parceiro o atraiu?
- Você sofre de ciúmes? Se sim, busque ajuda, pois isso envenena a sua bondade.
- Você ri de si mesmo? É bom não se levar muito a sério!
- Se você tivesse uma varinha mágica, o que desejaria?

Notas Amorosas

Se você é um taurino que ama um escorpiano, pense no seguinte:

- Seu parceiro traz à tona a melhor versão de você?
- O que você mais valoriza nesse relacionamento?
- Vocês reservam um tempo para aproveitar a natureza? Juntos?
- Seus hábitos são saudáveis?
- Você medita?

Escorpião — Virgem
REGIDOS POR MARTE/PLUTÃO E MERCÚRIO/QUÍRON

A relação entre o virginiano e o escorpiano é complicada (não há surpresa aí!), e seja como amigos, familiares ou casal, o sucesso e a harmonia dependem por inteiro da interação dos outros signos na versão completa de seus mapas astrais.

Esses dois são simpáticos um com o outro, até mesmo protetores, e inegavelmente atraídos um pelo outro. Pode parecer que são diferentes demais para que qualquer tipo de intimidade possa funcionar, mas isso não é verdade. Os virginianos, quando estão fluindo, têm uma inocência e juventude que duram a vida toda. Podem ser controladores, talvez, mas abertos e verdadeiros em sua conduta — a não ser, é claro, que tenham um planeta em Escorpião que não esteja bem posicionado perto de seu signo solar; nesse caso, podem esconder um ferrão por trás de seu sorriso.

O virginiano provavelmente precisaria ter um planeta interior, como a Lua ou Vênus, ou o ascendente em Escorpião para ser capaz de se manter tolerante e conectado ao escorpião desconfiado e sombrio. Não importa o quão leve e descontraído este último possa parecer, suas águas paradas são sempre profundas — a não ser que o escorpiano tenha uma influência forte de Sagitário em seu mapa astral, ou outros posicionamentos de signos de fogo e ar que se sobreponham a essas características; nesse caso, será uma pessoa bem mais leve e talvez momentaneamente indignada com a calúnia acima. Mas ficar remoendo o passado por muito tempo, como o típico signo de água que guarda ressentimentos, não é o jeito que eles escolheram viver. Ele ri das sugestões, esquece as acusações e segue em frente.

LEVEZA

O virginiano ajuda o escorpiano a relaxar, e, por ser tão virtuoso, isso permite ao escorpiano abrir seu coração e confiar no poder do amor, o que é praticamente impossível com outros signos.

O escorpiano pode sucumbir ao seu próprio lado sombrio, mas ele não está aqui na Terra para viver uma vida superficial; está aqui para penetrar na essência da própria vida. Tem a capacidade de abrir o coração e a mente das pessoas, e é por isso que o virginiano pode se interessar, porque ele se dedica por completo ao funcionamento analítico da psique humana. O virginiano é superanalítico, e o escorpiano tem um soro da verdade secreto que o torna o melhor detetive da Terra. Juntos, eles se deliciam em analisar desconhecidos, colegas e amigos.

ALCANÇANDO O NIRVANA

Se o virginiano e o escorpiano têm Sagitário ou Aquário no mapa, esse relacionamento tem sucesso. Riem e brincam um com o outro de forma lúdica, o que em geral evita os conflitos de poder e os leva diretamente à adoração, diversão e aventura, com o toque certo de intensidade e paixão.

O ponto principal aqui é este: como essa união se desenrola depende muito dos mapas dos dois e de como eles se interconectam. Se eles forem evoluídos, ou pelo menos estiverem tentando superar suas falhas, o respeito mútuo será uma base sólida sobre a qual podem construir uma vida repleta de adoração, intensidade e aventura.

Notas Amorosas

Se você é um escorpiano que ama um virginiano, pense no seguinte:

- Você acredita que seu parceiro é honesto? Isso ajuda você a se abrir?
- Vocês conseguem rir juntos?
- Você tem problemas de confiança?
- Você já traiu alguém? Seu parceiro já traiu? Você se perdoou ou o perdoou? Isso é um fator importante para o sucesso desse relacionamento.

Notas Amorosas

Se você é um virginiano que ama um escorpiano, pense no seguinte:

- Esse relacionamento é intenso? Se sim, como isso se manifesta?
- Você tende a analisar demais? Se sim, isso é proveitoso? Se não, você é capaz de remodelar seu cérebro para agir diferente?
- O que você ama em seu escorpiano? Você costuma criticá-lo? Ou criticar a si mesmo? Se sim, pare.
- Você é controlador? Se sim, por quê?

Escorpião — Capricórnio

REGIDOS POR MARTE/PLUTÃO E SATURNO

Há algo de misterioso e belo nessa combinação que é difícil de expressar em palavras, mas vou tentar. A maioria das crianças de Escorpião, nascidas de Plutão, teve uma vida intensa em razão da natureza do planeta e do signo que as rege. Elas viveram situações muito cedo que as despertaram para a impermanência da vida, do nascimento e da morte. A transformação está enraizada na natureza de suas almas, e mesmo quando cercadas pela família ou pelos amigos, podem se sentir solitárias ou deslocadas.

Os capricornianos nascem com almas idosas, o que os faz sentir o peso da responsabilidade desde cedo, e passam o resto da vida tentando se livrar disso. Por essa razão, também se sentem solitários e um pouco deslocados. Dizem a si mesmos: se pelo menos eu fosse bem-sucedido, estivesse casado, tivesse filhos ou mais dinheiro... E continuam nesse ciclo sem fim até perceber que as situações com as quais se deparam são a maturação do karma de vidas passadas, tanto para o bem quanto para o mal, e oportunidades para expandir sua consciência. Portanto, devem aceitar a responsabilidade e aprender a perdoar, que é exatamente o que os escorpianos também devem aprender.

EMOÇÕES

Para esses dois signos, as experiências precoces na vida podem tê-los levado a reprimir suas emoções ou a desconfiar delas, por isso, eles as escondem. Quando um escorpiano encontra um capricorniano tranquilo que parece imperturbável (a não ser que tenha signos vizinhos como Aquário ou Sagitário correndo livres pelo mapa, ou talvez o dramático Leão como um Signo Ascendente, ou Áries no controle do mapa astral), difícil de decifrar e dono de suas emoções, isso o entusiasma porque ele é obcecado pelo que está por baixo da superfície. Os escorpianos são como mariposas atraídas pela luz quando um mistério os instiga, e nada é mais atraente para eles do que abrir um típico livro fechado. O segredo, no entanto, é que os capricornianos nunca permitem que ninguém os seduza, a menos que seja a vontade deles, e então começa um jogo hipnótico e fascinante para o escorpiano, o que diverte bastante o capricorniano. Existem capricornianos que carecem desse conhecimento, mas são raros; eles percebem o que o escorpiano está tentando fazer antes mesmo de ele subir no ônibus ou entrar pela porta. Como eu disse, é uma questão kármica, e mesmo que os capricornianos em geral não sejam clarividentes, quando se trata de escorpianos é como se soubessem exatamente o que está por vir. Talvez seja um *déjà-vu*. Os escorpianos têm pouca ou nenhuma ideia de como seus planos se desenrolarão, porque o capricorniano é mais sereno do que eles. Então é um jogo, as cartas estão na mesa e a partida, equilibrada. Quando um deles se apaixona, as coisas ficam um pouco mais complicadas porque o jogo de poder muda e nenhum deles confia nas próprias emoções; ambos percebem, no nível da alma, que as emoções levam a um apego excessivo, e temem perder a si mesmos e a própria liberdade. Mas se o amor for verdadeiro, ninguém poderá, de fato, se perder.

ALCANÇANDO O NIRVANA

O escorpiano se sente seguro e orgulhoso quando se une a um capricorniano. Como ele teve uma vida tão imprevisível, a coerência do capricorniano e seus modos refinados e conservadores o acalmam, como uma bebida refrescante durante uma onda de calor, ao contrário da bagunça dos companheiros do passado, que buscavam atenção e drama.

O capricorniano fica fascinado pelo carisma do escorpiano e, desde que os dois se esforcem para manter a rotina organizada, mas estimulante, tudo está bem.

Como em todos os relacionamentos, uma forte crença em "o que vai, volta" é sinal de sabedoria, pois dá força a essa dupla e lhes dá a oportunidade de purificar o passado e criar um futuro mais bonito juntos.

Notas Amorosas

Se você é um escorpiano que ama um capricorniano, pense no seguinte:

- Você é grato por seu capricorniano? Se sim, como e por quê?
- Você acredita em vidas passadas?
- Você sente que este relacionamento pode ajudá-lo a crescer?
- Você é honesto com seu parceiro? Se sim, ótimo. Se não, reflita sobre o motivo.
- Qual o significado de destino para você?
- Você sabe perdoar?

Notas Amorosas

Se você é um capricorniano que ama um escorpiano, pense no seguinte:

- O que o atraiu de início em seu parceiro?
- O que você mais deseja neste relacionamento?
- O que é importante para você em um parceiro?
- Você acredita em almas gêmeas? Se sim, seu relacionamento com seu escorpiano é predestinado?
- Você acredita em karma? Se sim, como você pode estabelecer um karma melhor e evitar acumulações negativas?

Peixes — Touro

REGIDOS POR JÚPITER/NETUNO E VÊNUS/GAIA

Essa união sonhadora tem uma chance maior de se tornar realidade se o pisciano tiver pelo menos um planeta em Touro e o oposto vale para o taurino. Se for esse o caso, eles, em geral, se atraem em razão de um amor em comum por arte, música, cinema e criatividade. Essa combinação tem o poder alquímico de concretizar ideias intangíveis com as quais muitos só poderiam sonhar. Esses dois são capazes de fazer coisas maravilhosas acontecerem quando o taurino pega a barbatana do pisciano e fazem um pacto para transformar o mundo deles, e o nosso, em um lugar melhor, mais gentil e mais criativo.

Se o taurino não tiver uma alma sensível, pode ser um grande desafio para esse touro materialista e amante da terra levar a sério por muito tempo um relacionamento com um amante do mar como o pisciano. Um está enraizado na terra e o outro está nadando no abismo do intangível. Por isso, será difícil formar um relacionamento que vá além de deixar o pisciano frustrado e confuso e o taurino em águas muito profundas.

Do mesmo modo, há piscianos que têm signos de terra em demasia no mapa. Eles também podem não conseguir se sintonizar com as notas sensíveis de suas almas, o que resulta em uma existência miserável quando tentam impor seus próprios limites aos outros, se afundando em seu próprio medo ao se tornarem controladores — ou pior, abusivos. Ou eles atraem esse tipo de parceiro, por terem uma opinião tão irrisória sobre si mesmos. Isso em geral só acontece se seus próprios limites não foram bem definidos ou foram violados na infância; eles então continuam no ciclo.

Os piscianos podem se afundar no comportamento de vitimismo e de autopiedade, o que enfurece os taurinos. Eles não toleram nenhuma das duas coisas — não quando há novos campos para explorar e feno fresco para apreciar.

CRIATIVIDADE

Essa é uma combinação excepcional para uma relação entre artista e gestor.

Os piscianos, quando estão fluindo (ou aqueles com planetas fortes em Peixes no mapa), são as almas mais imaginativas da Terra. Inspiram-se nas estrelas e nos céus, gerando uma arte pura e intuitiva, feita exclusivamente pela beleza e pela capacidade deles de conduzir os humanos a um estado de admiração. Esse processo autêntico não tem nada a ver com dinheiro ou marketing em massa; Peixes, na versão pura do signo, trata apenas da arte; e os piscianos fazem sacrifícios incríveis por ela. Raramente se importam com o luxo. Contanto que possam criar, quase nada mais importa (a não ser que tenham a Lua ou o ascendente em um signo de terra; nesse caso, o dinheiro certamente importará).

Como nasceu de Vênus, o taurino também tem muitos talentos, mas com prioridades diferentes. Ele exige conforto e compensação por seus esforços. Por essa razão, quando os dois signos se unem, podem abrir mares e mover montanhas. É lucrativo e inspirador.

ALCANÇANDO O NIRVANA

Quando cada um dos dois signos compartilha um pouco das bênçãos cósmicas do outro, esse é um relacionamento harmonioso que os nutre de maneiras que talvez nunca tenham experimentado antes. Os taurinos, por associação, se tornam versões mais gentis de si mesmos, e os peixes alcançam novos níveis de compreensão, compaixão e sucesso no mundo.

Essa união está inteiramente relacionada ao coração e é baseada num diálogo franco. Esse é o caminho para fomentar a forma mais pura de amor, aquele que pode resistir às tempestades da vida.

Abrir-se para a espiritualidade pode resultar em mais criatividade e é uma maneira certa de se manterem juntos, a panela e a tampa, para a vida toda.

Notas Amorosas

Se você é um pisciano que ama um taurino, pense no seguinte:

- O que você ama nesse relacionamento?
- O que frustra você?
- Você tem atitudes de escapismo? Isso é saudável?
- Você está sintonizado com sua natureza sensível? De que forma?
- Você ama a arte? É criativo?
- Você reconhece os benefícios curativos dos oceanos e dos mares?

Notas Amorosas

Se você é um taurino que ama um pisciano, pense no seguinte:

- Vocês dão espaço um ao outro nesse relacionamento?
- Você é gentil com seu parceiro?
- Você é gentil consigo mesmo?
- Contemple a realidade da impermanência. Como isso muda sua atitude?

Peixes — Virgem
REGIDOS POR JÚPITER/NETUNO E MERCÚRIO/QUÍRON

Piscianos e virginianos são de signos opostos na roda do zodíaco e, do ponto de vista energético, são opostos em todos os aspectos.

Os Peixes se movem pela vida sem problemas; eles sempre caem de pé, mesmo que não tenham nenhum, e vivem por seus instintos. Quando aprendem a confiar na intuição, o resultado é impecável. Sabem quando chegar e quando sair, quando se retirar e quando se mostrar. Os Peixes têm um *timing* impecável porque estão sintonizados com os ritmos, os fluxos e os refluxos do universo. Quando conseguem se desvencilhar de conexões tóxicas e abandonar hábitos prejudiciais, não são mais escravos de suas dependências. (Isso é um problema para eles e para seu colega aquático, Escorpião.) Esses vícios turvam o fluxo da sabedoria universal que está disponível para qualquer peixe que não esteja fugindo de si mesmo e da vida, numa névoa de fumaça ou de outros consumíveis que alteram a mente.

Aqui é onde entra o virginiano, seja no mapa do pisciano ou como seu parceiro, porque um virginiano em pleno fluxo não se entrega a nada que resulte em perder o controle. Ele não tem interesse nisso e não consegue entender por que qualquer outra pessoa teria. Então, tenta ajudar o pisciano a superar o fardo das dependências, e, do ponto de vista kármico, esta é a tônica dessa união: limpar suas vidas para criar algo que não seja apenas puro, mas também firmemente baseado na realidade e com um toque mágico de fé no universo.

O peixe pode ser desfocado e disperso, mas o virginiano anseia por limites e rotina para evitar suas neuroses. Os peixes, no fundo, sonham em ter limites ou com uma companhia que os ancore o suficiente para impedir que se percam no espaço ou desapareçam por uma década (embora a primeira opção só seja, em geral, verdadeira se tiverem planetas em Aquário).

Existem piscianos organizados, mas eles sempre têm vários planetas em Virgem, e existem virginianos artísticos com planetas em Peixes. Quando esse é o caso, a mistura de qualidades e defeitos é harmoniosa, o que permite que eles coexistam em paz e em simbiose.

Um de meus clientes exigiu um compromisso de seu parceiro. O pisciano não parava de consumir maconha, então o virginiano sugeriu que pelo menos ele a cultivasse para garantir que a planta fosse pura e livre de agrotóxicos (sustentável, orgânica e controlada). Eles construíram um negócio em torno disso e depois o colocaram no mercado de ações. Isso é o que acontece quando um virginiano e um pisciano *realmente* formam uma equipe. Se nenhum compromisso puder ser definido, é um jogo de empurra-empurra até que algo ceda; ou há um progresso considerável ou um deles sai de cena — em geral o pisciano, porque o virginiano pode ser chamado de muitos nomes, mas "desistente" não é um deles.

EMPÁTICOS

Até hoje, não encontrei um artista talentoso que não seja sensível também; é um requisito básico. Como podemos canalizar a inspiração ou dominar a arte multimídia sem estarmos abertos aos sussurros sugestivos da forma mais superlativa de expressão criativa existente — a mente universal? Isso é tanto um dom quanto uma maldição, e a energia de Virgem tem limites tão definidos que sabe quando manter esses canais abertos e quando fechá-los. Um pisciano é ignorante nesse aspecto (assim como os aquarianos e aqueles com planetas em Peixes). Eles estão sempre "ligados" e abertos para dar e receber 24 horas por dia, sete dias por semana, o que os drena e atrai coisas boas, ruins e demoníacas. Então, o virginiano logo coloca o pisciano na linha com uma gentileza amorosa, disfarçada de língua afiada, e lhe dá instruções rigorosas de como usar um manto ou véu, quando tirá-lo e dos perigos de manter os receptores à disposição de todos. Os virginianos também têm uma grande empatia, mas a valorizam como uma mercadoria e não a distribuem livremente para qualquer um só porque sim. Como são o signo do zodíaco que naturalmente conseguem realizar curas, eles sabem o quanto isso é custoso. Você pode ficar surpreso ao ouvir que os virginianos, assim como os piscianos, são capazes de curar, mas eles realmente são, e isso é um dom que compartilham. É um trabalho difícil quando sentimos a alegria, a dor e a angústia de todos que encontramos, e isso pode levar o pisciano às águas turvas da depressão. Então, seu virginiano o ajuda a parar de ser uma esponja e o encoraja a perceber quando e por que não tem mais nada a oferecer. Por essa razão, esse relacionamento não é apenas predestinado, mas também, muitas vezes, necessário.

ALCANÇANDO O NIRVANA

A parceria entre Virgem e Peixes é melhor quando compartilham o amor por música, artes ou qualquer coisa criativa... e pelo serviço. Eles têm uma missão na Terra que não precisa ser solitária ou dilacerante para a alma; também pode ser criativa e cheia de alegria. Juntos, eles podem encontrar a mistura paradisíaca.

Os virginianos são tão gentis, cuidadosos e generosos que têm dificuldade em confiar por medo de serem explorados. Os piscianos são as almas mais compassivas e, por essa razão, essa união dá a entender que finalmente eles se encontraram. Juntos, podem apoiar todos os desamparados, perdidos e pássaros feridos que o pisciano atrai, consertá-los (mantendo seus limites) e viver felizes para sempre.

Notas Amorosas

Se você é um pisciano que ama um virginiano, pense no seguinte:

- Você sabe como se curar? Pense sobre isso.
- Você vive perto ou passa tempo perto da água? Tente ficar perto do mar pelo menos uma vez por semana e observe seu humor.
- Você vê o que está por trás dos modos controladores de seu virginiano e enxerga o coração puro dele?
- Você usa drogas ou bebe em excesso? Por quê?

Notas Amorosas

Se você é um virginiano que ama um pisciano, pense no seguinte:

- Você é controlador com seu parceiro? Se sim, por quê?
- Você tem ciência de suas próprias habilidades de cura?
- Você cuida do seu coração?
- O que você ama nesse relacionamento?
- Você reserva tempo para meditar?

Peixes — Capricórnio
REGIDOS POR JÚPITER/NETUNO E SATURNO

Um pisciano e um capricorniano podem resultar numa combinação muito boa, contanto que o bebê de Netuno tenha um pouco do elemento Terra na versão completa de seu mapa astral (de preferência Capricórnio, mas Touro ou Virgem também funcionam). Caso contrário, o pisciano pode ser *místico* demais para o capricorniano. Embora os capricornianos possam brincar com a ideia de se casar com uma fada ou com um mago; na realidade, raramente vale a pena discutir. Os capricornianos não permanecem no mundo dos sonhos por muito tempo. Eles têm pouco tempo para qualquer coisa que não possam ver e simplesmente têm muito o que fazer: organizar o mundo, seus amigos, sua família, seu trabalho, e assim por diante.

Se o capricorniano tem em seu mapa astral uma influência que corresponda a Peixes, ou a Lua ou o ascendente em Áries/Sagitário/Gêmeos/Aquário, para aliviar a carga das expectativas de Saturno, então ambos têm o potencial de alcançar a floresta encantada do amor, onde a adivinhação é tão normal quanto perguntar a hora. Isso é o que obtemos quando misturamos a esperança e a capacidade do pisciano com o pragmatismo do capricorniano. É algo alquímico e eficaz.

Os capricornianos têm mentes brilhantes e humor ácido, e os piscianos adoram rir, mas ambos têm a tendência de levar a si mesmos e a vida muito a sério. Então, se adicionarmos humor à mistura, é uma receita para o sucesso e a felicidade.

Os piscianos têm a mesma quantidade de pó de pirlimpimpim escondido na manga, se não mais, do que seus vizinhos aquarianos. Eles o espalham quando ninguém está olhando, e o pó só acaba se eles se esquecerem de quem são. É tão triste ver os piscianos, que outrora brilhavam, desgastados pela vida assim como é triste ver um tigre abandonado resignado à sua prisão numa jaula pequena e suja. Alguns capricornianos causam o mesmo impacto que essa jaula nos piscianos, drenando sua força vital de modo que o pó de pirlimpimpim acabe e a vida se torne monótona e desprovida de magia, o que é como uma prisão para os piscianos. Eles são forçados a existir em uma realidade cinza e sem graça. Os piscianos são os mártires do zodíaco (junto com os virginianos) porque qualquer signo de ar ou fogo que se preze a essa altura já teria escapado.

CONFIANÇA

Os capricornianos trazem estrutura, estabilidade e foco aos piscianos, e estes têm a reputação ligeiramente manchada porque alguns realmente são escorregadios, trapaceiros, metidos a espertos e não têm compromisso — ou inconscientemente atraem esse comportamento em seus parceiros. Mas esses piscianos são impulsionados pelo medo e são a minoria. Não é comum que interessem a um capricorniano honesto, porque os capricornianos, quando estão fluindo, são dedicados à verdade, trabalhadores e fiéis; eles nem sequer trapaceariam em um jogo de cartas, quanto mais trair a pessoa amada. Com frequência confiam demais porque são confiáveis, e os piscianos têm sucesso nesse tipo de certeza — estabilidade no amor é algo paradisíaco para eles. Mesmo que finjam que não precisam disso, na verdade, precisam. Então, oferecem sua lealdade e trabalham pacientemente para construir uma vida com seu capricorniano, um pé no oceano e outro na terra, e se comprometem a superar seus medos em relação à intimidade.

ALCANÇANDO O NIRVANA

Se os piscianos esqueceram como se dança livremente à luz da lua ou se canta junto à fogueira na praia, eles devem lembrar rápido e levar o capricorniano com eles. Essa perda de memória profunda também pode acontecer se estiverem trabalhando apenas com a terra em seus próprios mapas. Nesse caso, eles não precisam de um capricorniano para restringi-los; eles farão isso sozinhos.

Os capricornianos podem ser frios, mas os piscianos também podem e, quando eles se esforçam para consolar, simpatizar e enfatizar o que é bom, isso neutraliza o potencial de causar dor.

Os capricornianos nunca devem ficar presos a uma rotina ou ter o amor como algo garantido, este último também vale para os piscianos. Eles também precisam aceitar a responsabilidade pela desarmonia e, em vez de causá-la, trabalhar para criar uma harmonia que os mantenha comprometidos a longo prazo.

Notas Amorosas

Se você é um pisciano que ama um capricorniano, pense no seguinte:

- Você considera seu relacionamento como um santuário?
- O que você faz para aumentar a confiança e a intimidade em seu relacionamento?
- Vocês riem juntos?
- O que você faz para proteger seu próprio senso de paz?

Notas Amorosas

Se você é um capricorniano que ama um pisciano, pense no seguinte:

- Com que frequência você olha nos olhos de seu parceiro?
- Às vezes você fica preso à rotina?
- Você agradece por pequenos gestos de gentileza?
- Como você mantém essa relação sempre renovada?

Combinações de Signos de Água e Ar

Câncer — Gêmeos

REGIDOS PELA LUA E POR MERCÚRIO

Uma combinação amorosa entre um bebê lunar e um geminiano reúne muitas bênçãos cósmicas em uma realidade mágica, em especial se o canceriano tiver o ascendente ou um planeta como a Lua, Vênus ou Marte em Gêmeos na versão completa de seu mapa astral. Isso resulta num caminhar leve e num senso de humor que o impedirá de levar o amor e a vida muito a sério. O mesmo vale para o geminiano. Se ele for abençoado com um planeta de água ou de terra próximo ao seu signo e aos seus planetas natais, voláteis e meio desequilibrados, ele geralmente é mais ponderado e contemplativo, o que gera compaixão e compreensão a essa combinação.

DANÇANDO COM UMA LEVEZA FANTÁSTICA

Quando o canceriano apaga o passado e se liberta de sua necessidade de controlar cada momento ou experiência, ele ganha um brilho intenso o suficiente para se juntar ao seu geminiano e, juntos, dançarem com leveza; alguns dias ou até mesmo momentos podem fazer toda a diferença, à medida que se abrem para a diversão pura e a alegria que só existem no momento presente. Quando um canceriano olha para trás com muita frequência, só fica com dor no pescoço.

O geminiano tem aversão à intensidade e à emoção, mas isso não significa que ele seja superficial. Embora possa sê-lo, inconscientemente é provável que saiba que na próxima encarnação nascerá sob o signo sensível e todo sentimental de Câncer, então por agora só quer aproveitar, adquirir conhecimento e criar confusão ao longo do caminho, enquanto provoca o máximo de cancerianos sisudos que conseguir, apenas porque isso o diverte. Os geminianos são ágeis demais com seus pés mercuriais para serem beliscados ou ficarem presos numa rede por muito tempo.

ALCANÇANDO O NIRVANA

O canceriano, em sua melhor versão, é educado, generoso e bom por natureza, e o geminiano esperto intensifica essas características atraentes ao desacelerar e levar em consideração os sentimentos do bebê de água — de tempos em tempos pelo menos.

O lado mais feio e defensivo do canceriano é negativo, grosso e exageradamente cruel, mas a pureza luminosa do espírito do bebê lunar está *sempre* por baixo dessa dor. Quando o geminiano entra em sintonia com sua renomada esperteza e deslumbrante inteligência, ele reconhece que as reações exageradas e defensivas do canceriano são apenas resultado de seu sofrimento e nunca são pessoais. Nativo de um dos signos mais inteligentes do zodíaco, o geminiano consegue enxergar, com facilidade, o que está por trás desses comportamentos ruins, ignorá-los e despertar o melhor lado da natureza de seu parceiro. É aqui que a regra de três (Rd3), na página 23, entra em jogo. Isso é um bom karma para o geminiano e uma oportunidade para retribuir.

O canceriano também pode amplificar as vibrações de amor ao observar suas próprias reações e não sufocar nem ser excessivamente possessivo com seu ágil parceiro — e certamente não interpretar cada frase que seu geminiano formula (e todos os outros seres humanos) como um ataque pessoal.

A paciência é a chave, e uma apreciação das diferenças mútuas ajuda. Menos apego às percepções de como o relacionamento deveria ser trará os dois para a magia do momento.

Notas Amorosas

Se você é um canceriano que ama um geminiano, pense no seguinte:

- Sua sensibilidade está ligada ao seu ego ou aos seus sentimentos? Se sim, tome cuidado e pare de fazer isso ou de internalizar tudo.
- Você tende a ser possessivo com seu geminiano?
- Vocês riem juntos?
- O que você ama em seu geminiano?

Notas Amorosas

Se você é um geminiano que ama um canceriano, pense no seguinte:

- Você leva em consideração o quão sensível seu canceriano é? Como isso faz você se sentir?
- Tente evocar a bondade e a generosidade em seu canceriano.
- Considerem participar de um projeto criativo juntos.
- Você medita? Se sim, como isso o ajuda? Se não, tente!

Câncer — Libra
REGIDOS PELA LUA E POR VÊNUS

A balança libriana do equilíbrio e o canceriano regido pela Lua, que muda de humor de modo rápido e inquietante, têm muito trabalho pela frente nessa relação, isso é certo. No entanto, o libriano sente (de início) que tem mais do que luz e alegria suficientes para os dois, então investe seu coração, sua alma e seu entusiasmo nesse relacionamento pelo tempo necessário para persuadir o canceriano a sair de sua concha cética e a entrar nos meandros do romance. O libriano talvez seja o mais simpático e compreensivo de todos os signos de ar, sendo esse o motivo pelo qual essa combinação é mais fácil do que entre Câncer e Aquário ou Gêmeos, pelo menos a curto prazo.

O libriano pode ser carente de amor em vários aspectos, e o canceriano precisa se sentir necessário — trata-se de uma carga imensa de carência e insuficiência, o que pode levar os dois a se agarrarem a algo ou a alguém fora deles, como num romance, para se sentirem completos. Essa é a receita para o desastre. Os librianos são retratados como uma balança equilibrada por um bom motivo: eles necessitam de equilíbrio em todas as áreas da vida, embora alguns possam supor, erroneamente, que são incompletos ou desequilibrados se não tiverem um parceiro ou outra metade.

COMPROMETIMENTO

Quando esses dois estão funcionando bem, eles têm o potencial de criar um relacionamento espetacular, que oferece segurança e uma harmoniosa combinação de comprometimento e bondade amorosa.

Um libriano apaixonado fica repleto de carinho e transborda com as alegrias da primavera, o que o torna mais cativante para o canceriano. Sua atitude de coração aberto para o amor e a vida evoca o lado terno e mais suave do canceriano, e, juntos, eles planejarão construir um sólido casamento de almas que terá um equilíbrio entre a preocupação do canceriano consigo mesmo e com seus próprios sentimentos e a tendência natural do libriano de se importar com o que os outros pensam. Eles pesam os prós e os contras de cada pessoa e interação, o que é uma oportunidade de aprendizado para o canceriano, que é tão persuasivo que poderia fazer com que santos se tornassem momentaneamente cínicos, paranoicos ou desconfiados.

Os cancerianos sabem intuitivamente que podem confiar em seus librianos, porque nenhum outro signo é tão bem intencionado. Por esse motivo, eles podem ouvir dois lados lógicos de uma história, sendo que antes eles tinham apenas a própria versão. Isso lhes permite dar aos outros (e a si mesmos) o benefício da dúvida. Como resultado, essa união pode chegar tão perto da perfeição quanto qualquer outra.

ALCANÇANDO O NIRVANA

Se o canceriano parar de tentar ser compreendido e começar a tentar compreender, isso muda o jogo dele com o libriano. Para diminuir a influência do ego inferior, ambos podem se colocar no lugar um do outro. Quando o libriano começa a enxergar seu parceiro como ele realmente é e para de construir contos de fadas e castelos de areia, pode avaliar o que funciona, onde é preciso ceder e como eles podem extrair o melhor um do outro. Dessa forma, eles alcançam o equilíbrio e um amor verdadeiro e duradouro.

Notas Amorosas

Se você é um canceriano que ama um libriano, pense no seguinte:

- Você acha que tende a ver o pior nas pessoas?
- Questione-se sobre quantas vezes você estava felizmente errado acerca das intenções de alguém. Agora, tome mais cuidado ao fazer juízos no futuro.
- Seu parceiro ajuda você a enxergar as coisas de uma perspectiva diferente?

Notas Amorosas

Se você é um libriano que ama um canceriano, pense no seguinte:

- Sua união é baseada na realidade ou em sua própria fantasia de como um relacionamento deveria ser?
- Você ajuda seu parceiro a relaxar?
- Vocês podem fazer um combinado de trazer à tona o melhor do outro? Acha que pode funcionar?

Câncer — Aquário

REGIDOS PELA LUA E POR SATURNO/URANO

Essa relação não é a mais fácil nem para o bebê lunar nem para o criador de ondas. Por *design* cósmico, eles são incrivelmente diferentes e têm objetivos e prioridades contrastantes. Essa relação tem muito a oferecer em termos de crescimento e aprendizado, mas um casamento duradouro ou uma relação amorosa são coisas desafiadoras, a não ser que os dois cheguem ao ponto em que o amor que sentem um pelo outro seja incondicional.

O canceriano pode se tornar passivo-agressivo, afastando-se para retomar o controle, e o aquariano pode se tornar friamente distante para preservar sua sanidade e não entrar em combustão emocional, a menos que esses dois tenham Capricórnio ou Touro no mapa, o que lhes dá a química, o ímpeto e a tenacidade para lutar um pelo outro. Caso contrário, a paixão pode simplesmente desaparecer em razão de diversos mal-entendidos. O canceriano interpreta o aquariano de modo completamente errado, tal é sua natureza desconfiada. O aquariano é intuitivo, e não apenas calculista, e este último traço é o que o canceriano passou eras aperfeiçoando. Os criadores de ondas vivem bem com seus instintos.

Raramente se trata de algo premeditado; eles simplesmente não têm tempo para conspirar como provavelmente um canceriano tenha.

O aquariano lógico considera o canceriano emocional como um desmancha-prazeres. O primeiro atravessa o momento com tranquilidade e vive com leveza no futuro e nunca compreenderá por que o canceriano deseja viver no passado, especialmente se esse passado não foi feliz.

AMIZADE

Não é incomum para um aquariano se casar com seu melhor amigo, e seu parceiro deve estar pelo menos entre seus três melhores amigos para que o casamento dure mais do que um milissegundo. Isso significa que essa combinação pode funcionar melhor como uma amizade, da qual ambos podem entrar e sair. Também flui bem se um for o pai e o outro for o filho, mas, mesmo assim, os resultados podem ser perturbadores para o canceriano, que deseja segurança e rotina. Isso é irritante para o aquariano, que se sente constantemente monitorado e, como resultado, comete grandes erros e toma decisões incompreensíveis com tal pressão.

O aquariano não poderia ser do tipo que fica em casa assando biscoitos nem se sua vida dependesse disso. O canceriano adora o cheiro de biscoitos assados em casa, então ele pode ter a necessidade de se destacar na cozinha, contratar um *chef* ou encontrar uma mãe substituta (ou seja, uma babá).

O canceriano gosta de saber (e discutir) o que está acontecendo na vida de todos, o que o aquariano vê como intromissão. O canceriano acha o aquariano obtuso, desconfortavelmente franco e, às vezes, até hipócrita, o que faz com que os espectadores inocentes se perguntem como e por que esses dois decidiram ficar juntos.

Essa combinação pode ser interessante para os criadores de ondas e empolgante para os bebês lunares, mas calma ela não é. Os cancerianos são tradicionais e os aquarianos não são fãs de regras, principalmente quando as probabilidades estão contra essas normas de qualquer maneira. Eles não veem a lógica dessas normas — e se a lógica está ausente, eles tendem a se desligar. A não ser que eles tendam mais para o responsável Saturno, seu regente clássico, o aquariano pode ser tão imprevisível quanto trovões e relâmpagos. Até que controle essa voltagem, pode causar instabilidade e caos total, o que nunca agradará seu canceriano, que adora a segurança.

Pelo menos essa parceria nunca terá um momento monótono.

ALCANÇANDO O NIRVANA

No geral, a bondade de um para com o outro e não guardar ressentimentos são o caminho para essa união funcionar.

Existem algumas coisas que eles *têm* em comum: uma delas é a imprevisibilidade. Ela permeia todo o ser do criador de ondas e forma os humores e os sentimentos do canceriano. A outra semelhança é o coração deles. Ambos têm um coração bondoso e puro, e podem cuidar um do outro se se derem uma mínima chance. Com paciência e perseverança, podem construir algo realmente incrível, mas o canceriano deve parar de reagir tão rápido e tirar um tempo para ouvir onde está a cabeça do criador de ondas. Quanto aos criadores de ondas, eles precisam tentar enxergar as demandas do canceriano não como opressão, mas como uma oportunidade para compartilharem sua generosidade de espírito e bondade amorosa.

Notas Amorosas

Se você é um canceriano que ama um aquariano, pense no seguinte:

- O que o atrai em seu parceiro?
- Essa relação o anima?
- Como é sua comunicação nesse relacionamento? Você é aberto? Ou internaliza as coisas?

Notas Amorosas

Se você é um aquariano que ama um canceriano, pense no seguinte:

- Você se considera compassivo?
- Essa união amplia ou restringe o que mencionamos anteriormente?
- Você precisa trabalhar sua paciência e tolerância? Se sim, esse relacionamento deve ajudá-lo com isso.

Escorpião — Gêmeos
REGIDOS POR MARTE/PLUTÃO E POR MERCÚRIO

Quando um geminiano se depara com um escorpiano, coisas peculiares acontecem. Ele é desafiado a revisar a maneira como percebe as pessoas e os relacionamentos em geral. Raramente é uma atração instantânea ou amor à primeira vista; está mais para um encontro fortuito ou uma apresentação forçada em que precisam sentar-se um ao lado do outro num jantar. O geminiano reconhece desde cedo que esse ser hipnótico tem muito mais a oferecer do que aparenta, o que o fascina. Os geminianos são afiados e inteligentes, talvez até um pouco arrogantes, em sua capacidade de julgar pessoas e situações com rapidez, e os escorpianos são tão imprevisíveis quanto eles.

Quanto ao escorpiano, ele é compelido a explorar alguma forma de intimidade com essa pessoa gloriosamente aérea que tem tantas personalidades que as chances de se entediar são mínimas. Nesse aspecto, ambos compartilham um medo semelhante do tédio e da monotonia.

No entanto, o escorpiano, a não ser que tenha mais Áries ou Leão em seu mapa astral, está em busca de uma alma gêmea; tem pouco interesse em casos passageiros. O geminiano acha esse conceito intrigante, embora a devoção para ele seja apenas uma curiosidade, então ele pode simplesmente se envolver — afinal, o que de pior pode acontecer? Não é que ele não perceba o perigo espreitando por trás dos olhos profundos e da energia magnética do escorpiano; ele simplesmente não se importa e não tem medo. Jogos de poder e manipulação serão como água nas costas de um pato: sem consequências.

O escorpiano não consegue penetrar na alma do geminiano porque, a não ser que tenham Câncer, Escorpião ou um signo desperto como Aquário em seus mapas astrais, o geminiano não está sintonizado com sua própria mente superior e vive em sua mente inquieta, cheia de tagarelice, atividade e trivialidades. O escorpiano não pode encontrar o que simplesmente não está lá, o que o deixa impotente e perplexo, ainda que, no fundo, aliviado. O que ele vê é o que recebe. E como isso é renovador para alguém que sempre tem que jogar xadrez humano, lendo nas entrelinhas, procurando por ambiguidades e inimigos ocultos. Mesmo quando ele ataca o geminiano, esse ser de ar está ocupado demais para percebê-lo, de modo que os ataques acabam cessando e uma espécie de paz se estabelece.

FIÉIS

O geminiano está em busca constante de estimulação, o que pode causar todos os tipos de problemas para este relacionamento. Ele pode parecer disponível e flertar, ou até mesmo ser infiel, e, se o escorpiano perceber isso, é improvável que permaneça. Ele pode até se vingar, mas não aceitará por muito tempo o comportamento inadequado de seu geminiano. Isso contrasta bastante com o modo como o geminiano lida com a infidelidade do escorpiano; raramente sente a necessidade de sair da relação. Pode até cometer ele mesmo uma traição para acertar as contas, mas, no geral, tende a ignorar esse tipo de comportamento (a não ser que tenha Escorpião ou Câncer no mapa; se neste último estiverem a Lua, Vênus ou

Marte, ele permanecerá apenas por segurança financeira, *status*, família ou pela casa). Quando o escorpiano fica com ciúmes, o geminiano não consegue compreender o raciocínio ou a lógica por trás disso.

O escorpiano é super-reservado. O geminiano é discreto com suas próprias informações, mas relaxado com as dos outros; se sua língua solta ousar revelar qualquer coisa acerca do escorpiano, a confiança estará morta e enterrada.

ALCANÇANDO O NIRVANA

O escorpiano precisa ser realista em relação ao que espera do geminiano. Ele só mudará se quiser, não porque é forçado, o que é uma regra tácita dos signos de ar (exceto Libra). Se o geminiano deseja que esse relacionamento dure, ele terá que se tornar muito mais indisponível para os outros e dedicado ao seu parceiro.

No geral, a intensidade e a superficialidade podem ser equilibradas e ambos podem aprender e crescer. Como em todos os relacionamentos, uma crença ou prática espiritual permitirá que eles superem seus próprios desejos animalescos e criem algo incrível.

Notas Amorosas

Se você é um escorpiano que ama um geminiano, pense no seguinte:

- O que você ama em seu geminiano?
- Qual é a sua interpretação de devoção?
- Você tem crenças espirituais?

Notas Amorosas

Se você é um geminiano que ama um escorpiano, pense no seguinte:

- Seu parceiro o anima? Se sim, por quê?
- Qual foi o relacionamento mais longo que você já teve? Quais eram os aspectos positivos?
- Você valoriza a necessidade de lealdade de seu parceiro?
- Seu escorpiano é ciumento? Você o ajuda a superar isso?

Escorpião — Libra
REGIDOS POR MARTE/PLUTÃO E VÊNUS

Para que esses dois se atraiam o suficiente para formar algo que se assemelhe a um relacionamento, é preciso que cada um tenha uma pequena dose do signo do outro na versão completa de seu mapa astral. Caso contrário, eles são simplesmente muito diferentes para que qualquer coisa dure mais do que uma semana. Sem um pouco do lado *sexy* de Escorpião, o libriano é doce e confiante demais para o escorpiano. Isso não significa que o libriano não seja bom o suficiente; na verdade, é o contrário: o escorpiano acredita que esse gracioso filho de Vênus é bom *demais*, e esse é o problema. O escorpiano pode ser zeloso, mas mergulhado na aversão a si mesmo e na insegurança, isso o faz acreditar que realmente não merece alguém tão honrado quanto o libriano, ou sequer ser feliz. Ele tenta proteger seu libriano de suas piores tendências, mas ambos possuem quantidades iguais de luz e trevas e muitas outras coisas em comum; se não fosse por isso, não haveria atração mútua alguma.

SEDUÇÃO

Como uma mariposa atraída pela chama, o libriano é atraído por essa pessoa rebelde e inalcançável de gênero fluido e não consegue entender por que sua beleza e encantos serenos são invisíveis para o escorpiano. Eles podem se envolver num breve romance, mas a natureza protetora do escorpiano entrará em ação e deixará em seu rastro um libriano abandonado. Ele só o verá como um alvo válido se o libriano tiver aceitado um pouco de sua própria escuridão plutoniana. O libriano dá tudo de si para tentar seduzir o escorpiano, o que é um verdadeiro desafio, porque este desconfia de qualquer emoção que ameace tirá-lo do controle, mesmo que por um segundo.

O escorpiano pode sofrer de obsessão e é como um disco riscado quando reproduz repetidas vezes como e por que um parceiro o deixou. É raro que lamente por amor como o libriano.

ALCANÇANDO O NIRVANA

Para que esses dois seres consigam formar um amor duradouro, nenhum pode recorrer aos seus jogos habituais.

O libriano deve ser paciente e trabalhar para construir confiança, o que atrairá o escorpiano para fora da zona do medo, direto para seus braços. A honestidade também é crucial. O libriano tende a refletir o que acha que o escorpiano quer e depois tornar isso parte do seu ser, o que não é sustentável. Para ele, ser verdadeiro consigo mesmo despertará respeito, e o amor poderá então crescer ao longo do tempo.

Notas Amorosas

Se você é um escorpiano que ama um libriano, pense no seguinte:

- Você dedica tempo para conhecer seu parceiro antes de fazer promessas?

- Você costuma fazer joguinhos? Se sim, por quê? É medo ou malvadeza?
- Vocês conversaram sobre as necessidades de cada um nessa união? É provável que elas sejam atendidas?
- O que você ama em seu libriano?

Notas Amorosas

Se você é um libriano que ama um escorpiano, pense no seguinte:

- Você está feliz em ser você mesmo desde o início desse relacionamento?
- Você ouve o que seu parceiro deseja nesse relacionamento?
- Você já usou o sexo para tentar conquistar o amor?
- Você expressa suas próprias necessidades?

Escorpião — Aquário

REGIDOS POR MARTE/PLUTÃO E SATURNO/URANO

O aguadeiro e o escorpiano são magnetizados um pelo outro, atraídos como abelhas ao pólen — com detalhe de que certas pessoas são alérgicas ao pólen. Quando esses dois se combinam, o resultado pode ser o mel mais doce ou uma reação anafilática grave. Eles são ao mesmo tempo parecidos e diferentes. Seus signos solares formam o que é conhecido como "quadratura", que é quando dois signos no círculo do zodíaco estão a 90 graus de distância (ou três signos de distância), formando um "ângulo tenso". E nas quadraturas, algo ou alguém precisa mudar para progredir. O problema é que ambos são fixos e teimosos, sempre pensando que estão certos e que o outro deve fazer o trabalho.

Dito isso, a química entre eles é tangível tanto quanto a tensão. Imagine um elástico sendo puxado em duas direções com força igual. Ele acabará se rompendo. Pode-se supor que o aquariano perderia este confronto titânico, mas essa não seria uma aposta segura.

Não é fácil ser um escorpiano, pois mesmo aqueles que tentam diminuir a intensidade de seus holofotes e enfraquecer seus ferrões são temidos de algum modo ou colocados a uma distância segura. Felizmente, os aquarianos são destemidos por natureza, então a escuridão dos que nasceram regidos por Plutão lhes parece inebriante. O escorpiano fica hipnotizado pela luz do aquariano, e o resto, como dizem, é história. Só que, por mais diplomáticas que sejam as relações inicialmente, se um ou os dois não forem evoluídos, uma zona de guerra secreta pode estar crescendo, na qual nenhum será de fato capaz de vencer ou destruir o outro. Isso resulta numa poderosa luta intergaláctica entre as forças das trevas e da luz. Um deles partirá, provavelmente o aquariano, que limpa suas cicatrizes de batalha com pó de pirlimpimpim e recomeça.

SUPERPODERES

O escorpiano pode tentar usar todos os seus truques e manobras habituais para seduzir e vencer essa relação, mas os aquarianos têm visão de raio X e não costumam reagir a jogadas de poder dissimuladas. Isso não quer dizer que não estejam cientes delas. Eles nascem com esse interruptor ligado e passam a vida toda tentando desligá-lo, para ter uma folga. Eles veem tudo. E o escorpiano fica ao mesmo tempo encantado e aterrorizado por ter sido *visto* e, ainda assim, amado e desejado pelo aguadeiro. Isto é, a não ser que cometa atos imperdoáveis, como tentar controlar ou manipular seu parceiro de maneira implacável ou, o pior de tudo, traição. O aquariano perdoa quase tudo, mas traição? É quando o gelo da criança uraniana se forma e não permite mais volta. O mesmo acontece para o escorpiano. Sendo de um signo de água, ele pode perdoar o aquariano mais do que qualquer outro, mas, se perceber correta ou incorretamente que a confiança foi quebrada, ele ignorará o aquariano ou buscará destruí-lo de alguma maneira.

Os signos de água não têm um impacto duradouro e real sobre os signos de ar, o que pode levar o escorpiano a recuar, a questionar sua própria sanidade ou as duas coisas. O aquariano tem um talento secreto para fazer as pessoas (incluindo ele mesmo) enlouquecerem, mas raramente é intencional. Ambos gostam de ir além da superfície: o escorpiano investiga enquanto o aquariano busca e detecta a verdade — os dois têm um detector de mentiras incrível — o que os torna uma equipe formidável, especialmente se trabalharem na área de inteligência ou jornalismo investigativo. (Pense que a Jean Grey do X-Men, com seus poderes telecinéticos e telepáticos, é aquariana.) É por isso que esse relacionamento pode ser emocionante e perigoso em igual medida.

ALCANÇANDO O NIRVANA

Para que essa relação suporte os testes do tempo e os jogos de poder, as duas partes precisam ser conscientes de si mesmas e profundamente honestas. Isso é fácil para o aquariano e mais difícil para o escorpiano, que nem sempre está ciente de seus impulsos inconscientes. Se ambos se tornarem compassivos, tiverem um bom senso de humor e se lembrarem do que amam um no outro, tudo ficará bem.

A química raramente desaparece, mas a compatibilidade sexual não é suficiente para alcançar o nirvana. A prática espiritual é um caminho para o entendimento porque os dois podem precisar trabalhar seus desejos e apegos. No entanto, com a combinação da escuridão e da luz do casal, eles têm o poder de brilhar como o esplendor dos deuses.

Notas Amorosas

Se você é um escorpiano que ama um aquariano, pense no seguinte:

- Você tenta controlar seu parceiro? Seja honesto. Se sim, por quê? Do que você tem medo?
- Você é grato por seu parceiro? Se sim, como isso é demonstrado?
- Você reconhece seus próprios defeitos e qualidades?

Notas Amorosas

Se você é um aquariano que ama um escorpiano, pense no seguinte:

- Você consegue ver a contribuição única de seu parceiro na sua vida como uma bênção?
- Você provoca intencionalmente seu escorpiano em busca de uma reação?
- Você consegue entender os ciúmes de seu parceiro e tentar ajudá-lo a superar isso?

Peixes — Gêmeos
REGIDOS POR JÚPITER/NETUNO E MERCÚRIO

Se você está familiarizado com o burrinho Bisonho e o Leitão, do *Ursinho Pooh*, pode ter uma ideia dessa combinação. Bisonho é pessimista como os piscianos, é um masoquista que vive se *lamentando*. Leitão, por outro lado, é um ser vibrante que compensa sua falta de bom senso com um fornecimento instantâneo de energia e palavras. Ele não gosta de ficar quieto nem calado, com medo de que a realidade aproveite a brecha e entre sem cerimônia. Os piscianos muitas vezes são sonhadores e, por isso, tendem a aceitar a vida imaginária dos geminianos, agindo com empatia. No entanto, nessa união, será o pisciano que acabará por forçar o geminiano a encarar a realidade, o que será ótimo ou não será aceito com tanta generosidade, dependendo de onde o geminiano está em sua jornada. Essa combinação de amor pode ajudar os dois signos a crescer e florescer se estiverem dispostos a fazer algumas mudanças para se acomodarem.

O geminiano evoluído é brilhante, otimista, aberto ao aprendizado e confiante, mas seu lado sombrio não evoluído é enganador, sem compromisso e propenso à manipulação psicológica. Em resumo, ele usa sua língua e mente habilidosas e sua inquietação para se desviar da culpa, dissuadir-se da verdade e desanimar o pisciano despreparado, a ponto de ele entrar num estado de total confusão.

SERENIDADE

O geminiano está sempre em busca de algo. É improvável que saiba o que de fato quer, mas, com o pisciano, terá a chance de desacelerar, de estar presente e de se apaixonar. Se o pisciano tiver paciência para lidar com isso, eles terão a oportunidade de construir uma vida bastante encantadora, repleta de interesses comuns, e talvez até desfrutem de formas mais criativas de viver. O geminiano em pleno fluxo positivo é uma maravilha: inteligente, interessante e curioso sobre tudo o que o amor e a vida têm a oferecer. No entanto, se estiver desequilibrado, ser-lhe-á sempre impossível alcançar as águas serenas de que os piscianos precisam de vez em quando. Portanto, o geminiano deve aceitar que precisa considerar as diferenças de seu parceiro e se adaptar conforme necessário. É importante que o geminiano perceba o quanto suas atividades mentais e físicas erráticas são desconcertantes para o pisciano. Se eles se importarem o suficiente para tentar fazer essa união funcionar, concessões serão necessárias de ambas as partes.

ALCANÇANDO O NIRVANA

O geminiano não para quieto por medo, tédio ou pior: para não ser visto como um chato. Quando cresce emocionalmente, pode desacelerar e enfrentar a si mesmo, o que é cativante para o sábio pisciano, que cura e acalma os medos do geminiano de maneiras que ninguém mais fez ou pode fazer.

O pisciano se apaixona pela mente do geminiano e pela sua noção inocente de admirar as possibilidades que a vida tem a oferecer, mas pode ser percebido como mal-humorado ou rabugento e insistir que as coisas sejam feitas do seu jeito. Os geminianos também estão acostumados a conseguir o que querem, no geral, porque vencem os outros pelo cansaço, com sua agilidade mental e inquietação, só porque essa é a maneira mais fácil. Para alcançar o tipo de amor duradouro com que ambos sonham, concessões e diálogo são necessários. O geminiano não gosta desse tipo de conversa séria, mas, de tempos em tempos, elas são necessárias para corrigir os desequilíbrios e os mal-entendidos que inevitavelmente surgirão e ameaçarão engolfá-los, causando fissuras na relação.

Aceitar suas próprias falhas e apreciar as qualidades um do outro garantirá o sucesso desse relacionamento a longo prazo .

Notas Amorosas

Se você é um pisciano que ama um geminiano, pense no seguinte:

- Você é paciente e compassivo?
- Seu geminiano o fascina?
- Você é criativo? Se sim, ótimo. Se não, por favor, reveja isso, pois é uma cura para você mesmo.
- Você entende seu parceiro? Se não, você tenta?
- Você consegue fazer concessões?

Notas Amorosas

Se você é um geminiano que ama um pisciano, pense no seguinte:

- Você está sempre inquieto? Se sim, por quê?
- O que aconteceria se você desacelerasse? Você consegue ficar quieto? Já tentou meditar?
- Você é crítico?
- Você é grato por seu pisciano? Você consegue listar as qualidades dele?

Peixes — Libra

REGIDOS POR JÚPITER/NETUNO E VÊNUS

Essa combinação tem todos os elementos de um romance de conto de fadas, com notas de amor que inspiram canções cativantes e contos que os escritores enfeitam para as telas. *É assim*... no começo.

Os librianos adoram ser cortejados e os piscianos são fundamentalmente românticos. Até mesmo piscianos sobrecarregados por planetas de terra no mapa são conhecidos por ceder, organizando jantares a dois à luz de velas no terraço, viagens secretas e banheiras cheias de pétalas para sua beleza libriana.

À primeira vista, essa é uma parceria harmoniosa. Ambos os signos tendem a preferir a paz, a beleza e a calma, mas, se quiserem se aprofundar um pouco mais, problemas podem surgir. O pisciano se sai bem ao falar conceitualmente, mas não é fã de conversas reais (a não ser que tenha uma Lua ou ascendente de fogo ou terra etc.), e acha a incessante necessidade do libriano de discutir as coisas e esclarecer questões frustrante e, com o tempo, entediante. Quanto ao libriano, ele só quer solidificar a relação e resolver quaisquer problemas que possam estar desviando o relacionamento do curso — o curso *dele*.

O libriano é mandão e é com frequência o líder nesse relacionamento. A melhor maneira para ele fazer essa relação ou qualquer outra funcionar a longo prazo é encarar o que *é* e trabalhar em cima disso, em vez de tentar moldar a outra pessoa para se encaixar em seus ideais, que são elevados demais de qualquer maneira. A obsessão pelos ideais pode impedi-lo de ver o potencial do que está bem à sua frente.

FORMAS DE ARTE

Muitos se esquecem de que Libra é um signo de ar movido pela lógica por baixo de seu exterior poético e de "paz e amor para todos" e, quando está fluindo, não há signo tão justo e equitativo quanto este. O charme e a diplomacia do libriano (a não ser que tenha a Lua ou ascendente em Sagitário) são irresistíveis, o que faz as pessoas prontamente se sentirem valorizadas, protegidas e ouvidas. Ele não gosta de fofoca e rapidamente sairá da sala ou interromperá o fofoqueiro e informará a parte prejudicada de qualquer conversa indecente, tudo em nome da justiça. Quando os piscianos testemunham essa bondade genuína, eles se apaixonam verdadeira, louca e profundamente. Essa maravilha libriana tem o potencial de reacender a fé arraigada do pisciano na bondade das pessoas, na vida, no amor, na humanidade e no universo.

O libriano, por sua vez, fica encantado pela força suave do pisciano, sua criatividade inata e sua alma artesã. Ele se sente em paz e em casa, vendo-o como sua alma gêmea e a pessoa mais próxima da perfeição que já encontrou.

Existem algumas exceções à regra: os piscianos amam e apreciam a arte, assim como os librianos, mas mesmo quando a beleza de um libriano possa rivalizar com a de Nefertiti, se ele for um desses raros seres não evoluídos que não se importam com os outros e apenas com a forma como o mundo os percebe, ou se ele não foi educado formalmente, não adiantaria ser semelhante à própria Vênus — um pisciano nadaria para longe bem rápido.

ALCANÇANDO O NIRVANA

O libriano precisa de equilíbrio, o que significa que está preparado para ver todos os lados das coisas. Se o pisciano aceitar isso, não se sentirá julgado nem sentirá que seu parceiro se recusa a apoiá-lo.

Os piscianos necessitam de águas calmas e tranquilas para poderem reunir seus pensamentos e se curar da vida no geral, e o libriano não deve interpretar isso como uma afronta contra ele.

Se ambos puderem aceitar como as coisas são e não tentarem mudar um ao outro, o comprometimento surgirá de maneira natural.

Concentrar-se em seus interesses em comum é uma maneira infalível de formar uma nova vida que abranja os dois.

Notas Amorosas

Se você é um pisciano que ama um libriano, pense no seguinte:

- O que em seu libriano o atraiu? Liste as qualidades aqui.
- Você se sente capaz de resolver quaisquer desequilíbrios nesse relacionamento?
- Vocês dois apreciam as artes? Como vocês podem transformar isso em algo maior que um passatempo em comum?

Notas Amorosas

Se você é um libriano que ama um pisciano, pense no seguinte:

- Você aceita seu parceiro como ele é?
- Como é o seu relacionamento ideal e o que isso significa para essa relação atual?

- Você se preocupa com a educação? Quais livros você leu que podem ter aberto sua mente?
- O que é paz para você? Esse relacionamento lhe traz paz?

Peixes — Aquário

REGIDOS POR JÚPITER/NETUNO E SATURNO/URANO

Este é um encontro de almas ou mentes criativas e inclinadas à espiritualidade, dependendo de suas crenças ou descrenças. De qualquer maneira, seja uma amizade ou um romance, faíscas de genialidade surgirão, ideias criativas provavelmente fluirão e novas invenções serão imaginadas. Esses dois seres extraordinários têm muito a oferecer um ao outro e de fato ao mundo, além de potencial para realizar muitas coisas juntos.

Os piscianos são por natureza artistas escapistas e inclinados a usar a imaginação para fugir de uma vida mundana. Um aquariano também se contorcerá como Houdini para fugir de uma gaiola. Nenhum dos dois acredita de verdade que conseguiu encontrar um parceiro tão disposto e igualmente habilidoso com quem possa aproveitar a vida, rindo na cara da conformidade.

O pisciano precisa de bastante tempo sozinho para reunir seus pensamentos e relaxar, e o aquariano sofre se for constantemente bombardeado com informações e energia, então os dois de bom grado darão espaço um ao outro.

A não ser que o aquariano seja do tipo regido por Saturno, sério, prático e com os pés no chão, ou o pisciano tenha se acostumado com a instituição de um emprego normal de oito horas de trabalho ou outro tipo de estrutura empírica por precisar de rotina, esses dois são uma combinação feita em algum cosmos indefinível que se pode chamar de paraíso.

Tudo isso parece idílico, mas como em qualquer relacionamento, há problemas, especialmente entre suas naturezas de água e de ar. O aquariano é assertivo e, em seu modo de plena potência, não se importa com as opiniões ou pensamentos dos outros. O pisciano gostaria de ser assim, mas é sensível aos sentimentos e emoções dos outros e acha seu amigo ou companheiro de signo de ar grosseiro de modo desconcertante, o que faz as penas (ou escamas) se eriçarem.

CONFIANÇA

Os piscianos, quando estão fluindo, são honestos e confiáveis, mas também existe o tipo escorregadio pelo qual seu signo é conhecido. Eles não têm limites e dizem o que for necessário para continuar fazendo o que gostam. Já os aquarianos não conseguem funcionar com este último tipo porque se consideram abertos o suficiente para renegociar os termos e condições se eles não forem justos para todos. Se o pisciano mente ou tenta enganar o criador de ondas, o caos se instala, principalmente porque o aquariano fica indignado pelo fato de o pisciano ter subestimado suas habilidades psíquicas e sua penetrante telepatia. Insultar a intuição e a inteligência de um criador de ondas é a pior coisa que se pode fazer. Seu ego lutará até a morte. O pisciano recorrerá a se fazer de vítima, e não importa o quanto tente fazer as pazes, a não ser que confesse completamente as jogadas conscientes (e inconscientes) que tentou utilizar para enganar ou sair por cima de seu aquariano, a relação acabou, já que o aquariano desce o martelo do julgamento com sua mão firme, de natureza fixa. Se ele achar que tal pisciano não é confiável, os dois podem muito bem terminar o relacionamento. Isso choca demais o pisciano porque ele nunca foi pego de forma tão espetacular e se pergunta para onde foi o ser gentil e compassivo que costumava conhecer. O aquariano se foi com o vento, deixando um vazio real. Contudo, após o período de luto o pisciano geralmente fica aliviado por ter um pouco de paz de volta em sua vida. (Mas ambos sentirão falta um do outro em segredo.)

ALCANÇANDO O NIRVANA

Um *hobby* ou projeto criativo em conjunto cria laços entre esses dois e os ajuda a criar um mundo mágico longe das trivialidades da vida comum, o que os acalma.

Respeitar as diferenças um do outro é fundamental para alcançar uma harmonia melhor e menos atritos, mas isso só acontecerá quando o pisciano for protetor, não reativo, e o criador de ondas tiver consideração e for paciente — para o aquariano, a paciência é uma lição para a vida toda. Os piscianos são pacientes com a vida, mas não necessariamente com as pessoas, e para o criador de ondas é o contrário; então, o meio-termo é o melhor lugar para esses dois signos se encontrarem.

Notas Amorosas

Se você é um pisciano que ama um aquariano, pense no seguinte:

- Você é honesto com seu aquariano?
- Você explica que precisa de tempo para ficar sozinho em silêncio?
- Você explica suas necessidades e expressa seus sentimentos? Isso ajuda seu aquariano, pois eles são orientados para a lógica pura.

Notas Amorosas

Se você é um aquariano que ama um pisciano, pense no seguinte:

- O que você ama em seu pisciano? Você diz isso a ele?

- Você é um parceiro atencioso?
- Vocês compartilham interesses? Quais são eles?
- Seu pisciano desperta sua compaixão?

Combinações de Signos de Terra e Ar

Touro — Gêmeos

REGIDOS POR VÊNUS/GAIA E MERCÚRIO

O taurino e o geminiano não conseguem evitar a atração inicial. Ela é tão intensa que eles podem até mover os céus e a Terra (e seus parceiros atuais) para formar uma relação.

Como esses signos estão um ao lado do outro na roda do zodíaco, é provável que ambos tenham um pouco do signo do outro na versão completa de seus mapas astrais, o que os ajuda a se entenderem e a se tolerarem. Caso contrário, é mais provável que o taurino fique irritado com o geminiano e sua natureza de contrariar, e o geminiano pode decidir que não consegue se estabelecer com alguém tão fixo e opinativo. Nesse caso, o geminiano provavelmente pulará rápido para outro relacionamento (a não ser que tenha Marte ou Lua em Touro), e o taurino precisará participar de um retiro silencioso por alguns meses para se descomprimir.

O taurino, no geral, se delicia com o geminiano. Ele vive sua vida de maneira completamente diferente, sempre aberto a novas possibilidades e pronto para correr riscos em nome da diversão, e isso é revigorante para este taurino de terra, que parece não conseguir evitar ficar preso numa rotina ou ser arrastado para baixo pela monotonia. Pode ser maravilhoso, mas também pode levar ao caos, o que enlouquece de luxúria e desejo o taurino sensato e pragmático ou o deixa insano com toda a tensão. Talvez as duas coisas.

LEVEZA

O taurino olha para o geminiano com amor e afeição. Ele o ajuda a rir e a descontrair. Os taurinos muitas vezes ficam tão sobrecarregados pela responsabilidade e seu senso de dever é tão forte que seu geminiano é como uma lufada de ar fresco num dia abafado. Por esse alívio, ele fica disposto a se comprometer de maneiras que talvez nunca tenha se sentido seguro para fazer antes. Este belo ser regido por Vênus sempre oferece ao geminiano lealdade e apoio, o que faz com que ele se sinta apoiado e agradecido, além de compartilhar sua sensualidade combinada com uma bondade natural. Como o cheiro de flores desabrochando no verão, isso embriaga o geminiano.

ALCANÇANDO O NIRVANA

Para que essa união prospere e perdure, cada um deles deve dedicar tempo para entender como o outro relaxa. Os taurinos precisam de momentos de descanso e os geminianos também, mas apenas os mais evoluídos entre eles sabem disso. Passar um tempo junto à beleza natural da Mãe Terra conecta o geminiano com a realidade e rejuvenesce a alma dos dois.

A sensualidade é importante para o taurino, e, se o geminiano estiver aberto a aprender novas formas de intimidade, tudo ficará bem.

Os taurinos pularão de aventura em aventura com seus geminianos, mas apenas se sentirem que eles fazem concessões e que tudo é justo e equilibrado em suas vidas.

O geminiano precisa desacelerar e enfrentar a si mesmo em vez de correr o mais rápido que consegue. Quando finalmente se sintonizar com a voz suave de sua alma, ele se sentirá mais completo do que nunca. Os taurinos são profundamente ligados à alma, então, juntos, e com paciência e comunicação gentil, eles podem fazer a relação durar.

Notas Amorosas

Se você é um taurino que ama um geminiano, pense no seguinte:

- Seu geminiano o fascina? Se sim, diga isso a ele!
- Você sente que há comprometimento suficiente entre vocês?
- Como você relaxa? Assistir à televisão não conta, pois é um estímulo.
- Vocês já se fizeram massagens sensuais? Se não, experimentem.

Notas Amorosas

Se você é um geminiano que ama um taurino, pense no seguinte:

- Você desacelera o suficiente para olhar nos olhos de seu parceiro e se conectar com a alma dele?
- Seu taurino dá os melhores abraços? Aposto que sim!
- Você está disposto a aprender como se tornar mais sensual, sem pressa?
- Alimentar os taurinos é importante, assim como levá-los para a natureza, mas eles também precisam de momentos de descanso. Você proporciona isso para o seu taurino?

Touro — Libra
REGIDOS POR VÊNUS/GAIA E VÊNUS

Essa excelente combinação amorosa possui todos os ingredientes certos para proporcionar exatamente o que os dois querem e precisam. Ambos compartilham o mesmo planeta regente, Vênus, e têm quantidades iguais de vibrações e de brilho divino que podem oferecer um ao outro.

No geral, o taurino é o mais ligado a terra e o mais pragmático dos dois, mas também é provável que tenha tanto charme e graça de espírito quanto o libriano. A não ser que o taurino tenha um planeta forte se comportando mal em Gêmeos (na versão completa de seu mapa astral), ele é confiável e reservado, o que se adequa bem ao libriano. Nenhum deles gosta de fofocas ou de compartilhar suas vidas pessoais com qualquer pessoa fora de seu círculo íntimo, o que, num mundo cheio de línguas afiadas, os faz sentir como espíritos afins, confiantes o suficiente para abrir seus corações e revelar suas almas um ao outro.

VALORES COMPARTILHADOS

No fundo, os dois signos são discretamente tradicionais e têm valores compartilhados nesse aspecto, o que significa que casos extraconjugais são improváveis e que ambos se esforçarão para construir um relacionamento honesto e sólido. A única desvantagem pode ser para o taurino, que espera dedicação total. Se o libriano estiver realmente pronto para isso, tudo bem; se não estiver, ciúmes ou ressentimentos podem surgir. Se isso acontecer, o libriano começará a perder afeto; portanto, o taurino precisa ter certeza de que o outro o ama o suficiente.

O libriano muitas vezes tem ideais tão altos que é difícil para *ele* alcançá-los, quanto mais para outro ser humano. É mais oportuno para o libriano tentar viver o momento, aceitar o quão maravilhosa é a vida e perceber o quanto o coração dele brilha quando outro ser tão especial quanto o seu taurino o aceita.

ALCANÇANDO O NIRVANA

Para que os dois tenham sucesso, eles precisam trabalhar seus níveis de apego a objetivos ou modos de comportamento ultrapassados e abandonar a necessidade de controlar cada aspecto da vida que têm juntos, revisando suas percepções do que parece ser uma parceria perfeita. Isso não existe. O que é necessário é comprometimento, e se eles ponderarem (é bom para o libriano ajudar com isso) o que funciona e o que pode ser negociado, tudo ficará bem.

Notas Amorosas

Se você é um taurino que ama um libriano, pense no seguinte:

- Esse relacionamento é harmonioso? Se sim, ótimo. Se não, o que você pode fazer para resolver isso?
- Você sofre com questões de apego? Se sim, tente explorar por que e o que pode ser feito para diminuí-las, o que o ajudará a se tornar mais alegre.
- Você e seu libriano se comunicam com facilidade?

Notas Amorosas

Se você é um libriano que ama um taurino, pense no seguinte:

- Você tem ideais e expectativas altas? Se sim, escreva-as e depois reflita sobre quantas são realistas e quantas estão sendo atendidas atualmente.
- Como é o seu parceiro ideal? Quanto disso é refletido em seu taurino?
- Você consegue chegar a um meio-termo de forma equilibrada, para que nenhum dos dois saia perdendo?

Touro — Aquário
REGIDOS POR VÊNUS/GAIA E SATURNO/URANO

Se os taurinos já se sentiram entediados em um relacionamento anterior, o universo ouviu esses lamentos e enviou um aquariano, com um clarão de trovão e mais alguns raios. Certamente nunca haverá um momento maçante para esses dois.

Essa relação geralmente começa de forma peculiar. É raro um taurino e um criador de ondas se encontrarem de maneira comum, o que muitas vezes é o motivo pelo qual o taurino se sente atraído a querer saber mais. Mesmo que logo perceba que esse ser caminha numa linha tênue entre a loucura e a inegável genialidade, esse é o teste. Se você conversar por mais de vinte minutos e nada aleatório surgir, então você não está conversando com um verdadeiro criador de ondas, a não ser que ele tenha uma tonelada de Virgem ou Capricórnio na versão completa de seu mapa astral ou tenha decidido se esconder. No entanto, os aquarianos não são conhecidos por sua discrição. Eles se importam pouco com a opinião de outras pessoas e, a não ser que tenham planetas em Câncer, são seguros e confiantes em sua "loucura", têm amigos o suficiente que os aceitam e, portanto, não precisam se preocupar com a opinião de estranhos. Para os taurinos, essa confiança tranquila é como erva de gato para felinos: viciante, irresistível e irracional.

Tudo isso fica um pouco mais calmo ou menos pronunciado se o aquariano tiver Lua/Marte/Vênus ou o ascendente em Touro na versão completa de seu mapa astral. Se o taurino tiver pelo menos um luminar em Aquário, ele pode não achar que esse novo amor tenha descido do espaço sideral.

O taurino, quando está fluindo plenamente, tem uma postura tranquila que é muito atraente para o criador de ondas. Ele é forte (verificado) e corajoso (duplamente verificado), e quando é confiante o suficiente, não se preocupa com a opinião dos outros, mas ainda é gentil e amoroso (verificado, verificado, verificado). Se um taurino possuir todas essas qualidades e também se sentir confortável em sua própria pele, o aquariano estará completamente entregue.

"DUPLO O"

Esse relacionamento começa pela fascinação. No geral, o aquariano é distante e difícil de entender, o que encanta o taurino. Mas quando eles se conectam, o resultado é uma paixão que se transforma no amor mais profundo que qualquer um deles já encontrou. O crescimento da relação será constante, mas também algo muito novo para ambos, e nenhum deles saberá exatamente como lidar com isso.

É provável que haja muitas saídas repentinas, acessos de raiva, separações e impasses. Ambos são signos fixos, e os taurinos certamente encontraram seu par no departamento de teimosia. Eles compartilham uma natureza de "duplo O": um é obtuso e o outro é obstinado. Embora alguns comportamentos terríveis do taurino possam ser recebidos com um sorriso irônico, um comentário inteligente ou engraçado, ou com a paciência de um santo, outras ofensas serão combatidas com fúria. Nunca se pode ter certeza do que ofenderá o nascido sob Urano. Raramente é o que o taurino pensa que provocará uma reação, mas, quando ele fica com raiva, o trovão retumba e os relâmpagos crepitam. O taurino pode ficar perplexo, mas ainda admirado de que essa pessoa de cabeça fria possa ser tão imprevisível. Ele possui a mesma quantidade de fúria e é capaz de manter seu parceiro sob controle quando necessário, e tem ao mesmo tempo coração suficiente para amá-lo verdadeiramente.

Se o diálogo cessar, o relacionamento provavelmente chegará ao fim. Os taurinos se cansam, e os criadores de ondas se entediam com facilidade. Mas é mais provável que as reconciliações compensem mais do que o caos, e, a cada discussão, mais compreensão e tolerância surgirão à medida que forem forçados a se comunicar. Isso pode levar alguns anos (ou anos-luz) para se estabilizar, mas quando as linhas são traçadas e os limites são definidos, algo sólido pode se estabelecer.

ALCANÇANDO O NIRVANA

Quando um taurino e um criador de ondas se apaixonam num nível de alma que transcende a atração puramente física, nada quebrará esse vínculo kármico de apreço mútuo e devoção. Ambos decidirão que não podem viver um sem o outro e as tempestades acabarão se acalmando. Ainda pode haver um ventinho forte se o aquariano se afastar por muito tempo ou reagir com relâmpagos, ou se o taurino se sentir garantido com seu parceiro aéreo, mas, no geral, eles começarão a se destacar como uma dupla dinâmica.

Os taurinos precisam se manter em forma para não se tornarem muito fixos no corpo ou na mente, e o aquariano deve se exercitar para se manter com os pés no chão. Portanto, hábitos saudáveis são importantes para os dois, assim como *mindfulness* e qualquer coisa que possa expandir a mente.

Notas Amorosas

Se você é um taurino que ama um aquariano, pense no seguinte:

- Você perde o controle com facilidade? Como pode evitar que isso aconteça e ainda ser ouvido?
- Você é "visto" e compreendido por seu parceiro? Se sim, você oferece o mesmo a ele?
- Como você mantém esse relacionamento?
- Você escuta seu parceiro?
- Qual é o passatempo favorito dele?

Notas Amorosas

Se você é um aquariano que ama um taurino, pense no seguinte:

- Você é grato pelos valores de seu taurino? Quais são eles?
- Essa relação é equilibrada, com reciprocidade?
- O que você ama em seu taurino?
- Você se sente "visto"?
- Você "vê" ele?

Virgem — Gêmeos

REGIDOS POR MERCÚRIO/QUÍRON E MERCÚRIO

O virginiano e o geminiano compartilham um planeta regente, o que provavelmente é tudo o que eles estarão dispostos a dividir, a não ser que o virginiano tenha um maravilhoso senso de humor e o geminiano use um pouco de chumbo nos saltos de seus sapatos de sapateado. Sem nenhum ar ou fogo para descontrair, os virginianos têm pouca ou nenhuma chance de sobreviver a esse relacionamento com seus egos frágeis intactos, e o geminiano pode até ter cortes visíveis onde a língua afiada do virginiano atingiu fundo. Isso é o que se conhece como uma união "de quadratura", que ocorre quando dois signos estão separados por três espaços na roda do zodíaco. Imagine dois cervos se encarando, prestes a chocar os chifres em batalha. É assim que é uma união de quadratura, exceto pelo fato de que ela não termina num grande confronto.

Ambos se juntam para aprender e, com esperança, crescer e se tornar versões melhores de si mesmos. Eles estão na Terra para aprender a se comunicar, o que envolve ouvir mais do que falar, então tendem a aprender com seu parceiro exatamente como *não* ser, o que é ótimo se tudo for feito em nome do amor. Se permanecerem juntos, isso significará que o virginiano relaxou e o geminiano se tornou mais disciplinado. O geminiano só quer se divertir, mas se o virginiano não brincar com ele, tudo bem também. Ele procurará nos seus contatos alguém que possa estar disponível para um encontro — qualquer coisa, menos arrumar a bagunça que deixou para o virginiano limpar. Se o virginiano ousar questioná-lo, ele protestará que está sendo controlado e sairá do quarto como uma rajada de vento, deixando a bagunça para o virginiano arrumar (novamente) e esperar pacientemente que a poeira assente. Se essa relação for equilibrada com reciprocidade, as estrelas brilharão para os dois. Se der errado, o virginiano se tornará frio como gelo e o geminiano se rebelará, ignorando emocionalmente o virginiano e, por fim, sumindo fisicamente.

Se o geminiano ficar frustrado, pode ter chiliques ou reagir com declarações maldosas para deter um ataque imaginário ou real do virginiano, o que o virginiano geralmente ignora, a não ser que tenha Vênus/ Lua ou o ascendente em Câncer ou Escorpião; nesse caso, guardará essa mágoa para sempre e se dedicará a uma vingança psicológica com comentários cruéis em casa e em público, além de críticas constantes. Uma guerra de palavras e uma luta pelo controle podem surgir se eles fecharem seus corações um para o outro.

COMUNICAÇÃO

Nenhum dos dois é particularmente habilidoso em conhecer seu público ou perceber o clima do ambiente (a não ser que algum tenha planetas em Aquário, Escorpião ou Peixes). O geminiano pode magoar os sentimentos das pessoas porque nem sempre pensa antes de dizer o que vem à mente. O mesmo pode ser dito do virginiano. Os dois se provocam, levantam as mãos para pedir permissão para assumir o palco e falar, e se revezam em ser o adulto. Há algo infantil nos dois que os atrai e os mantém cativados por cada palavra que o outro diz durante décadas.

Ambos podem ser críticos, mas se cada um mantiver o coração aberto e morder os lábios antes de dizer algo doloroso ou depreciativo, isso acionará o cérebro deles para lembrar todas as razões pelas quais amam seu parceiro, curando-os imensamente. Dizer algo gentil em vez de algo quase cruel é a coisa mais poderosa para abrir os corações de todos. É de verdade o mais belo dos presentes, tanto para quem dá quanto para quem recebe.

ALCANÇANDO O NIRVANA

O geminiano é engraçado, esperto e divertido. O virginiano também é muito inteligente — um pouco menos propenso a risadas estrondosas e declarações grandiloquentes, mas ainda assim bem-humorado. Enquanto a leveza prevalecer, esse amor crescerá e florescerá como uma primavera eterna.

Eles devem ficar atentos a qualquer comportamento de "olho por olho" e sempre tentar trabalhar num equilíbrio saudável de dar e receber, falando a verdade com amor e sem culpar. Isso os ajudará a evitar mal-entendidos catastróficos ao longo do caminho.

Notas Amorosas

Se você é um virginiano que ama um geminiano, pense no seguinte:

- Quais são seus maiores medos? Você sabe quais são os medos de seu parceiro?
- Você está ciente das necessidades de seu parceiro e é sensível a elas?
- Como você resolve disputas ou discussões com seu parceiro?
- Você perdoa?

Notas Amorosas

Se você é um geminiano que ama um virginiano, pense no seguinte:

- Você ouve seu parceiro?
- Você é emocionalmente maduro?
- Em vez de criticar seu parceiro ou o relacionamento, tente praticar a bondade amorosa. (Isso também despertará o sentimento de "estar apaixonado" em você.)
- Você se sente amado? Como isso faz você se sentir?
- Como você cria intimidade e constrói confiança?

Virgem — Libra
REGIDOS POR MERCÚRIO/QUÍRON E VÊNUS

Quando o virginiano e o libriano se encontram por acaso, o sol brilha sobre os dois. Essa parceria tem tudo para alcançar o sucesso e a longevidade.

Tem sido tão difícil para eles serem tão perfeitos num mundo tão imperfeito, e quando olham nos olhos um do outro, os anjos cantam — isso até que o virginiano perceba que o libriano ronca e o libriano veja que o virginiano nem sempre é tão "certinho" quanto afirma ser. O virginiano *é* com frequência a pessoa mais arrumada da Terra, mas em outros momentos, sua casa pode parecer que foi recentemente saqueada.

O virginiano aprecia a diplomacia do libriano (a não ser que tenha planetas em signos de fogo na versão completa de seu mapa astral) e sua lógica, que é otimista na medida certa e equilibra a tendência do virginiano de ser um pouco pessimista. No entanto, ele não vê com bons olhos a extravagância do libriano, e mesmo que todo o dinheiro do aluguel do libriano tenha sido gasto num presente para ele, isso causará muito desgosto.

Sua compatibilidade será particularmente evidente se o virginiano tiver planetas como Lua, Marte e Vênus ou o ascendente em Libra e vice-versa, Saturno nesse signo ou uma conexão por trígono (um aspecto astrológico favorável que se forma quando os planetas de duas pessoas se conectam por um ângulo de 120 graus num mapa astrológico) ou sextil (uma faísca que ocorre quando o planeta de uma pessoa se conecta ao da outra por um ângulo de 60 graus). Embora as conexões com Saturno deem à relação um carimbo de aprovação estelar e o ímpeto para que o casal permaneça comprometido, Saturno mostra onde estão as restrições da pessoa, bem como quaisquer lições kármicas a serem aprendidas em relação ao signo em que ele cai. Isso pode fazer com que os problemas surjam para que possam ser resolvidos de uma vez por todas. Na verdade, é raro que o virginiano e o libriano formem qualquer tipo de união séria sem planetas complementares nos signos um do outro.

AUTOAPERFEIÇOAMENTO

Essa associação de signos de terra e de ar proporciona um bom equilíbrio, o que é requisito para o libriano e o virginiano conseguirem coexistir. Embora ninguém realmente fale sobre a necessidade de equilíbrio do virginiano, ela é um fato astrológico. Sua formação estelar entoa uma sinfonia que só ele pode ouvir. É de fato uma combinação maravilhosa, especialmente se ambos se confrontarem por tempo suficiente para desenvolver seus próprios níveis de consciência de si mesmos e se estiverem evoluindo (ou pelo menos tentando).

O virginiano, quando está fluindo, está constantemente trabalhando em algo, e se seu trabalho remunerado se esgota, ele começa a trabalhar em si mesmo, sendo esse, em geral, o motivo pelo qual o universo força o poço a secar às vezes, para que ele possa refletir e direcionar o foco para si mesmo e para sua vida.

O libriano muitas vezes é sábio, mas apenas quando envelhece um pouco. Quando isso acontece, ele fica com a inteligência igual à do virginiano.

ALCANÇANDO O NIRVANA

Se essa relação começou com um estrondo, ou uma noite de paixão, é pouco provável que dure tanto quanto poderia de outra maneira. Esse relacionamento requer tempo para amadurecer, para que a confiança possa ser construída e o respeito possa ser alcançado. Quando os dois de fato se conhecerem, e não apenas refletirem as qualidades incríveis um do outro, perceberão que esse relacionamento tem o potencial que ambos secretamente esperavam que tivesse.

Será útil se ambos compartilharem uma fé semelhante e praticarem a espiritualidade juntos. Caso contrário, podem acabar discutindo sobre qual versão de Deus ou do universo é a correta ou qual é o propósito da vida.

Notas Amorosas

Se você é um virginiano que ama um libriano, pense no seguinte:

- Você corteja seu parceiro?
- Como essa união começou? Qual foi a atração inicial?
- Vocês conseguem relaxar juntos?

Notas Amorosas

Se você é um libriano que ama um virginiano, pense no seguinte:

- Você e seu parceiro são semelhantes? De que maneiras?
- Quais interesses vocês têm em comum?
- Você aceita seu parceiro? Ou tenta mudá-lo para que se encaixe em seus ideais?

Virgem — Aquário

REGIDOS POR MERCÚRIO/QUÍRON E SATURNO/URANO

O virginiano encontra o criador de ondas, o que se traduz em uma combinação de sensatez e rebelião, e isso pode ir para qualquer lado. Rebeliões sensatas são sempre preferíveis para os virginianos, e se tiverem algum propósito real que sirva a um bem maior, eles darão o seu apoio — mas somente após uma análise exaustiva e depois de pensarem sério e de procrastinarem.

Por mais inteligente e lógico que um aquariano possa ser, ele também é tão aleatório quanto possível. Ora, o virginiano é capaz de apreciar a aleatoriedade, porque ela é necessária para testar e acelerar algoritmos — isso ele pode entender. Mas o tipo de aleatoriedade do criador de ondas? Ele não consegue compreender nenhuma razão para tais comportamentos imprevisíveis e perturbadores em um ser humano perfeitamente razoável. O aquariano médio facilmente engana o pobre e incauto virginiano para que tenha uma falsa sensação de segurança e acredite que esse signo de ar igualmente inteligente e sábio é uma alma gêmea. Então, lá se foi! Ele faz ou diz algo que deixa o virginiano sem palavras — o que é um pequeno milagre, porque os virginianos são conhecidos por nunca se perderem com suas respostas inteligentes e sua honestidade brutal.

RECURSOS

Uso a palavra *pobre* em associação com o virginiano em uma relação com um aquariano de maneira leve, em tom de brincadeira. O que quero dizer é "sofredor". Sinto a necessidade de explicar essa associação de palavras para ambos os signos, simplesmente porque me dá a oportunidade de explicar uma das características que esses dois compartilham: o aquariano interpreta *cada* palavra literalmente, a não ser que esteja acompanhada por uma série de emojis explicativos ou da gramática adequada, como vários pontos de exclamação. O caso do virginiano analítico é muito parecido; eles são econômicos com as palavras, a não ser que estejam tentando provar alguma coisa; nesse caso, podem fazer os olhos do aquariano se encherem de lágrimas. E eles sempre preferem os fatos à ficção.

É improvável que o virginiano seja pobre no sentido material, porque se esforça pela estabilidade financeira e se dedica a manter os recursos que possui. Não estou dizendo que é mesquinho; está mais para econômico.

Mas estar acima da média na escala de inteligência e entender tudo literalmente é onde as semelhanças terminam. O aquariano vive para o momento e, embora passe mais tempo no futuro do que a maioria das pessoas, não faz planos economizando ou acumulando recursos, o que irrita o virginiano, que parece ser o único empenhado em economizar para dias de chuva ou para a aposentadoria. Aposentar-se é algo que o aquariano jamais planeja fazer — quero dizer, quem pode se aposentar de salvar a humanidade, o planeta e todos os animais na Terra? Embora é provável que tenha enfrentado muitos dias de chuva em razão da instabilidade financeira, o aquariano não tem um interesse real em dinheiro, o que parece desrespeitoso e irresponsável para o virginiano frugal. A não ser que o aquariano tenha nascido com uma situação financeira confortável, tenha se casado com um virginiano ou capricorniano ou inventado algo que vendeu por bilhões, é improvável que esses dois concordem em como ganhar, gastar ou economizar dinheiro — uma das principais razões de conflitos.

Embora o aquariano e seus grupos ecléticos de amigos, interesses e passatempos fascinem o virginiano no início, a longo prazo isso desgasta sua sensibilidade, e ele pode começar a desejar uma vida mais tranquila.

ALCANÇANDO O NIRVANA

Essa é uma combinação esplêndida para uma amizade, mas eles não se entenderão em uma parceria comprometida a não ser que um tenha um pouco do signo do outro na versão completa de seu mapa astral. Se ambos decidirem que desejam se estabelecer num relacionamento, sua necessidade mútua de controle deve ser abandonada, e a honestidade e a devoção os ajudarão a navegar pelas dificuldades.

O aquariano é intuitivo, de modo que, se ele não ler as páginas e páginas de e-mails ou mensagens enviadas, está tudo bem; ele deu uma olhada rápida e entendeu. O virginiano precisa aceitar as coisas como são, e o aquariano deve agir para acalmar os medos de seu virginiano com gentileza e paciência. Isso funcionará, mas a paciência precisa estar sempre presente para que o amor sobreviva.

Notas Amorosas

Se você é um virginiano que ama um aquariano, pense no seguinte:

- Tente usar a lógica com gentileza com seu parceiro, em vez de recheá-la de críticas.
- Pelo que você é grato em seu parceiro? Você diz isso a ele?
- Você tenta controlar seu parceiro ou o comportamento dele?
- Descubra novas maneiras de expressar suas necessidades. Faça anotações e depois adapte-se às maneiras que funcionam.

Notas Amorosas

Se você é um aquariano que ama um virginiano, pense no seguinte:

- Você é paciente e tolerante com seu virginiano?
- Você assume, correta ou incorretamente, que seu parceiro é controlador? Explore isso com ele.
- O que você ama em seu parceiro?
- Se você sabe que seu parceiro sofre de ansiedade, o que pode fazer para não a causar?

Capricórnio — Gêmeos

REGIDOS POR SATURNO E MERCÚRIO

Ao contrário de uma crença comum, mas errônea, esta é provavelmente uma das melhores combinações de ar e terra. Gêmeos é um signo mutável, o que significa que os geminianos mudam e se adaptam de acordo com seu ambiente ou com quem está ganhando; eles até mudarão de lado, ao contrário da versão obstinada de Libra, que gosta de fazer as coisas do seu jeito, ou de um aquariano fixo e rebelde. Os capricornianos preferem a versatilidade mercurial dos geminianos. Isso significa que seu parceiro de ar tem inteligência e charme suficientes para manter o capricorniano interessado a longo prazo, mas se comportará e seguirá as regras quando necessário ou se tiver algo a ganhar e se não for necessário fazê-lo por muito tempo. Os geminianos têm um curto período de atenção, porque há muito mais lá fora para empolgá-los, e isso é o que os motiva. Se seu parceiro for considerado estimulante, ou tiver uma carreira fascinante e um estilo de vida transatlântico variado, o geminiano estará totalmente envolvido. Se o geminiano tiver uma série de planetas em Câncer, como a Lua, Vênus ou Mercúrio, assim e somente assim haverá uma chance de que ele se contente com a rotina e fique mais próximo de casa.

O geminiano se distrai, e quando olha para trás, qualquer outro parceiro pode ter desistido e ido embora há muito tempo, mas não o capricorniano. Ele ainda está lá, e após essa pantomima ter se repetido várias vezes, o geminiano finalmente parará por tempo suficiente para entender o que está acontecendo. Ah, então talvez, talvez, esse capricorniano seja digno de se conservar, diz ele.

Alguns capricornianos têm um senso de humor excêntrico e se entregam à espontaneidade de vez em quando, e se assim for, essa é uma combinação estelar, mas eles gostam de escolher se e quando isso acontece.

O geminiano, na maior parte do tempo, está contente em partir para a aventura sem aviso prévio, e ele não se importa muito se faz isso sozinho ou acompanhado. Quando percebe que seu capricorniano não reclama disso, ele continua seguindo em frente. Isso é refrescante e tranquilizador para ele. Quando o geminiano retorna, o capricorniano fica feliz em vê-lo e vice-versa, desde que ele não tenha perdido nenhum compromisso social. (Os capricornianos gostam de planejar e se preparar.) O geminiano fica encantado por não receber a indignação ou fúria normais que enfrentou com outros parceiros por causa de seus modos volúveis.

DIVERSÃO

Os capricornianos gostam de se divertir, desde que isso não atrapalhe seu trabalho ou cause algum tipo de impedimento para eles construírem um império. O geminiano proporciona diversão e descontração em abundância.

O geminiano não é do tipo que desencoraja qualquer parceiro de suas ambições mundanas; pelo contrário, como uma pega, ele adora coisas bonitas e reluzentes. Quanto mais um capricorniano puder oferecer a ele, mais feliz ficará. Você *pode* impressionar um geminiano com presentes de luxo, jantares requintados e férias exóticas, mas isso não seria o suficiente para fazê-lo se comprometer a longo prazo. Ele precisa de estímulo mental e físico contínuo.

Os capricornianos se deleitam com a mente diversificada dos geminianos e os ouvem sinceramente. Oferecem até conselhos sábios para ajudar seus geminianos a concretizar algumas de suas ideias mais sensatas. Se decidirem se unir, juntos constroem sonhos que inspiram os dois infinitamente.

A maioria diz que os capricornianos têm uma bússola moral forte e são fiéis e que os geminianos são infiéis, mas nem sempre é esse o caso. O capricorniano se desviará de vez em quando, e se isso acontecer, pode apostar sua última moeda que é porque ele acreditava que o relacionamento já estava em estado terminal. Se o parceiro o perdoar, ele logo perderá o respeito, e de qualquer maneira o relacionamento acaba. Nesse aspecto, o geminiano é igual. Ele trai quando se sente rejeitado ou entediado e acha que pode se safar. Se for pego e seu parceiro o perdoar, não importa o que diga, ele considera que o jogo está aberto e seus casos de amor clandestinos continuarão até que o capricorniano dê um basta.

ALCANÇANDO O NIRVANA

Os capricornianos devem respeitar seu parceiro, e se isso mudar, por qualquer motivo que seja, a união durará pouco.

Se esse relacionamento começou como um caso amoroso, é improvável que dure. Os capricornianos não gostam da humilhação da infidelidade, e mesmo que se esforcem ao máximo para conquistar o parceiro de outra pessoa, raramente confiarão em seu próprio parceiro quando conseguirem. Um geminiano não deve fazer joguinhos mentais, mas, sim, ser aberto e honesto.

Se esses dois formarem uma relação um pouco mais tarde na vida, depois que ambos tiverem experimentado tudo o que o mundo tem a oferecer na forma de outros parceiros, o relacionamento tem o potencial de durar por bastante tempo, se não para sempre.

Se ambos acreditarem em karma e na lei de causa e efeito, serão cuidadosos um com o outro e oferecerão um apoio que nenhuma outra combinação sequer chega perto de proporcionar.

Notas Amorosas

Se você é um capricorniano que ama um geminiano, pense no seguinte:

- Você é grato pela inteligência e pelo humor de seu parceiro?
- Você está preparado para se comprometer com seu parceiro? Se sim, por quê? Se não tiver certeza, por quê?
- Como essa combinação amorosa difere de outros relacionamentos passados?

Notas Amorosas

Se você é um geminiano que ama um capricorniano, pense no seguinte:

- O que em seu parceiro o atraiu de início? Faça uma lista e observe quantos itens ainda são relevantes.
- Vocês são capazes de rir quando estão juntos?
- Você respeita seu parceiro? Se sim, de que maneira? Liste os motivos.

Capricórnio — Libra

REGIDOS POR SATURNO E VÊNUS

Esta é, sem dúvida, a melhor combinação de ar e terra, porque o libriano está expressamente motivado a arranjar um parceiro e o capricorniano percebe os relacionamentos como quaisquer outros compromissos, nos quais o sucesso decorre do trabalho árduo. Os capricornianos trabalharão para manter um relacionamento, e os librianos são menos propensos a desistir deles do que qualquer outro signo de ar. Então, a união segue em frente e feliz... até que não segue mais.

O libriano fluindo plenamente encanta a maioria das pessoas com seu charme, beleza e inteligência, mas para o capricorniano sua atração é irresistível. Ele se apaixona rápido, e se o libriano também o faz, então é certo que eles vão se comprometer, talvez até casar, e permanecer juntos nos bons e maus momentos. A menos, é claro, que o libriano ainda esteja à procura do que considera ser o parceiro ideal e a vida ideal. Então, suas expectativas são muito altas. É somente quando ele se cansa dos vários fracassos na vida amorosa que pode estar mais aberto para dar uma chance real a esse relacionamento.

O libriano evoluído é requintado, leve, gracioso e muito diferente de qualquer companheiro que o capricorniano já tenha encontrado, o que abre seu coração cauteloso para as possibilidades do amor como flores recém-desabrochadas. E os capricornianos quase poderiam explodir com a felicidade que sentem com seu companheiro. É um relacionamento mágico, que parece predestinado.

Os capricornianos têm seu próprio estilo de beleza — mais clássico e refinado, raramente com um fio de cabelo fora do lugar —, o que o libriano aprecia muito.

COMPROMETIMENTO

Os capricornianos são muito parecidos com seu signo oposto, Câncer. São conservadores e têm uma visão tradicional, talvez até antiquada. O libriano *pensa* que é igual, mas na verdade não é. Normalmente, acredita num único amor verdadeiro, mas librianos com mais energia feminina são especialmente obstinados, determinados a fazer as coisas do seu jeito. Os capricornianos veem o que está por trás deles, porque capricornianos não se curvam; eles comandam, ou exigem, ou simplesmente afirmam que é assim… e assim é. É aqui que as coisas ficam interessantes para os dois signos. Cada um realmente sente que encontrou sua cara-metade e descobriu um equilíbrio de energias yin e yang que pode ser digno de um comprometimento a longo prazo. Se o capricorniano e o libriano forem jovens, ou estiverem em lugares diferentes na vida quanto aos relacionamentos, então o que foi dito acima não se aplica. No entanto, se ambos estiverem prontos para renunciar a todos os outros, esse relacionamento provavelmente resistirá aos testes do tempo e de suas distrações.

ALCANÇANDO O NIRVANA

Em seu melhor, o libriano é tolerante e amigável e dedicará tempo buscando maneiras de ser um parceiro melhor, o que fará com que seu capricorniano se sinta valorizado e priorizado. O capricorniano tende a ser a força mais pragmática e aparentemente obstinada, mas suas motivações são sempre sinceras e ele leva o futuro do relacionamento a sério.

Descontrair e desfrutar do romance é fundamental para os dois. Caso contrário, eles tendem a perder oportunidades de aproveitar a vida, o amor e a magia do momento. Quando o libriano aceita as coisas como são e se satisfaz com o fato de que o capricorniano oferecerá o tipo de amor que o apoia, permitindo que eles explorem suas vidas como uma verdadeira parceria, o relacionamento pode florescer.

Assim como em todas as relações, qualquer prática espiritual os ajudará a se tornarem versões melhores de si mesmos e parceiros melhores. A fé em um poder superior dá aos dois uma confiança que nada mundano poderia proporcionar.

Notas Amorosas

Se você é um capricorniano que ama um libriano, pense no seguinte:

- Pelo que você é grato em seu libriano?
- Seu parceiro faz você sorrir?
- Esse relacionamento traz à tona sua melhor versão?

Notas Amorosas

Se você é um libriano que ama um capricorniano, pense no seguinte:

- O que em seu parceiro o atraiu no começo?
- Você consegue imaginar um futuro juntos? Como seria isso?
- Seus ideais estão alinhados com os de seu parceiro? Você já se certificou?

Capricórnio — Aquário

REGIDOS POR SATURNO E SATURNO/URANO

Se o capricorniano tem uma boa influência de Aquário na versão completa de seu mapa astral e o aquariano tem pelo menos um planeta em Capricórnio, esses dois estão destinados a ter mais em comum e com certeza têm uma chance melhor de se entenderem e uma oportunidade real de formarem algo espetacular. Se nenhum deles compartilha o signo do outro, é improvável que essa combinação funcione, deixando o capricorniano se sentindo como se tivesse sido eletrocutado e o aquariano tendo um curto-circuito ou um grande colapso ao sucumbir sob o peso da tirania do parceiro.

Quando um capricorniano se compromete, ele o faz de todo coração. Após o aquariano observar seu possível par de alguma estrela distante, analisando em silêncio suas qualidades e defeitos, ele também se comprometerá. A lealdade é o que mantém esses dois corações batendo em uníssono, e eles dão e recebem confiança em igual medida. Os criadores de ondas são geralmente honestos, com uma mistura única de integridade e anarquia, o que fascina o astuto capricorniano. Esse relacionamento geralmente funciona melhor se o capricorniano for mulher ou se inclinar mais para a energia feminina porque assim ele será mais compassivo e tolerante com seu criador de ondas.

A atração inicial é forte. Os capricornianos sabem inconscientemente que têm muito a aprender com os criadores de ondas. De fato, eles estão destinados a nascer sob o signo de Aquário na próxima vida, mas ainda assim se rebelam contra isso. Eles têm uma dependência tão grande da aprovação social que acabam ficando irritados, ou até mesmo envergonhados, porque seu aquariano raramente se importa com as regras "idiotas" ou com a opinião de estranhos. Está mais preocupado com coisas que acha que realmente importam, como o sofrimento da humanidade, o clima ou o número de animais e peixes que são abatidos todos os dias e depois simplesmente desperdiçados. Se importam com o fato de a educação formal não conseguir cultivar a individualidade, que é necessária para o crescimento e a inovação, ou a parte intuitiva e criativa da mente de uma criança, e assim por diante. Você pode ver por que essa combinação é desafiadora.

Claro, existem criadores de ondas que se inclinam para os princípios saturninos, aqueles que se alinham com o *modus operandi* dos capricornianos. Se esse for o caso, os dois formarão um relacionamento estável e telúrico que não muda muito, com exceção talvez do papel de parede da sala de estar. Mas isso seria uma pena, porque os processos de pensamento inovadores e compassivos do aquariano são necessários. O mundo precisa de pontos de vista altruístas e progressistas agora mais do que nunca, já que estamos vivenciando uma mudança de paradigma maior do que tudo o que foi visto desde a época da Atlântida. Mas tente dizer tudo isso a um capricorniano e ele chamará um psiquiatra.

Se o capricorniano tiver seu desejo atendido, seu aquariano estará remendando meias e buscando cinco pequenos capricornianos na escola todos os dias, e não é para isso que ele nasceu. Isso pode funcionar por alguns anos, mas o criador de ondas uma hora ou outra se rebelará de maneira espetacular, deixando o capricorniano com a aparência e a sensação de ter sido eletrocutado.

PODER

Se o capricorniano for mais propenso ao lado sério de Capricórnio, terá o poder de agir sem perceber de maneiras que podem suprimir o espírito livre e selvagem de sua eterna criança. Capricórnio está comprometido com a obrigação de trabalhar para a velha guarda e apoiar o sistema, então esse relacionamento não será fácil. A não ser que os dois percebam que vêm de sistemas solares diferentes e que, no geral, têm agendas muito opostas, eles podem facilmente causar vários danos um ao outro.

Se esse relacionamento não for tratado com bondade amorosa e tolerância, os dois podem enlouquecer um ao outro. No entanto, se ambos forem evoluídos, têm o potencial de se tornarem um casal poderoso que preenche a lacuna muito necessária entre a era de Aquário e a velha guarda, obstinada pela destruição e desigualdade. Para que isso aconteça, é necessária uma grande dose de respeito mútuo e amor. Isso é um grande desafio para qualquer um, mas especialmente para esses dois.

ALCANÇANDO O NIRVANA

Esses dois dificilmente criarão um lar "normal" ou socialmente aceitável, mas têm o potencial de construir uma vida incomum e vibrante. Eles podem fazer mudanças notáveis dentro da sociedade que são, graças ao capricorniano, "aceitáveis" e razoáveis, e por cortesia do aquariano, progressistas e visionárias.

Os capricornianos, quando estão fluindo, têm mentes brilhantes e rápidas e se deleitam com o modo de pensar e o senso de humor de seu parceiro de signo de ar. Os dois tendem a se levar muito a sério e, se esse for o caso, a parceria está fadada ao fracasso, porque o ego inferior causa uma luta por dominação. Mas se ambos tiverem humor, o relacionamento será um processo alquímico destinado a dar a eles alegria e felicidade eterna.

No geral, esse relacionamento funciona melhor se os dois forem mais velhos e mais sábios. Novamente, o humor é a chave, assim como trabalhar a mente com meditação ou *mindfulness*, o que os ajudará a contornar a necessidade de que as coisas sejam feitas de acordo com o jeito de cada um e de forjar algo baseado no crescimento e no comprometimento.

Notas Amorosas

Se você é um capricorniano que ama um aquariano, pense no seguinte:

- Você é grato pelas peculiaridades de seu parceiro?
- Você tende a seguir as regras? Mesmo quando elas não funcionam? Liste exemplos.
- Você consegue comunicar suas necessidades sem se tornar crítico?
- Você tem a mente aberta?

Notas Amorosas

Se você é um aquariano que ama um capricorniano, pense no seguinte:

- Você é grato pela sabedoria de seu capricorniano?
- Você impõe suas opiniões ao seu parceiro? Ou você consegue, com gentileza, abrir a mente dele?
- Você consegue conciliar sua necessidade de liberdade com o comprometimento?
- Você é paciente consigo mesmo e com seu parceiro?

Nota Final

Chegamos ao fim deste livro e, espero, sinceramente, ao início da sua nova jornada. Que ela seja gratificante para você e para todos aqueles que encontrar. Muito obrigada por apoiar este livro e meu trabalho. Que você seja feliz agora e em todas as suas vidas!

Quero aproveitar esta oportunidade para agradecer aos meus amigos talentosos e pacientes por suas contribuições — são muitos para listar aqui, mas especialmente: meu parceiro criativo, Robert Mellor (Peixes/Virgem); Adrian McCrickard (Sagitário x10); e a pessoa talentosa com quem mais converso (e cujos textos com certeza serão publicados), meu "filho raio de sol" Kam (Câncer/Leão).

Gratidão à minha excepcional agente Amanda Annis (Áries), por acreditar em meu trabalho e me incentivar a tornar este livro o que ele é agora! Para Nina Shield (Virgem/Áries) e o restante da equipe da TarcherPerigee/PRH, obrigada por dar vida a isto!

Para todos os seres maravilhosos que me amam, a generosidade de vocês é impressionante. Peço desculpas pelos corações que parti em minha busca egoísta por experiências; me perdoem!

Brilhem, guerreiros de coração valente, façam o que fazem bem, sejam bondosos com todos, valorizem a família e os amigos, cuidem de seus parceiros e brilhem pelo exemplo.

Sua amiga,

Carolyne
Beijo